21 世纪高职高专财经类能力本位型规划教材
国际贸易专业教学改革教材

新编外贸单证实务

主　编　柳国华
副主编　张艳清　常慧萍
　　　　袁妮子　栾　娜

北京大学出版社
PEKING UNIVERSITY PRESS

内 容 简 介

本书以“工学结合、任务驱动、项目导向、技能本位”原则为导向，根据教育部“高职高专教育专业人才培养目标及规格”编写而成。本书以国际商务单证员岗位职业标准为依据，以国际商务单证员的职业能力为核心，以进出口工作过程为主线，构建课程框架，讲述信用证结算方式下贸易合同商订和出口制单、非信用证结算方式下的出口制单、出口收汇核销与出口退税单证的缮制、进口单证缮制等专业理论知识及相关业务操作技能。

本书结构新颖、内容全面、重点突出，理论结合实际、通俗易懂，并与全国国际商务单证员资格证书考试的要求相对接，具有较强的实用性和可操作性，可作为高职高专、成人高校的国际贸易专业及其他商贸类专业的教材，也可作为社会相关行业从业人员的业务参考资料及培训用书。

图书在版编目(CIP)数据

新编外贸单证实务/柳国华主编. —北京：北京大学出版社，2012.8

(21世纪高职高专财经类能力本位型规划教材)

ISBN 978-7-301-21048-2

Ⅰ. ①新… Ⅱ. ①柳… Ⅲ. ①进出口贸易—原始凭证—高等职业教育—教材 Ⅳ. ①F740.44

中国版本图书馆CIP数据核字(2012)第177002号

书　　名：新编外贸单证实务

著作责任者：柳国华　主编

策 划 编 辑：蔡华兵

责 任 编 辑：刘建军

标 准 书 号：ISBN 978-7-301-21048-2/F・3279

出　版　者：北京大学出版社

地　　址：北京市海淀区成府路205号　100871

网　　址：http://www.pup.cn　http://www.pup6.cn

电　　话：邮购部62752015　发行部62750672　编辑部62750667　出版部62754962

电 子 邮 箱：pup_6@163.com

印　刷　者：北京鑫海金澳胶印有限公司

发　行　者：北京大学出版社

经　销　者：新华书店

787mm×1092mm　16开本　14.75印张　342千字

2012年8月第1版　2012年8月第1次印刷

定　　价：30.00元

前　言

外贸单证员是外贸企业开展业务的基础性人才。随着经济全球化的深入发展，我国加入WTO以后对外贸易经营权全面开放，越来越多的企业和公司从事外贸业务，对具有扎实的专业知识、较强的专业技能的外贸单证从业人员的需求日益增加。外贸单证实务作为高等职业院校国际经济与贸易专业的核心课程之一，在培养高素质的国际贸易应用型、技能型人才方面起着重要作用。

为了响应教育部关于全面提高高等职业教育教学质量的若干意见的号召，把工学结合作为高等职业教育人才培养模式改革的重要切入点，为企业培养一线的、具有实际单据操作能力的应用型外贸单证从业人员，我们组织编写了这本教材。与传统教材相比，本书有以下几方面的创新。

1. 强调“工学结合、任务驱动、项目导向、技能本位”的原则

本书以进出口工作过程为导向，以我国外贸业务中信用证和非信用证结算方式为背景，从外贸企业的角度，依据通行的贸易惯例，以交易磋商、签订合同、开立信用证、审核信用证、办理原产地证书、货物运输、保险、报检报关、交单结汇为主线，对整个贸易流程所涉及的单证进行分析与处理。每个工作项目的学习都按以基本外贸业务操作技能为载体设计的活动来进行，以每一项工作任务为中心整合理论与实践，实现理论与实践的一体化。本书内容打破传统的章节结构，以一位高职学生分配到外贸公司开始做外贸业务为主线，精心设计了5个项目和24个任务，把外贸业务制单能力巧妙地设计在各个任务中。每个任务都包含了任务引入、阅读资料、任务完成心得等部分，开篇前均列明了项目学习目标，便于读者明确任务，有针对性地学习。每个任务后都配有应用实例，每个学习项目后配有实训题，旨在强化读者缮制外贸单证的技能，使其能够在短时间内全面掌握进出口单证的缮制、办理。

2. 以理论“必需、够用”为度，突出实用性和可操作性

本书以国际商务单证员岗位职业标准为依据，以外贸单证员的职业能力为核心，以进出口工作过程为主线，理论联系实际，与企业合作开发，重视理论学习与实际工作的一致性，融教、学、做为一体，使读者能够在不同贸易方式和支付方式下正确制作各种进出口单证，实现进出口单证业务与实际单证工作的零距离对接。专业知识以“实际、够用”为原则，理论知识较多以“阅读资料”的形式体现，强调“专业理论知识为业务操作服务，边讲边做，把知识作为一门技艺来传授”，注重突出高职教育特色，培养实践技能。

3. 明确岗位定向，内容融合单证员资格证书知识

本书充分考虑了高等职业教育对理论知识学习的需要，并融合了相关职业资格证书对知识和技能的要求，与全国国际商务单证员资格证书考试的要求相对接，使读者学习完本课程后能较顺利考取职业证书。

本书由济源职业技术学院柳国华担任主编，济源职业技术学院张艳清、常慧萍、袁妮子和兰州交通大学栾娜担任副主编，济源职业技术学院杨晴和宋妍也参与了本书的编写。具体

编写的分工为：绪论由栾娜编写，项目一由袁妮子编写，项目二由柳国华编写，项目三由张艳清编写，项目四由杨晴编写，项目五（任务一、任务二、任务三）、附录由常慧萍编写，项目五（任务四、任务五、任务六、任务七）由宋妍编写，全书由柳国华负责修改、定稿。本书的图片、合同、单据、信用证等都来自外贸企业，但有关信息均已做技术处理。所述内容如不慎与真实生活中的人物、单位雷同，纯属巧合。

本书在编写过程中，得到了山东歌尔声学股份有限公司物流部秦海、河南豫光金铅集团进出口部程相勤和济源钢铁集团进出口业务部连艳等专家的大力支持。同时，为了丰富内容，本书还借鉴和引用了其他书籍的一些材料。在此对以上专家和相关作者一并表示衷心的感谢！

由于编者受时间和水平所限，书中难免出现一些疏漏和不足，敬请专家和读者批评指正，以便再版时予以修正，使其日臻完善。

编　者

2012 年 4 月

目　录

绪　论

国际贸易作为商业行为，绝大部分表现为商品和资金的双向交流。要顺利完成一笔国际贸易业务，买卖双方从贸易磋商、签订合同，直到一方交货装运、另一方提货缴款的整个过程，涉及多个环节，这些环节一般都有相应的单证需要缮制，以满足进出口企业、运输公司、保险公司、出入境检验局、海关、银行和政府职能部门等对进出口贸易管理的要求。因此，外贸单证工作是企业进行国际贸易业务的一个重要组成部分，与企业完成进出口业务有着非常密切的关系。

一、外贸单证的含义与分类

（一）外贸单证的含义

所谓外贸单证，就是指在国际贸易活动中所使用的各种单据、文件和证书，它是国际贸易中的交付、运输、保险、商检、报关和结汇等流程需要出具或取得的书面或电子文件。常见的单证有发票、提单和保险单等。单证一般情况下是指单据与信用证，也称为狭义的单证；广义的单证则是指国际贸易中使用的各种单据、文件与证书。

单证作为一种贸易文件，它的流转环节构成了贸易程序。一旦国际贸易合同签订之后，直至货物装运、货物保险、货物报检、货物报关、货款支付以及买方提货的整个过程，每个环节都需要相应单证的缮制、处理、交接和传递，以满足进出口企业、运输公司、银行、保险公司、检验检疫机构、海关等多方面的需要。

（二）外贸单证的分类

单证工作贯穿于国际贸易活动的每一个环节，涉及众多的相关部门，因此，外贸单证种类繁多，而且每一笔交易所需要的外贸单证也不尽相同，所以可以从不同的角度对其进行分类。

1. 按照外贸单证的属性进行分类

按照外贸单证属性的不同，国际商会在1995年1月1日起实施的《托收统一规则》(Uniform Rules for Collections，ICC Publication No.522) 中把单据分为金融单据和商业单据两大类。

(1) 金融单据(Financial documents)：金融单据主要用于货款的收取，具有货币的属性，它们有的直接代表货币，有的为货币的支付做出承诺或者有条件的保证。金融单据包括汇票(Bill of Exchange/Draft)、本票(Promissory note)、支票(Cheque/Check)和其他用于取得付款或款项的单据。

(2) 商业单据(Commercial documents)：商业单据具有商品的属性，它们有的代表商品，有的说明商品的包装内容，有的保证商品的质和量，有的为商品的输入和输出提供必要的证明。它是指出口结汇中使用的商业凭据和各类证书。商业单据包括商业发票(Commercial invoice)、装箱单(Packing list)、运输单据(Transport documents)、保险单据(Insurance documents)和其他类似单据。

《托收统一规则》的分类方式使得商业单据的范畴相当广泛，涵盖了除金融单据以外的所有单据，实际上商业单据还可以进一步细分为基本单据(Basic documents)和附属单据(Miscellaneous documents)两类。基本单据在实际业务中使用频率很高，通常包括商业发票、海运提单和保险单。附属单据通常在实际业务中，根据约定由买方要求卖方提供，可分为两类：一类是进口国官方要求的单据，如领事发票、海关发票、原产地证明等；另一类是买方要求说明货物及相关情况的单据，如装箱单、重量单、品质证书、寄单证明、装运通知等。

2. 《跟单信用证统一惯例》(《UCP600》)的分类

按照2007年7月1日开始实施的《跟单信用证统一惯例》(Uniform Customs and Practice for Documentary Credits)最近版本《UCP600》的规定，信用证项下的外贸单据(汇票除外)可以分为以下4类：

(1) 运输单据(Transport documents)：运输单据是承运人收到货物后出具的单据，包括海运提单，非转让海运单，租船合约提单，多式联运单据，空运单据，公路、铁路和内陆水运单据，快递和邮包收据、运输代理人的运输单据等。

(2) 保险单据(Insurance documents)：保险单据是保险公司对投保人的承保证明，也是保险公司与投保人的一种契约，它具体规定了双方的权利和义务，包括保险单、保险凭证、承保证明、预保单等。

(3) 商业单据(Commercial documents)：商业单据是货物的卖方自己编制的单据，写明了所销售货物的品名、数量、单价、总值和买卖双方的信息，主要有商业发票、商业凭证等。

(4) 其他单据(Other documents)：其他单据包括装箱单、重量单和各种证明书等。

3. UN/EDIFACT的分类

联合国欧洲经济理事会从事国际贸易程序简化工作的第四工作组(UN/ECE/WP4)将EDI国际标准分为3个领域：行政(Administration)、商业(Commerce)和运输(Transportation)，并于1986年发布了EDI国际通用标准——UN/EDIFACT(United Nations/Electronic Data Interchange For Administration，Commerce and Transport)。UN/EDIFACT将国际贸易单证分为九大类：生产单证、订购单证、销售单证、银行单证、保险单证、货运代理服务单证、运输单证、出口单证、进口和转口单证。

4. 按照单证形式分类

国际贸易单证按照单证的形式分为纸面单证和电子单证，根据国际商会《国际贸易术语解释通则》(INCOTERMS 2010)，纸面单证和电子单证具有同等效力，在实际业务中，出口商既可以提供纸面单证，也可以使用电子单证。

二、外贸单证工作环节与要求

外贸单证工作的基本环节包括制单、审单、交单和归档。信用证支付方式下，在制单环节前还有审证环节。

（一）审证

审证是指银行和受益人合理谨慎地审核信用证，针对发现的问题区别其性质，根据合同条款的规定及履行合同各环节中出具单据的各当事人的具体做法和意见，作出是否修改信用证的决定。通知行的审证主要审核信用证开证行的资信情况，核验其签字或密押的真实性以及偿付条款等。出口企业应重点对照合同审核，同时也应注意运输及其他条款，对不能接受的条款须及早提出修改。

（二）制单

制单是指依据买卖合同、信用证、有关商品的原始资料、相关国际惯例、相关国内管理规定、相关国外客户要求等缮制单证。外贸单证的质量如何，不但关系到能否安全迅速收汇和接货，同时也从一个侧面反映出一个国家的科学文化水平。所以，单证不能随便地缮制，必须符合商业的有关惯例和法令规定及实际需要。各种进出口单证，原则上应该做到正确、完整、及时、简明、整洁。

1. 正确

在制单工作的各项要求中，正确是最重要的一条，也是单证工作的前提。离开了这一条，便会影响出单效果，甚至会引起不良的后果，其他几条要求也就无从谈起了。这里所说的正确，至少包括两个方面的内容：一方面是要求各种单据必须做到“三相符”(即单据与信用证相符、单据与单据相符、单据与贸易合同相符)；另一方面则要求各种单据必须符合有关国际惯例和进口国的有关法令和规定。通常从银行来说，他们主要控制“单证相符”和“单单相符”，以及与相关国际惯例相符；而从进出口企业来说，除以上“三相符”外，还有一个“单货相符”需要严格控制，这样单证才能真实代表出运货物，不致错发、错运。

阅读资料

ISBP681 对“单据不符”的相关规定

《关于审核跟单信用证项下单据的国际标准银行实务》(ISBP681)[①]第 6 条规定：“使用普遍认可的缩略语不导致单据不符”。例如:用“Ltd.”代替“Limited”(有限)，用“Int' l”代替“International”(国际)，用“Co.”代替“Company”(公司)，用“kgs.”或“kos.”代替“Kilos”(千克)，用“Ind”代替“Industry”(工业)，用“mfr”代替“manufacturer”(制造商)，用“mt”代替“metric tons”(公吨)。反之，用全称代替缩略语也不导致单据不符。

ISBP681 第 25 条规定:“如果拼写或打字错误并不影响单词或其所在句子的含义,则不导致单据不符。”例如：在货物描述中用“mashine”表示“machine”(机器)，用“fountan pen”表示“fountain pen”(钢笔)，或用“modle”表示“model”(型号)。但是，将“model 321”(型号 321) 写成“model 123”(型号 123)，则被视为打字错误，构成不符点。

---

①《关于审核跟单信用证项下单据的国际标准银行实务》(International Standard Banking Practice for the Examination of Documents under Documentary Credits，ISBP)。

2. 完整

单证完整的一种意义是指成套单证的群体的完整性。单证在通过银行议付或托收时，一般都是成套、齐全而不是单一的。例如：在CIF交易中，卖方向买方提供的单证至少应有发票、提单和保险单。在以信用证为支付方式的情况下，出口商只有按照规定备齐所需单证，银行才能履行议付、付款或承兑的责任。目前，国外有些地区开来信用证所列条款日趋繁复，所需单证类别甚多，除发票、提单、保险单等主要单据外，还有各种附属证明，如检验证书、重量单、装箱单、产地证、航行证、邮政收据等，这些单证都需要经过一定手续和事先申请才能取得。在单证制作和审核过程中，必须密切注意，及时催办，防止遗漏和误期，以保证全套单证的完整无缺。

单证完整的另一种意义是要求每一种单据的所填内容必须完备齐全。任何单证都有它的特定作用，这种作用是通过单证本身的特定内容，即格式、项目、文字、签章等来体现的，如果格式使用不当，项目遗漏，文理不同，签章不全，就不能构成有效文件，也就不能为银行所接受。例如，签署一般只需要盖一个章即可，但如果漏盖了章，这张单据便成为“未签署”的单据，而未经签署的单据是无效的。又如，格式A产地证书的“原产地标准”栏，虽然仅需填一个字母或再加上税则号码或进口成分，但如果漏填或填得不正确，便会使证书变成一张废纸，毫无作用。所以单证的齐全和完整是构成单证合法性的重要条件之一，必须十分重视。此外，完整还要求出口商所提供的各种单据的份数要如数交齐，不能短缺。尤其是提单的份数，更应该按要求出齐，避免不符。

3. 及时

进出口单证工作的时间性很强，各种单证都要有一个适当的出单日期。及时出单是指各种单据的出单日期必须合理、可行，也就是说，每一种单据的出单日期不能超过信用证规定的有效期限或按商业习惯的合理日期。例如：保险单的日期必须早于提单的签发日期或同一时期，提单日期不得迟于装运期限，装运通知书必须在货物装运后立即发出等。这些日期如果搞错了同样会造成出单不符。

及时出单还反映在交单议付上，这里主要是指向银行交单的日期不能超过信用证规定的交单有效期。有些信用证除了规定有效期外，还另外规定了交单期限。国际商会《跟单信用证统一惯例》(《UCP600》)规定，“除交单到期日以外，每个要求运输单据的信用证还应该规定一个运输单据出单日期后必须交单付款、承兑和议付的特定期限，如未规定该期限，银行将拒收迟于运输单据出单日期21天后提交的单据，但无论如何，单据也不得迟于信用证到期日提交。”过期交单将会遭到拒付或造成利息损失，因此，如果在信用证允许的前提下能尽量提早交出单据，则有利于尽早收汇。

阅读资料

各种单据的签发日期

各种单据的签发日期应符合逻辑性和国际惯例，通常提单日期是确定各种单据日期的关键，汇票日期应晚于提单、发票等其他单据，但不能晚于L/C的有效期。各种单据日期关系如下:

(1) 发票日期应在各单据日期之首。
(2) 提单日不能迟于 L/C 规定的装运期。
(3) 保单的签发日应早于或等于提单日期(一般早于提单 2 天)，不能早于发票。
(4) 装箱单应等于或迟于发票日期，但必须在提单日之前。
(5) 产地证不早于发票日期，不迟于提单日期。
(6) 商检证日期不晚于提单日期，但也不能过分早于提单日，尤其是鲜货、容易变质的商品。
(7) 受益人证明等于或晚于提单日期。
(8) 装船通知等于或晚于提单日期后 3 天内。
(9) 船公司证明等于或早于提单日期。

4. 简明

单证的内容应力求简化，要力戒烦琐。国际商会《跟单信用证统一惯例》(《UCP600》)规定，“为了防止混淆和误解，银行应劝阻在信用证或其任何修改书中加注过多细节的内容。”其目的就是避免单证的复杂化。

单证的简洁、明了，要求各种单证在论述各项内容时，造句流畅、语法规范，用词应力求简明扼要、恰如其分，尽量避免烦琐冗长。简化单证不仅可以减少工作量和提高工作效率，而且也有利于提高单证的质量和减少单证的差错。

为了实现单证的简化与规范化，联合国设计推荐使用下列国际标准化代号和代码。

(1) 运输标志(唛头)代码。在国际贸易单证上使用的“标准运输标志”由收货人(买方)、参考号(合同号)、目的地和件数编号 4 个部分组成。

(2) 国家和地区代码。由两个英文字母组成，例如：中国 CN、美国 US、英国 GB。

(3) 货币代码。由 3 个英文字母组成，前两个字母符号代表国名，后一个字母符号代表货币，例如：人民币 CNY①、美元 USD、欧元 EUR。

(4) 地名代码。由 5 个英文字母符号组成，前两个字母符号代表国名，后 3 个字母符号代表地名，例如：上海为 CNSHG，伦敦为 GBLON，纽约为 USNYC。

(5) 用数字表示日期代码，如 2009 年 9 月 16 日表示为 20090916。

5. 整洁

单证的外观质量在一定程度上反映一个国家、一个企业的业务和发展水平。如果说正确和完整是单证的内在质量，那么整洁则是单证的外观质量。所谓整洁，主要是指单证的表面是否清洁、美观、大方，单证中的各项内容是否清楚、易认，各项内容的记载是否简洁、明了。单据是否整洁，不仅反映了制单人制单技术的熟练程度和工作态度，而且还会直接影响出单效果。单证的整洁要求单证格式的设计和缮制力求标准化和规范化，单证内容的排列要行次整齐、字迹清晰，重点项目要突出醒目。制单时不允许在一份单证上作多次涂改，若有更改处一定要盖校对章或简签。如涂改过多，最好应重新缮制。

① 据 ISO 4217，人民币简称 CNY，但国际上使用 RMB 更为广泛。

(三) 审单

审单是指审核并确定已经缮制完成的各种单证是否符合买卖合同、信用证、有关商品的原始资料、相关国际惯例、相关国内管理规定、相关国外客户要求等，如发现不符，应进一步采取修改、重新缮制或更换等措施。汇集各项单据，以发票为中心，仔细地与信用证(或合同)逐项核对，要做到内容准确、格式完整、单据齐全、份数不缺、单证相符和单单相符，还要保证各种单据的签发日期无逻辑、惯例和条款规定上的矛盾。

(四) 交单

交单是议付和结汇的基础，是指在合同、信用证规定的时间，以正确的方式，将符合要求的单证交给正确的当事人。通常在托收和信用证支付方式下，应到银行交单；在汇付方式下应直接向进口商交单。交单应做到单据齐备、内容准确、提交及时。

(五) 归档

归档是指在合同履行过程中随时注意将我方已缮制的单证留底、存档(如发票、装箱单)，将那些由他人缮制并经我方审核无误的单证妥善保存，必要时复印备份，留待交单或事后备查(如海运提单、商检证书)，随时追踪已交给有关部门办理业务，应退回但尚未退回的单证(如报关单核销联)，一旦退回立即归档或进入下一业务环节。由于进出口单证是涉外单据文件，交单之后可能有退单、拒付、索赔、争议等现象发生，因此，必须保持一份完整的副本单据妥善归档，编排好索引，以科学方法建立档案，这也是单证工作的重要环节。

三、外贸制单和审单的依据

缮制和审核国际贸易单证的主要依据是买卖合同、信用证、有关商品的原始资料、相关国际惯例、相关国内管理规定、相关国外客户要求等。

买卖合同是制单和审单的首要依据，从狭义角度说，国际贸易单证中的各项内容应与买卖合同的相应内容一致，特别是应与本文部分的品名条款、品质条款、数量条款、包装条款、价格条款、装运条款、保险条款、支付条款的内容一致；从广义角度说，买卖双方往来的业务函电也可以是制单和审单的依据。

在以信用证为支付方式的交易中，信用证取代买卖合同成为主要的制单和审单依据，因为信用证是独立于合同之外的文件，银行的付款原则是“只凭信用证而不问合同”，所以各种单证的内容必须完全符合信用证的规定，银行才承担付款责任。在制单之前的审证环节中，如果发现信用证条款与买卖合同条款彼此矛盾，应提出修改信用证。如果不能修改或同意接受信用证条件，则必须以信用证为制单和审单的依据，才能达到安全收汇的目的。

四、外贸单证工作的意义

(一) 单证是国际结算的基本工具

国际贸易中的商品买卖绝大部分采取凭单交货和凭单付款方式。尽管交易的是商品，但是买卖双方在交接货物和结算的过程中，绝大多数是以单据为依据的。例如：按照国际商会《跟单信用证统一惯例(UCP600)》规定，“在信用证业务中，银行处理的是单据，而不是单据可能涉及的货物、服务或履约行为”。因此，不管货物是否完好到达买方，只要出口商提供的单证符合规定，银行就应该按照规定履行付款责任。又如，根据国际商会第 522 号出版物《国际商会托收统一规则》的规定，“在托收方式下，进口商有资格以单据与合同要求不符为由拒绝付款”。所以，正确缮制外贸单证，做好外贸单证工作，是安全结汇的基本保证。

（二）单证是履行合同的必要手段

在国际贸易中，买卖双方必须以单证作为交换的媒介手段。在出口贸易合同履行过程中的单证，一般可分为两类：一类具有商品的属性，它们有的代表货物所有权(如海运提单)，有的表示所交货物的详情(如商业发票、装箱单)，有的是预防货物在运输中的风险(如保险单)；另一类具有货币的属性，它们有的直接代表货币(如汇票、本票、支票)，有的是为付款做出保证或承诺(如信用证、银行保函)。国际贸易中的每种单据都有其特定的功能，它们的签发、组合、流转、交换和应用反映了合同履行的进程，也反映了买卖双方权责的产生、转移和终止。由此可见，单据的缮制是对外贸易不可缺少的手段。

（三）单证工作是企业经营管理的重要环节

单证工作贯穿于合同履行的全过程，在合同履行的不同阶段都会有相应的单证出立、组合和流通。贸易合同的内容、信用证条款、货源安排、船货衔接、检验检疫、租船订舱、报关保险、交单议付等出口业务管理问题，都集中在单证上反映出来。单证工作还涉及业务管理工作中很多具体的问题，因此出口企业必须认真、及时处理单据流通过程中出现的各种问题，以保证及时足额收汇。

（四）单证工作是一项政策性很强的涉外工作

外贸单证工作是一项政策性很强的涉外工作，体现着平等互利和按国际惯例办事的政策精神。出口单证作为涉外商务文件，必然体现国家的对外政策，因此必须严格按照国家有关外贸的法规和制度办理。例如，进出口许可证关系到国家对某些进出口商品的计划管理，甚至还会涉及两国之间的贸易协定。出口单证也是收汇的依据，当发生贸易纠纷时，又常是处理争议、解决索赔的依据和法律文件。例如，货物在运输途中受损，货方向保险公司提出索赔，保险单就是索赔的凭证，在计算赔偿额时，发票是赔偿的依据。

五、对外贸单证员的要求

单证质量是决定能否顺利结汇的前提，直接关系到进出口企业的经济效益，也反映了一个进出口企业业务水平的高低，也在一定程度上体现了一个国家对外贸易的政策和管理水平。所以作为国际商务单证员必须达到以下要求。

（一）具备良好的职业道德

作为单证员应充分认识到单证工作的重要意义，要有为国家、为企业默默奉献的精神和良好的职业道德、严谨的职业操守，热爱本职工作，责任心强，不计较个人得失，严格遵守外贸纪律和本企业的规章制度，在工作中能够不断努力学习，更新知识，充实自己。

（二）掌握必要的专业知识和技能

作为单证员应知晓国家对外贸易的有关方针、政策及其最新变化，了解国际贸易发展现状和趋势以及相关国际法规和惯例，掌握进出口业务知识，熟悉进出口合同各项条款内容，特别是与单证相关的内容，能熟练审核信用证并缮制、审核各种单证，了解与国际贸易单证相关的国际标准和国家标准并能熟练使用各种制单专业软件和现代办公设备。

（三）打好扎实的外语基础

目前国际贸易单证工作中使用的语言以英语为主，只有极个别国家要求某些进口单证或个别单证中的某些项目必须使用本国语言。所以单证员必须能够熟练使用英语缮制单证、阅读合同、信用证和相关单证。

（四）拥有丰富的实践经验

单证员必须在日常工作中不断丰富和积累经验，善于发现问题、处理问题、总结经验、吸取教训，对合同、信用证、相关国际法规和相关国际惯例吃准吃透，对合同履行的各个环节要烂熟于心，对单证工作涉及的各个部门要了如指掌，经常研究讨论各种业务案例以提高解决问题的实际能力。

（五）坚持认真地工作态度

单证工作内容烦琐、工作量大、时间性强，所以要求单证员必须具有一丝不苟、踏实谨慎的工作作风和认真负责、严格细致的工作态度。否则，一单之错，甚至一字之差都可能给合同的履行造成障碍和困难，给国家和企业造成经济损失。

阅读资料

全国国际商务单证员考试简介

1. 考试目的及原则

国际商务单证员全国统一考试主要是测试应试者从事国际商务单证工作必备的业务知识和能力。

国际商务单证员全国统一考试属非行政许可类职业资格考试，严格执行有关规定，实行公开、公正、公平的原则，采取全国统一报名、统一收费标准、统一命题、统一考试、统一阅卷、统一发证的方式进行。

2. 报名考试条件

(1) 具有一定的国际商务单证实践经验或已接受过国际商务单证业务培训的从事国际商务单证业务的在职人员。

(2) 具有高中以上学历并有志从事国际商务单证工作的求职人员或在校学生。

(3) 参加上一年中国对外贸易经济合作企业协会组织的国际商务单证员全国统一考试单科未获得通过的人员。

3. 考试方式

考试以闭卷笔试答题方式进行。部分试题为客观性试题，考生应试时用 2B 铅笔将选定的答案填涂在答题卡上。考生必须按要求正确填涂答题卡，未按规定填涂不得分。主观题则由考生按试卷要求作答。

4. 报名时间、方式

(1) 国际商务单证员全国统一考试实行网上报名。报名网址为全国国际商务单证考试中心(www.icd.net.cn)，网上报名时间每年另定，考试资格确认同时进行。在规定日期内考生可到中国对外贸易经济合作企业协会指定的当地考试点办理报考资格确认手续，逾期未办理报考资格确认者不能参加考试。

(2) 确认报考资格时，考生应持本人身份证、学历证书原件和复印件以及《全国国际商务单证员考试报名表》，并交近期免冠同底版 2 寸蓝底彩色证件照 3 张(用于报名表、准考证主证和合格证书，经考试不合格者照片不予退还)。证件不全或照片不符合要求者，不予办理报考资格确认手续。

5. 考试科目及内容

(1) 考试科目：国际商务单证基础理论与知识、国际商务单证操作与缮制两科，每科满分为100分，60分以上为合格。

(2) 考试内容：主要依据全国国际商务单证考试办公室编印并由中国商务出版社出版的《国际商务单证理论与实务》、《全国国际商务单证考试大纲及复习指南》等教材。

6. 考试成绩管理

凡两门科目考试成绩通过者获得中国外经贸企业协会颁发“国际商务单证员”证书。单科考试成绩通过者，其合格成绩可保留至下一期。

项目一　信用证结算方式下贸易合同商订

项目学习目标

- 掌握交易磋商的主要环节及其内容
- 掌握国际贸易合同的主要形式及其内容
- 熟悉构成有效发盘和接受的条件
- 具备拟订交易磋商信函的能力
- 具备签订外销合同的能力
- 能按业务的要求将各类单证归档

项目导入

王杰先生今年毕业于青岛对外贸易职业学院，现应聘于青岛广源进出口公司，该公司主要经营罐头食品、纺织品等进出口业务，产品深受欧洲、北美和亚洲等国家或地区的客户欢迎。

青岛广源进出口公司为了在日趋激烈的外贸竞争中赢得更多更好的合作机会，利用公司网站等途径寻找商机，发布供货信息，与外商建立贸易业务关系，并与具有合作意向的贸易公司进行交易磋商，签订贸易合同。

任务一　交易磋商

任务引入

交易磋商(Business Negotiation)，通常称为谈判，是指交易双方当事人就贸易合同的各项条件进行协商，以期达成一致意见的过程。在国际贸易中，这是一个十分重要的环节。因为交易磋商是签订合同的基础，没有交易磋商就没有买卖合同。交易磋商工作的好坏，直接影响到合同的签订及以后的履行，关系到双方的经济利益，所以必须认真做好这项工作。

近日，王杰先生通过公司网站得知加拿大 Carters Trading Company, LLC 对罐头食品感兴趣。于是，王杰先生与 Carters Trading Company, LLC 公司经理 Joe Brown 先生进行交易磋商，采用信用证支付方式，签订销售合同。

一、交易前的准备工作

交易前的准备工作是整个国际贸易程序中的第一项工作，也是整个交易的基础。国际贸易交易前的准备主要包括国际市场调研、寻找客户及与客户建立业务关系三方面内容。

(一) 国际市场调研

国际市场调研是为了获得与贸易有关的各种信息，通过对信息的分析，得出国际市场行情特点，判定贸易的可行性并进而制订贸易计划。国际市场调研范围和内容包括经济调研、市场调研和客户调研 3 个方面的内容。

经济调研的目的在于对经济大环境的总体了解，也是对可能的风险和效益情况的预估。对外贸易尽量在经济环境较好的国家和地区间展开。

市场调研是以具体出口商品为对象，了解哪些市场有销售这种商品的可能性及相关市场对该商品花色、品种、规格、质量、包装、装潢等的需要和习惯爱好等。在对商品市场调研的基础上，根据国家的外贸方针政策和扩大出口市场的需要和可能，适当选择和安排市场。原则上应全盘考虑、合理布局，市场既不宜过分集中，也不宜过于分散，必须注意开拓新市场。

客户调研在于了解欲与之建立贸易关系的国外客户的基本情况，包括它的历史、资金规模、经营范围、组织情况、信誉等级等总体状况，还包括它与世界各地(包括中国)其他客户开展对外经济贸易的历史和现状。只有对国外客户有了一定的了解，才可以与之建立贸易联系。

(二) 寻找客户

寻找客户是开展贸易活动的前提。客户是企业交易的对象，在出口业务中，国外客户主要包括各国的进口商、超市、大百货公司、厂商、连锁店和经纪商等。出口商可利用网络、产品发布会和国际展会等形式向国外市场进行直接宣传，努力寻找新的客商，不断拓展国际贸易市场。在拟写建立业务关系的信函时，应标明信息的来源，介绍本公司的经营范围、经营方式以及本公司产品的特点，阐述本公司产品在市场的供求情况，并愿意与对方建立良好的业务关系。

(三) 建立业务关系

企业通过各种渠道找到国外客户后，先对客户资信情况进行调查，然后考虑选择客户并与之建立业务联系。选择客户时企业必须对客户的资金、信誉、经营商品的品种及地区范围、技术水平及拥有的业务设施、经营管理水平、提供售后服务和市场情报的能力等进行综合分析排队，选择经营作风好、有经营能力、对我方态度友好的客户作为基本客户并与之建立业务联系。国际贸易中，买卖双方业务关系的建立，往往是由交易一方通过主动向对方写信、发传真或 E-mail 形式进行。

一笔具体的交易往往始于出口商主动向潜在客户发函建立业务关系。信函要将公司的优势产品和特点予以介绍，增强吸引力，语气要诚恳，语句要正确，提升诚信度。就标准规范的层次而言，建立业务关系的信函一般应包括如下内容。

(1) 信息来源，即如何取得对方的资料。例如，通过他人介绍、网上信息等。

(2) 说明去函目的，例如，扩大交易或地区、建立长期业务关系等。

(3) 本公司情况。包括公司性质、业务范围、宗旨、公司经营优势等。

(4) 产品介绍。包括产品名称、质量标准、价格、销路等，并附上商品目录、报价单或另寄样品供对方参考。

阅读资料

如何选择交易对象

正确选择交易对象，对于发展业务、扩大出口有很大关系。了解交易对象的途径有很多，在实际业务中，出口商可以通过驻外机构、有关国家的银行、商会和咨询公司，也可以通过举办交易会、展览会、技术交流会、学术研讨会主动接触交易对象并进行了解；了解国内供应商，可以通过我国相关的行业类的特殊机构、互联网、电话黄页、商会和咨询公司，也可以通过主动接触供应商进行了解和选择。

应用实例

近日，王杰先生获悉国外进口商 Carters Trading Company, LLC 想了解本公司的罐头食品他，他立刻用电子邮件发出商品信息，并表示愿意与该公司建立长期的业务关系。

收件人: joebrown@toronto.ca

主 题: RELATIONS

添加附件 | 超大附件 | 网盘附件 | 写信模板　　拼写检查 | 隐藏图文编辑

内容: 签名

Dear Mr. Joe Brown,

We known your name and address from the website of www.alibaba.com and note with pleasure the items of your demand just fall within the scope of our business line. First of all, we avail ourselves of this opportunity to introduce our company in order to be acquainted with you.

Our firm is an exporter of various Canned Foodstuffs. We highly hope to establish business relations with your esteemed company on the basis of mutual benefit in an earlier date. We are sending a catalogue and a pricelist under separate cover for your reference. We will submit our best price to you upon receipt of your concrete inquiry.

We are looking forward to receiving your earlier reply.

Yours faithfully,

Wangjie

QINGDAO GUANGYUAN IMPORT&EXPORT CORPORATION

☐紧急 ☐已读回执 ☐纯文本 ☐定时发信 ☐邮件加密

二、对外交易磋商

交易磋商的内容涉及拟签订的买卖合同的各项条款，包括品名、品质、数量、包装、价格、装运、支付、保险和商品检验检疫、索赔、不可抗力和仲裁等。其中前 7 项为主要内容或主要交易条件。买卖双方欲达成交易、订立合同，必须至少就这 7 项交易条件进行磋商并取得一致意见(特殊情况可以例外)。至于其他交易条件，特别是检验、索赔、不可抗力和仲裁，它们虽然不是成立合同的必要内容，但为了提高合同质量，防止和减少争议的发生以及便于解决可能发生的争议，买卖双方在交易磋商时对此也不容忽视。出口交易磋商的基本环节如下。

(一) 询盘

询盘(Enquiry)是指交易的一方有意购买或出售某一种商品，向对方询问买卖该商品的有关交易条件。询盘是不定向发布自己的购买(或出售)意向，其内容可以是询问价格，也可询问其他一项或几项交易条件，往往以询问价格者居多，所以通常将询盘称为询价。询盘可以由买方发出，也可由卖方发出。

【练习 1-1】(单项选择题，2007 年试题)

英国某买主向我轻工业品进出口公司来电："拟购奇奇牌儿童书包 10000 个，请电告最低价格和最快交货期。" 此来电属交易磋商的(　　)环节。

A．发盘　　B．询盘　　C．还盘　　D．接受

阅读资料

询盘应注意的问题

询盘不是交易磋商的必经步骤，往往是一笔交易的起点。询盘中，当事人一般需要注意以下问题:

(1) 询盘不一定要有"询盘"字样，凡含有询问、探询交易条件或价格方面的意思表示均可作成询盘处理。

(2) 询盘时，询盘人不应只考虑如何询问商品的价格，也应注意询问其他交易条件，争取获得比较全面的交易信息。

(3) 询盘可以同时向一个或几个交易对象发出，但不应在同时期集中做出，以免暴露我方销售或购买意图。

(4) 业务中询盘虽无法律约束力，但当事人仍需考虑询盘的需要，尽量避免只是询价而不购买或不售货，以免失掉信誉。

应用实例

加拿大 Carters Trading Company, LLC 收到青岛广源进出口公司的建立业务关系的信函后，就该商品的交易条件进行了询盘。

收件人: guangyuan@yeah.net

主 题: ENQUIRY

添加附件 | 超大附件 | 网盘附件 | 写信模板　　拼写检查 | 隐藏图文编辑

内 容:

Dear Jie Wang,

Thanks for your E-Mail.

With reference to your letter of July 28, 2011, we are glad to learn that you wish to enter into trade relations with us.At present, we are in the market for CANNED SWEET CORN, and shall be glad to receive your best quotations for this item, with indications of packing, for date of shipment, CIF TORONTO.

Your early replay will be appreciated.

Yours sincerely,
Joe Brown
Carters Trading Company, LLC

紧急　已读回执　纯文本　定时发信　邮件加密

（二）发盘

发盘(Offer)又称报价，是指买卖双方中的一方当事人(发盘人)向另一方当事人(受盘人)提出各种交易条件，并愿意按这些条件达成交易、订立合同的一种意思表示。在实际业务中，发盘通常由交易一方在收到另一方的询盘后提出，也可在没有对方询盘的情况下直接主动提出。

阅读资料

构成有效发盘的必要条件

《联合国国际货物销售合同公约》认为，“向一个或一个以上特定的人提出的订立合同的建议，如果内容十分确定并且表明发盘人在得到接受时将承受要约的意思表示，即构成发盘”。按照法律规定，一项发盘必须具备以下条件：

(1) 发盘应向一个或一个以上特定的人提出，此特定人即为受盘人。一般的商业广告即使内容明确、完整，但由于没有特定的受盘人，不是对特定人提出，故不是一项发盘。

(2) 发盘内容必须十分确定。一项发盘应明示货物名称；明示或默示地规定货物的价格或规定确定价格的方法；明示或默示地规定货物的数量或规定确定数量的方法。

(3) 发盘人须有一旦发盘被接受即受约束的意思。发盘人发盘后不能随意反悔，一旦受盘人接受发盘，发盘人就必须按发盘条件与对方达成交易并履行合同义务。

发盘人对发盘有效期可作明确的规定，如果发盘中没有明确规定有效期，受盘人应在合理的时间内接受，否则该发盘无效。如果发盘人因市场的变化需要修改发盘的内容时，可用更快捷的方法将原发盘撤回，其撤回通知必须先于或与发盘同时到达受盘人，否则只能撤销发盘。如要撤销发盘，撤销发盘的通知应当在受盘人发出接受通知之前到达受盘人。但有下列情形之一时，发盘不得撤销。

(1) 发盘人确定了接受期限，或者以其他形式明示发盘不可撤销。

(2) 受盘人有理由认为发盘是不可撤销的，并已经为履行合同做了准备工作。

【练习 1-2】(判断题，2011 年试题)

发盘必须明确规定有效期，未明确规定有效期的发盘无效。(　　)

动手动脑

上海某贸易公司欲向某美商出口服装一批，于 2009 年 6 月 10 日向美国发盘，限 6 月 30 日复到上海有效。6 月 20 日该贸易公司因材料价格上涨，便向美商发出撤销发盘的通知。6 月 22 日美商经研究来电表示：“我方无条件接受 6 月 10 日发盘的条件。”该发盘是否有效？为什么？

应用实例

青岛广源进出口公司收到 Carters Trading Company, LLC 的询盘后，王杰先生拟定甜玉米罐头的交易条件，并向对方进行发盘，并建议对方尽快订货。

收件人: joebrown@toronto.ca

主题: OFFER

添加附件 | 超大附件 | 网盘附件 | 写信模板　　拼写检查 | 隐藏图文编辑

内容: B I U 签名

Dear Mr.Joe Brown,

We have received your letter of July 29, 2011, asking us to offer the CANNED SWEET CORN for shipment to TORONTO PORT and highly appreciate that you are interested in our products.Comply with your kindly request, we are pleased to offer our best price as follows:

ART. NO.	PACKING	UNIT PRICE	QUANTITY
		CIF TORONTO	
ART. NO.　DC-790	20TINS/CTN	USD14.00/TIN	1000TINS
ART. NO.　V-456	20TINS/CTN	USD14.00/TIN	1500TINS

Payment:L/C At sight　　Shipment: in September,2011

Our offer remains effective until August 10,2011

Yours faithfully,

WangJie

QINGDAO GUANGYUAN IMPORT&EXPORT CORPORATION

紧急　已读回执　纯文本　定时发信　邮件加密

(三) 还盘

还盘(Counter Offer)是指受盘人在接到发盘后，不同意或不完全同意发盘人在发盘中提出的条件，为进一步磋商交易对发盘提出修改意见。

还盘是对发盘的一种拒绝，还盘一经做出，原发盘即失去效力，发盘人不再受其约束。一项还盘等于是受盘人向原发盘人提出的一项新的发盘。作出还盘后，还盘的一方与原发盘人在地位上发生了改变。还盘人由原来的受盘人变成新发盘的发盘人，而原发盘人则变成了新发盘的受盘人。

阅读资料

处理还盘应注意的问题

受盘人对货物的价格、付款方式、品质、数量、交货时间与地点，一方当事人对另一方当事人的责任赔偿范围或解决争端的办法等条件提出添加或更改，均视为实质性变更发盘，具体如下：

(1) 实质性变更发盘条件属于还盘性质。

(2) 对发盘表示有条件的接受也是还盘的一种形式。

(3) 在接受的同时表示某种希望或愿望，则该接受可视为一项有效的接受，而不视为还盘。

应用实例

Carters Trading Company, LLC 收到青岛广源进出口公司的发盘，对其交易条件进行分析，认为价格较高。对此，公司业务经理 Joe Brown 先生拟定希望成交的价格向青岛广源进出口公司进行还盘。

收件人: guangyuan@yeah.net

主 题: COUNTER OFFER

添加附件 | 超大附件 | 网盘附件 | 写信模板 拼写检查 | 隐藏图文编辑

内容:

Dear Mr. Jie Wang,

Thank you for your quotation of July 31, 2011.

After careful consideration, we find your quotation is really much higher. So we would counter offer as follows:

ART. NO.	PACKING	UNIT PRICE	QUANTITY
		CIF TORONTO	
ART. NO. DC-790	20TINS/CTN	USD12.00/TIN	1000TINS
ART. NO. V-456	20TINS/CTN	USD10.00/TIN	1500TINS

Payment:L/C At sight Shipment: in September, 2011

Our offer remains effective until August 21, 2011

Yours faithfully,

Joe Brown

Carters Trading Company, LLC

紧急 已读回执 纯文本 定时发信 邮件加密

动手动脑

青岛进出口贸易公司向国外寻购某电器，外商 2011 年 8 月 12 日对我方发盘，限 2011 年 8 月 20 日有效。我方于 2011 年 8 月 15 日电复："如每台降价 20 美元，可以接受。"试析，这是还盘，还是接受？为什么？

(四) 接受

接受(Acceptance)是指卖方或买方同意在对方发盘中提出的各项交易条件，并愿按这些条件与对方达成交易，订立合同的一种意思表示。

接受在受盘人的接受通知送达发盘人时生效。如果要撤回接受，其撤回接受的通知必须先于或同时到达发盘人。如果接受到达之后，合同已告成立，则不予以撤销。

【练习 1-3】(单项选择题，2011 年试题)

根据《联合国国际货物销售合同公约》的规定，受盘人对发盘表示接受，可以有几种方式，下列哪项不属此列(　　)。

A．通过口头向发盘人声明　　B．通过书面向发盘人声明

C．通过沉默或不行为表示接受　　D．通过实际行动表示接受

阅读资料

构成有效接受的条件

按法律和惯例，一方的发盘经另一方接受，交易即告达成，合同即告成立，双方就应分别履行其所承担的合同义务。一项有效的接受一般需具备以下条件：

(1) 接受必须由受盘人作出。

(2) 接受的内容必须与发盘相符。

(3) 接受必须在发盘有效期内作出并传达给发盘人。

(4) 接受必须用声明或行为作出表示，保持沉默不能算作接受。

应用实例

青岛广源进出口公司对 Carters Trading Company, LLC 的还价进行了核算，并与供应商进一步议价，取得一致意见后，同意接受其报价。于是，王杰先生拟定接受函，并发给 Carters Trading Company, LLC。

收件人：joebrown@toronto.ca

主 题：ACCEPTANCE

添加附件 | 超大附件 | 网盘附件 | 写信模板　　拼写检查 | 隐藏图文编辑

内 容：

Dear Mr. Joe Brown,

We have received your E-Mail of August 02, 2011.

After the consideration, we accept your proposal for price, other conditions remain unchanged.

We will draw up sales contract and send it to you as soon as possible. Thank you for your cooperation.

Yours sincerely,

WangJie

QINGDAO GUANGYUAN IMPORT&EXPORT CORPORATION

☐ 紧急　☐ 已读回执　☐ 纯文本　☐ 定时发信　☐ 邮件加密

任务完成心得

找到潜在的客户，建立业务关系仅是外贸业务的第一步，然后进入艰苦的询盘、发盘、还盘和接受交易磋商阶段，其中发盘和接受是贸易合同订立必经阶段。

发盘、还盘和接受是建立在对产品的成本核算以及对产品市场行情的把握上的。出口商品交易的实施过程，包括货源采购、出运报关、运交买方 3 个基本阶段，其间产生的成本、费用是构成出口商品价格的最主要因素。出口商品对外发盘，需根据出口成本、国际市场价格和经营意图等多方面综合考虑。因发盘时有些费用尚未真正发生，即使是已发生的费用，具体分摊也要经过一段时间，因此成本在拟订价格时很难准确地确定，只能进行估算。

本任务仅是掌握交易磋商的程序，具体价格核算不再讲解。

任务二　出口贸易合同的签订与履行

任务引入

在国际贸易中，交易双方订立合同有书面形式、口头形式和其他形式。在实际业务中，订立书面合同可以作为合同成立、合同履行和解决争议的依据。

青岛广源进出口公司与加拿大 Carters Trading Company, LLC 经过交易磋商，双方就甜玉米罐头交易条件达成一致后，双方需要签订一份正式的书面合同，以确定双方的权利和义务。王杰先生按照洽谈的意见拟定书面销售确认书一式两份，让公司经理李莉莉女士签字后，传真给对方，让 Joe Brown 先生会签后回传。

一、贸易合同书的形式

在我国的出口业务中，书面合同主要采取两种形式：一种是条款完备、内容较全面的正式合同，如销售合同(Sales Contract)；另一种是内容较简单的简式合同，只有主要交易条件，没有一般交易条件，如销售确认书(Sales Confirmation)。两者在法律上具有同等效力，对买卖双方均有约束力。此外，还有备忘录(Memo)、协议书(Agreement)、订单(Order)等形式。

【练习 1-4】(判断题，2011 年试题)

合同的书面形式包括销售合同、购货确认书、备忘录、订单等形式。(　　)

二、书面合同的主要内容

书面合同无论采取何种格式，其基本内容通常包括约首、本文和约尾 3 部分。

(一) 约首部分

约首是合同的首部，一般包括合同的名称、合同编号、缔约双方当事人名称和地址、电话、电子邮箱、传真以及双方订立合同的意愿和执行的保证等各项内容。值得注意的是，买卖双方的名称应用全名，不能使用简称；地址必须详细列明；同一合同下所有单证上，如需显示合同编号、卖方地址、买方名称，均应与合同一致。

(二) 本文部分

本文部分是合同的主体，包括主要交易条件和一般交易条件，是买卖双方经过交易磋商达成一致的条款，体现了双方当事人具体的权利和义务。

主要交易条件是指与具体交易标的息息相关的条款，如商品的品名、品质规格、数量、包装、运输、价格、保险、支付、检验等。一般交易条件是指其他一些使合同得以完善的相关条款，如不可抗力、仲裁、违约救济等。

1. 商品的品名

品名(NAME OF COMMODITY)条款的基本内容取决于成交商品的品种和特点。一般来说，列明买卖双方成交商品的名称即可。在国际货物合同中，商品品名条款的规定应明确、具体。在采用外文名称时，应做到译名准确，与原名意思保持一致，避免含糊不清。有些商品，因其具有不同的品种、规格、型号、等级或商标，为了明确起见，在品名条款中还必须进一步列明该商品的具体品种、规格、型号、等级或商标。在此种情况下，品名条款实际上已经演变为与品质条款的综合体，在合同中通常称为“货物描述”(DESCRIPTION OF GOODS)。

2. 品质条款

合同中商品的品质条款(QUALITY OF GOODS)主要包括凭规格、凭等级、凭标准、凭商标或品牌、凭说明书及图样、凭原产地名称、凭样品等。应根据成交商品的特性、买卖双方的交易习惯和具体要求进行合理选用。例如，上海牌婴儿奶粉(Shanghai Brand Infant Milk Powder)。

动手动脑

我国某公司向伊拉克出口一批冻鸭。合同要求必须用伊斯兰教方法宰杀，但是我方公司不了解其宰杀方法，因而按照科学的“钳杀法”加工。国外进口方看到货物后，拒绝接受，要求退货。试分析该案例给你的启示。

3. 商品的数量条款

商品的数量条款(QUANTITY OF GOODS)的基本内容主要包括成交数量、计量单位、计量方法等。按重量计量的商品还应包括重量的规定方法。例如：1000 公吨，3%增减，由买方选择；增减部分按合同价格计算。（1000M/T, More or less 3%,at buyer's option; Such excess or deficiency to be settled by contracted price.)

4. 商品的包装条款

包装条款(PACKING)的基本内容一般包括包装方式、包装材料、包装规格、包装标志和包装费用等。如麻袋(Gunny Bags)、纸箱(Carton Case)等。通常包装条款要说明包装的数量以及如何包装。例如：每件装一塑料袋，半打为一盒，10 打装一木箱。(Each piece in a plastic bag, half doz. in a box and 10 dozens in a wooden case.)

5. 商品的价格条款

价格条款(PRICE)主要包括单价(Unit Price)和总值(Total Amount)两项内容。单价由计价货币、单位价格、计量单位和贸易术语(见表 1-1) 构成。例如：每公吨 200 美元 CIFC2%伦敦(at USD200 per metric ton CIFC2 London)。

表 1-1 INCOTERMS 2010 贸易术语

组 别	国际代码	中文名称	适用范围
E 组 启运术语	EXW (Ex Works)	工厂交货	全能
F 组 主运 费未付术语	FCA(Free Carrier)	货交承运人	全能
	FAS(Free Alongside Ship)	装运港船边交货	水运
	FOB(Free On Board)	装运港船上交货	水运
C 组 主运 费已付术语	CFR(Cost and Freight)	成本加运费	水运
	CIF(Cost Insurance and Freight)	成本、保险费加运费	水运
	CPT(Carriage Paid To)	运费付至	全能
	CIP(Carriage and Insurance Paid To)	运费和保险费付至	全能
D 组 到达术语	DAT(Delivered At Terminal)	运输终端交货	全能
	DAP(Delivered At Place)	目的地交货	全能
	DDP(Delivered Duty Paid)	完税后交货	全能

【练习 1-5】(单项选择题，2011 年试题)

根据《INCOTERMS 2010》，DAT 和 DAP 术语的适用范围是(　　)。

A．仅适用于水上运输方式　　B．仅适用于单一运输方式

C．可适用于任何运输方式　　D．以上都对

【练习 1-6】(判断题，2011 年试题)

在 CIF 交易中，卖方向买方提交的单据至少应有发票、装箱单和保险单。(　　)

6. 商品的装运条款

商品的装运条款(SHIPMENT)应包括装运时间、装运地(港)、目的地(港)和分批装运或转运等内容。例如：2011 年 11/12 月份装运，允许分批和转运。(Shipment during Nov./Dec.2011 with partial shipments and transshipment allowed.)

7. 商品的支付条款

商品的支付条款(PAYMENT)的基本内容一般包括支付工具、支付方式、支付时间与地点等。其中，支付工具大多采用金融票据，应在支付条款中列明是使用汇票(Bill of Exchange)、本票(Promissory Note)和支票(Cheque)。使用汇付支付方式时，应在支付条款中列明汇付的方式是信汇、电汇还是票汇；使用托收支付方式时，应在支付条款中列明托收的方式是跟单托收还是光票托收，托收的条件是付款交单还是承兑交单；使用信用证支付方式时，应在支付条款中列明开证时间、开证行、信用证种类、信用证有效期及到期地点等。关于支付时间，应在支付条款中结合支付方式列明是预付、凭单付现，还是即期付款、分期付款或延期付款。支付地点与支付方式密切关联，按照一般惯例和习惯做法，汇付的支付地点是买方所在地；托收的支付地点是买方营业地；信用证支付地点是卖方营业地。

8. 货运保险条款

当使用 FOB/FCA 或 CFR/CPT 贸易术语出口时，只在保险条款(INSURANCE)中规定由买方负责投保即可。当使用 CIF/CIP 贸易术语出口时，合同中要列明保险条款，一般包括由卖方负责投保、保险公司、适用的保险条款、保险险别、保险金额如何确定、提供何种保险单据等。例如：由卖方按发票金额的 110%投保一切险和战争险，按 1981 年 1 月 1 日中国人民保险公司海洋运输货物保险条款负责。(Insurance: To be covered by the seller for 110% of the invoice value against All Risks and War Risk as per the relevant Ocean Marine Cargo Clauses of the People's Insurance Company of China, Dated JAN.1,1981.)

阅读资料

中国保险条款保险的险别

中国保险条款主要包括基本险和附加险，基本险分为平安险、水渍险和一切险。

1. 基本险

(1) 平安险(Free from Particular Average, FPA)。平安险的英文意思是“单独海损不赔”。平安险通常适用于低值粗糙的包装货物，如木材，矿砂。主要责任范围包括：自然灾害造成的全部损失；意外事故造成的全部损失和部分损失；意外事故之前或之后又在海上遇有自然灾害而造成的部分损失；共同海损的牺牲、分摊和救助费用。

(2) 水渍险(With Particular Average, WPA 或 WA)。水渍险的英文意思是“负责单独海损”，水渍险通常适用于不易损坏或易生锈但不影响使用的货物，如钢管、旧机床、旧汽车等。其承保的责任范围包括：平安险所承保的全部责任；自然灾害所造成的部分损失。

(3) 一切险(All Risks, AR)。一切险的责任范围除包括平安险和水渍险的各项保险责任外，还包括被保险货物在运输过程中由于一般外来原因所造成的全部或部分损失。

2. 附加险

一般附加险包括以下 11 种。

(1) 偷窃提货不着险(Theft, Pilferage & Non-delivery)。

(2) 淡水雨淋险(Fresh Water & /or Rain Damage)。

(3) 短量险(Risk of Shortage)。

(4) 混杂、玷污险(Risk of Intermixture & Contamination)。

(5) 渗漏险(Risk of Leakage)。

(6) 碰损、破碎险(Risk of Clash & Breakage)。

(7) 串味险(Risk of Odour)。

(8) 受潮、受热险(Damage Caused by Heating &Sweating)。

(9) 钩损险(Hook Damage)。

(10) 包装破裂险(Loss or Damage caused by Breakage of Packing)。

(11) 锈损险(Risk of Rust)。

特殊附加险包括以下 8 种。

(1) 战争险(War Risk)。

(2) 罢工险(Strike Risk)。

(3) 交货不到险(Failure to Deliver Risk)。

(4) 进口关税险(Import Duty Risk)。

(5) 舱面险(On Deck Risk)。

(6) 拒收险(Rejection Risk)。

(7) 黄曲霉素险(Aflatoxin Risk)。

(8) 出口货物到香港(包括九龙在内)或澳门存仓火险责任扩展条款(Fire Risk Extension Clause (or Storage of Cargo at Destination Hongkong Including Kowloon or Macao))。

9. 商品检验检疫条款

商品检验检疫条款(INSPECTION)的基本内容一般包括检验权、检验时间与地点、检验机构、检验技术标准与检验证书等。例如：买卖双方同意以制造厂(或某公证行)出具的质量和数量/重量检验证书作为有关信用证项下付款的单据之一。货到目的港(地)卸货后 15 天内经中国出入境检验检疫局复验，如发现质量或数量/重量与本合同不符时，除属保险公司或承运人负责外，所有退货或索赔引起的一切费用(包括检验费)及损失，均由卖方负责。在此情况下，如抽样是可行的，买方可应卖方要求，将有关货物的样品寄交卖方。(It is mutually agreed that the Certificate of Quality and Quantity/Weight issued by the Manufacturer(or Surveyor) shall be part of the documents for payment under the relevant L/C.In case the quality/quantity or weight of the goods be found not in conformity with those stipulated in this contract after reinspection by the China Exit and Entry Inspection and Quarantine Bureau within 15 days after discharge of the goods at the port/place of destination, the Buyers shall return the goods to or lodge claim against the Sellers for compensation of losses upon the strength of Inspection Certificate issued by the said Bureau, with the exception of those claims for which the insurers or the carriers are liable. All expenses (including inspection fees) and losses arising from the return of the goods or claims should be borne by the sellers. In such case, the Buyers may,if so requested, send a sample of the goods in question to the Sellers, provided that the sampling is feasible.)

【练习 1-7】(多项选择题，2007 年试题)

国际货物买卖合同中检验条款，主要包括(　　)。

A．检验时间与地点　　B．检验标准与方法

C．检验机构　　D．检验证书　　E．检验费用

10．不可抗力条款

不可抗力条款(FORCE MAJEURE)的基本内容一般包括不可抗力事件的性质和范围、不可抗力事件的通知和证明、不可抗力事件的处理原则和办法等。例如：由于水灾、火灾、地震、干旱、战争或协议一方无法预见、控制、避免和克服的其他事件导致不能或暂时不能全部或部分履行本协议，该方不负责任。但是，受不可抗力事件影响的一方须尽快将发生的事件通知另一方，并在不可抗力事件发生 15 天内将有关机构出具的不可抗力事件的证明寄交对方。(Either party shall not be held responsible for failure or delay to perform all or any part of this agreement due to flood, fire, earthquake, draught, war or any other events which could not be predicted, controlled, avoided or overcome by the relative party. However, the party affected by the event of Force Majeure shall inform the other party of its occurrence in writing as soon as possible and thereafter send a certificate of the event issued by the relevant authorities to the other party within 15 days after its occurrence.)

11．索赔条款

贸易合同中的索赔条款(CLAIM)的基本内容一般包括索赔的证据、索赔期限、索赔金额。例如：倘若买方提出索赔，凡属品质异议，须于货到目的口岸之日起 30 天内提出。凡属数量异议，须于货到目的口岸之日起 15 天内提出。对该货物所提出的任何异议，属于保险公司、轮船公司和其他有关运输机构或邮递机构所负责者，售方不负任何责任。(In case of quality discrepancy, claim should be filed by the buyer within 30 days after the arrival of the goods at the port of destination, while for quantity discrepancy, claim should be filed by the buyer within 15 days after the arrival of the goods at the port of destination. It is understood that the seller shall not be liable for any discrepancy of the goods shipped due to the causes for which the Insurance Company, shipping company, other transportation organization/or Post Office are liable.)

12．仲裁条款

仲裁条款(ARBITRATION)的基本内容一般包括仲裁地点、仲裁机构、仲裁程序规则、仲裁裁决的效力和仲裁费用的负担。在规定仲裁地点时，我方一般首先争取规定在我国仲裁。例如：在履行协议过程中，如产生争议，双方应友好协商解决。若通过友好协商未能达成协议，则提交中国国际贸易促进委员会对外贸易仲裁委员会，根据该会仲裁程序暂行规定进行仲裁。该委员会决定是终局的，对双方均有约束力。仲裁费用，除另有规定外，由败诉一方负担。(All disputes arising from the execution of this agreement shall be settled through friendly consultations. In case no settlement can be reached, the case in dispute shall then be submitted to the Foreign Trade Arbitration Commission of the China Council for the Promotion of International

Trade for Arbitration in accordance with its Provisional Rules of Procedure. The decision made by this commission shall be regarded as final and binding upon both parties. Arbitration fees shall be borne by the losing party, unless otherwise awarded.)

（三）约尾部分

约尾是合同的结尾部分，包括合同适用的法律、惯例、合同的有效期、合同的有效份数、合同保管方法、合同使用的文字及其效力、双方当事人的签字等内容。有时，缔约地点和缔约时间也出现在约尾。

应用实例

经过一轮一轮磋商，青岛广源进出口公司与加拿大 Carters Trading Company, LLC 就货物买卖合同的各项条款达成一致，合同就成立了。然而根据我国贸易实践的习惯，双方通过口头或往来函电磋商达成协议后，还必须签订一定格式的正式书面国际贸易合同，将双方的权利和义务明文规定下来，以便于执行。

青岛广源进出口公司

QINGDAO GUANGYUAN IMPORT &EXPORT CORPORATION

112 NINGXIA ROAD QINGDAO CHINA

销售合同

SALES　CONTRACT

合同编号：
S/C No.:　JY1001
签约地点：
Signed at:　QINGDAO CHINA
电话：
Tel:　(0532) 95115175

合同日期：
S/C Date:　August 06,2011
邮政编码：
Postal Code:　266000
传真：
Fax:　(0532) 95115176

买方：
Buyers:　CARTERS TRADING COMPANY,LLC
101QUEENS QUAY WEST TORONTO CANADA
邮政编码：
Postal Code:　M2J 4A6
传真：
Fax:　416-338-0888

电话：
Tel:　416-399-3033

买卖双方同意按下列条款由卖方出售，买方购进下列货物：
The seller agrees to sell and the buyer agrees to buy the undermentioned goods on the terms and conditions stated below:

唛头 SHIPPING MARK	货物名称、规格及包装 COMMODITYAND SPECIFICATIONS, PACKING	数量 QUANTITY	单价 UNIT PRICE	总值 TOTAL AMOUNT
CIF TORONTO				
C.T.C JY1001 TORONTO C/NO.1—125	CANNED SWEET CORN ART. NO.DC—790 ART.NO.V—456 PACKED IN ONE CARTON OF 20 TINS EACH	1 000TINS 1 500TINS	USD 12.00 USD 10.00	USD 12 000.00 USD 15 000.00

装运期及运输方式：

Time of Shipment & means of Transportation：No Later Than SEP.30, 2011 BY VESSEL

装运口岸：

Port of Loading：QINGDAO PORT

目的口岸：

Port of Destination：TORONTO PORT

分批装运：

Partial Shipment：ALLOWED

转船：

Transshipment：NOT ALLOWED

保险：

Insurance：To be covered by the Sellers for 110% of the invoice value against All Risks and War Risk as per the relevant Ocean Marine Cargo Clauses of the People's Insurance Company of China, Dated Jan1,1981.

付款条件：

Payment：L/C AT SIGHT

如买方提出索赔，凡属品质异议，须于货到目的口岸之日起30天内提出。凡属数量异议，须于货到目的口岸之日起15天内提出。对该货物所提出的任何异议，属于保险公司、轮船公司和其他有关运输机构或邮递机构所负责者，售方不负任何责任。In case of quality discrepancy, claim should be filed by the buyer within 30 days after the arrival of the goods at the port of destination, while for quantity discrepancy, claim should be filed by the buyer within 15 days after the arrival of the goods at the port of destination. It is understood that the seller shall not be liable for any discrepancy of the goods shipped due to the causes for which the Insurance Company, shipping company, other transportation organization/or Post Office are liable.

由于水灾、火灾、地震、干旱、战争或协议一方无法预见、控制、避免和克服的其他事件导致不能或暂时不能全部或部分履行本协议，该方不负责任。但是，受不可抗力事件影响的一方须尽快将发生的事件通知另一方，并在不可抗力事件发生15天内将有关机构出具的不可抗力事件的证明寄交对方。Either party shall not be held responsible for failure or delay to perform all or any part of this agreement due to flood, fire, earthquake, draught, war or any other events which could not be predicted, controlled, avoided or overcome by the relative party. However, the party affected by the event of Force Majeure shall inform the other party of its occurrence in writing as soon as possible and thereafter send a certificate of the event issued by the relevant authorities to the other party within 15 days after its occurrence.

在履行协议过程中，如产生争议，双方应友好协商解决。若通过友好协商未能达成协议，则提交中国国际贸易促进委员会对外贸易仲裁委员会，根据该会仲裁程序暂行规定进行仲裁。该委员会决定是终局的，对双方均有约束力。仲裁费用，除另有规定外，由败诉一方负担。All disputes arising from the execution of this agreement shall be settled through friendly consultations. In case no settlement can be reached, the case in dispute shall then be submitted to the Foreign Trade Arbitration Commission of the China Council for the Promotion of International Trade for Arbitration in accordance with its Provisional Rules of Procedure. The decesion made by this commission shall be regarded as final and binding upon both parties. Arbitration fees shall be borne by the losing party, unless otherwise awarded.

备注：

Remark：Shipment terms will be fulfilled according to the L/C finally.

卖方：	买方：
The Sellers：李莉莉	The Buyers：Joe Brown
QINGDAO GUANGYUAN IMPORT &EXPORT CORPORATION	CARTERS TRADIN GCOMPANY,LLC

青岛广源进出口公司
123456789

任务完成心得

出口合同履行，指出口商按照合同的规定履行交货义务直至收回货款的整个过程。出口合同履行是外贸企业出口工作最重要的阶段。采用 CIF 或 CFR 术语按信用证支付方式成交的出口合同，履行程序一般包括备货、催证、审证、改证、租船订舱、保险、报检、报关、装船和交单结汇等步骤。合同签得严谨、明确、慎重，对合同的顺利履行，贸易纠纷的解决，维护当事人的正当权益，都有积极的作用。在签订贸易合同时应注意以下事项。

(1) 签订合同前，除了对商品作深入详细的市场分析外，客户的资信及其签约主体资格必须慎重调查核实。首先，应仔细审核对方是否具备签约权。办事处、代表处、分支机构不具签约权，如代总公司签约，须有合法有效的授权书。对于第一次签约的客户，一定要通过银行、工商或其他机构进行资信调查，取得资产结构情况、负债情况、对方的营业执照、与其他公司的贸易方式、信誉程度等书面材料，方可签约。同时，客户信用不是一成不变的，对于老客户亦要留意其最近的经营状况及信用情况。

(2) 合同必须经签约双方法人代表或其代理人签字，还须加盖单位公章。合同正本必须条款完整、文字明晰、表面整洁。涂改处须加盖校对章，超过 3 处应重新誊清。由若干页组成的合同，必须在每页上签名、盖章，并在整份合同上盖骑缝章。

(3) 在争议解决的问题上，由于仲裁比诉讼更容易在国外获得承认和执行，涉外合同中的争议条款应争取多采用仲裁并可选定“中国国际经济贸易仲裁委员会”作为仲裁机构。因为该机构在国际上有较高的声望，其裁决在许多国家可得到认可并得以执行。订立仲裁条款除应明确仲裁地点、机构、程序规则、效力和费用外，还应注意选定的仲裁机构必须明确、具体、唯一，表述准确，而且仲裁条款要符合一裁终局的原则，选择了仲裁就不能向法院起诉。

(4) 在采用法院诉讼的情况下，应尽量选择由本国本地的法院管辖。鉴于中国法院的判决在国外执行有一定难度，因此，除非国外客户在中国有财产，否则不建议采用法院诉讼的条款。

另外，由于中国的企业和个人对国外的法律不了解，而且国外的法律对外国人行使权利方面可能有某些限制，因此在法律适用上应尽量争取适用中国法律。

综合技能实训

基本要求：

请根据业务资料成交条件签订出口合同，要求格式清楚、条款明确、内容完整。

业务资料：

经过多次交易磋商，兴盛国际贸易公司和加拿大 NEO 公司就陶瓷餐茶具的各项交易条件达成共识，于 2012 年 4 月 3 日在上海签订销售合同。

(1) 卖方(Seller)：

兴盛国际贸易有限公司

XINGSHENG TRADING CO., LTD.

29TH FLOOR KINGSTAR MANSION, 623JINLIN RD., SHANGHAI CHINA

(2) 买方(Buyer)：

NEO GENERAL TRADING CO.

#362 JALAN STREET, TORONTO, CANADA

(3) 货号品名规格：

CHINESE CERAMIC DINNERWARE

DS1556	30-Piece Dinnerware and Tea Set	542SETS	USD23.50/SET
DS4152	20-Piece Dinnerware Set	800SETS	USD20.40/SET
DS6531	45-Piece Dinnerware Set	443SETS	USD23.20/SET

(允许 10%溢短装)

(4) 唛头：按照国际标准化要求填写。

(5) 成交价格条件：CIF TORONTO。

(6) 包装条件：纸箱包装。DS1556 每箱装 2 套，DS4152、DS6531 每箱装 1 套。

(7) 交货/装运条件：装运期为 2012 年 4 月，允许分批装运及转运。

(8) 装运港，上海；目的港，多伦多。

(9) 保险条件：由卖方按 CIF 成交金额的 110%投保中国人民保险公司海运货物水渍险、碰损破碎险和战争险。

(10) 付款条件：即期信用证付款。

(11) 合同号：SHDS03027。

项目二　信用证结算方式下出口制单

项目学习目标

- 掌握审核信用证的主要内容和方法
- 掌握信用证项下各种单证的主要缮制方法
- 熟悉信用证业务流程和信用证格式
- 能读懂信用证，正确分析信用证条款
- 具备信用证项下出口单据的缮制技能和处理能力

项目导入

国际货物买卖合同一旦成立，买卖双方均应按合同规定履行自己的义务：卖方的基本义务是交货、交单和转移货物的所有权；买方的基本义务是接货、付款。以不同交易条件订立的合同，履行合同的程序也各不相同。目前，我国的出口合同大多数以CIF和CFR价格条件成交，以信用证方式结算货款，故在履行这类合同时必须切实做好催证、审证、改证、租船订舱、报检、报关、投保、装船和交单结汇等环节的单证审核与缮制工作，以确保合同的履行。

任务一　出口商审核与修改信用证

任务引入

青岛广源进出口公司与加拿大 Carters Trading Company, LLC 进行交易磋商，采用信用证支付方式，签订销售合同。加拿大 Carters Trading Company, LLC 按照合同规定的开证时间，及时向加拿大皇家银行(Royal Bank of Canada)提出开证申请，信用证编号为 LGU-02156。通知行收到信用证后，经审查无误在信用证正本上加盖“证实书”戳印，并随信用证通知书交青岛广源进出口公司审核。当青岛广源进出口公司收到信用证后，对信用证进行认真审核，对不能接受的信用证条款提出改证，确保合同的履行。为此，王杰先生认真审核编号为 LGU-02156 的信用证，以确认信用证的各条款是否正确，履行合同时有无问题。

一、审核信用证业务流程

信用证是银行作出的有条件的付款承诺，银行在规定的期限内凭规定的单据承诺付款。同时，信用证遵守“严格相符原则”，所有单据在表面上必须做到与信用证条款的规定一致，同时各种单据之间也要一致。如果做不到，便不能够安全收汇。做到严格相符的前提是信用证本身正确无误，同时出口商能做到信用证各项规定要求。因此，出口商作为信用证的受益人必须对信用证的各项条件进行审核，如果信用证与合同不符或者尽管信用证正确，但出口商履行合同时存在困难，无法满足信用证的要求，都应及时提出，让开证申请人去银行修改信用证。审核信用证业务流程如图 2.1 所示。

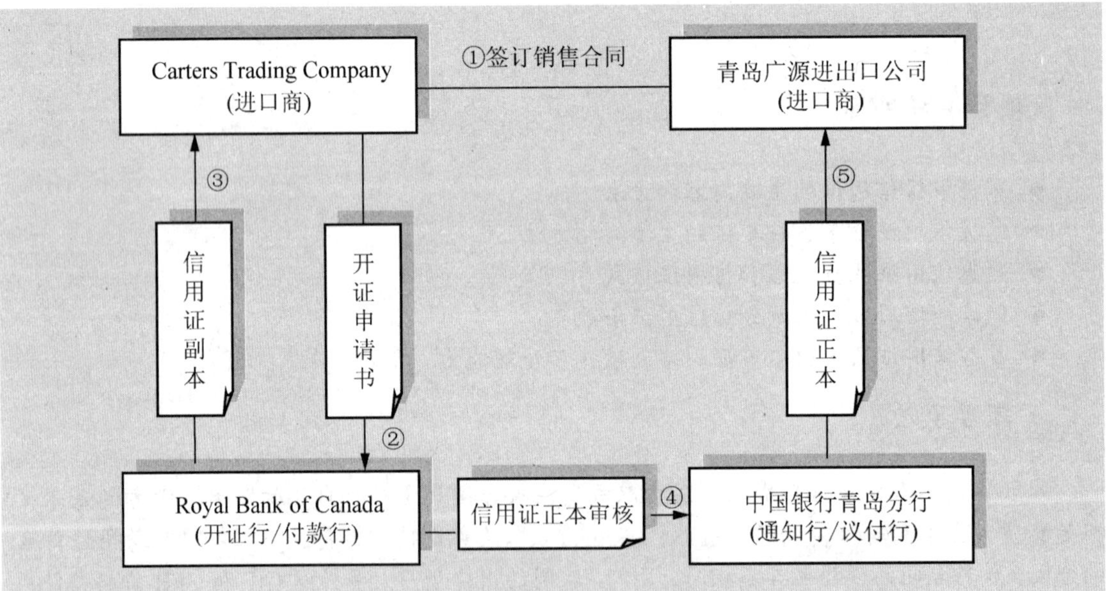

图 2.1　审核信用证业务流程

① 买卖双方签订买卖合同，规定采用信用证方式支付。

② 进口商向当地银行提出开证申请书，并交纳押金或其他担保，要求开证行开出信用证。

③ 开证行根据申请书开具信用证，副本交进口商。

④ 开证行以电讯或航邮方式将正本寄送通知行或议付行。

⑤ 通知行核对印押无误后，将信用证通知受益人。出口商收到通知行寄来的信用证后即进行审核，审证并认可后，即按规定条件交货。然后制作信用证规定的单据，并在规定的有效期和交单期内送议付行，付款赎单。根据《UCP600》的规定，“银行审单时间最多为收到单据次日起的第 5 个银行工作日。”

二、SWIFT 信用证报文格式

SWIFT(Society for Worldwide Interbank Financial Telecommunication，环球同业银行金融电讯协会)是国际银行同业间的国际合作组织，成立于 1973 年，全球大多数国家的银行已使用 SWIFT 系统。SWIFT 的使用，为银行结算提供了安全、可靠、快捷、标准化、自动化的通信业务，从而大大提高了银行的结算速度。目前，信用证的格式主要都是用 SWIFT 标准电文格式(MT700 和 MT701 电文格式)，因此有必要对 SWIFT 进行了解。

(一) MT700 信用证报文格式

27：SEQUENCE OF TOTAL(报文页次或合计次序)

如果该跟单信用证条款能够全部容纳在该 MT700 报文中，那么该项目内就填入“1/1”。如果该证由一份 MT700 报文和一份 MT701 报文组成，那么在 MT700 报文的项目“27”中填入“1/2”，在 MT701 报文的项目“27”中填入“2/2”，以此类推。

40A：FORM OF DOCUMENTARY CREDIT(跟单信用证类别)

《UCP600》规定，“所有信用证都是不可撤销的。”该项目内容有以下填法。

(1) IRREVOCABLE (不可撤销跟单信用证)。

(2) IRREVOCABLE TRANSFERABLE (不可撤销可转让跟单信用证)。

(3) IRREVOCABLE STANDBY (不可撤销备用信用证)。

详细的转让条款应在项目“47a”中列明。

20：DOCUMENTARY CREDIT NUMBER(跟单信用证号码)

该项目填写信用证号码。

23：REFERENCE TO PRE-ADVICE(预先通知编号)

如果采用此格式开立的信用证已被预先通知，此项目内应填入“PREADV/”，后跟预先通知的编号或日期。

31C：DATE OF ISSUE(开证日期)

该项目列明开证行开立跟单信用证的日期。如果报文无此项目，那么开证日期就是该报文的发送日期。

31D：DATE AND PLACE OF EXPIRY(信用证到期日及到期地点)

该项目列明跟单信用证最迟交单日期和交单地点，如“050815 in the beneficiary's country”。

【练习 2-1】(多项选择题，2008 年试题)

关于信用证中“Date and place of expiry”，说法正确的是(　　)。

A．表明该证的到期日期和到期地点

B．信用证的到期地点可以在开证行所在地，也可以在受益人所在地

C．可以推算出信用证的开证日期

D．如果是在开证行所在地，出口审单人员一定要把握好交单时间和邮程，防止信用证失效

阅读资料

信用证有效地点

《UCP600》规定：“可以有效使用信用证的银行所在的地点是交单的地点。对任何银行均为有效的信用证项下交单的地点是任何银行所在的地点。不同于开证行地点的提示单据的地点是开证行地点之外提交单据的地点。”

有效地点是受益人在有效期限内向银行提交单据的地点。国外开来的信用证一般规定有效地点在我国国内即受益人国内，如果有效地点在国外，受益人(出口商)要特别注意，一定要在有效期限之前提前交单(新、马等近洋国家或港、澳地区提前 7 天左右；远洋国家或地区提前 10 ~ 15 天)，以便银行在有效期限之内将单据寄到有效地点的银行。如果有效地点在国外，最好建议将其修改在国内。如果信用证未列明有效地点，则应立即要求开证行进行确认。如果开证行始终不予答复，则应视同有效地点在我国国内。

5la：APPLICANT BANK(开证申请人的银行)

如果开证行和开证申请人的银行不是同一家银行，该报文使用该项目列明开证申请人的银行。

50：APPLICANT(开证申请人)

该项目填写进口商的名称和地址。

59：BENEFICIARY(受益人)

该项目填写出口商的名称和地址。

32B：CURRENCY CODE, AMOUNT(跟单信用证的货币代号及金额)

该项目表示信用证货币币种和总值。

39A：PERCENTAGE CREDIT AMOUNT TOLERANCE(信用证金额浮动允许范围)

该项目列明信用证金额上下浮动最大允许范围，用百分比表示，例如：10/10，即允许上下浮动各不超过10%。39A与39B不能同时出现。

39B：MAXIMUM CREDIT AMOUNT(最高信用证金额)

该项目用“MAXIMUM”、“NOT EXCEEDING”或 “UP TO”(后跟金额)表示跟单信用证金额最高限额。

39C：ADDITIONAL AMOUNT COVERED(可附加金额)

该项目列明信用证所涉及的附加金额，诸如保险费、运费、利息等。

4la：AVAILABLE WITH…BY…(向……银行押汇，押汇方式为……)

该项目列明被授权对该证付款、承兑或议付的银行及该信用证的兑付方式。如果该证为迟期付款信用证，有关付款的详细条款将在项目“42P”中列明；如果该证为混合付款信用证，有关付款的详细条款将在项目“42M”中列明。

阅读资料

银行和兑付的表示方法

(1) 银行表示方法如下：

① 当该项目代号为“41a”时，银行用SWIFT名址码表示。

② 当该项目代号为“41D”时，银行用行名地址表示。

③ 如果信用证为自由议付信用证时，该项目代号应为“41D”，银行用“ANY BANK IN—(地名/国名)”表示。

④ 如果该信用证为自由议付信用证，而且对议付地点也无限制时，该项目代号应为“41D”，银行用“ANY BANK”表示。

(2) 兑付方式表示方法，分别用下列词句表示：

① BY PAYMENT：即期付款
② BY ACCEPTANCE：远期承兑
③ BY NEGOTIATION：议付
④ BY DEF PAYMENT：迟期付款
⑤ BY MIXED PAYMENT：混合付款

42C：DRAFT AT(汇票付款期限)

该项目列明跟单信用证项下汇票付款期限，必须与“42A”同时出现。

42A：DRAWEE(汇票付款人)

该项目列明跟单信用证项下汇票的付款人。该项目内不能出现账号，必须与“42C”同时出现。

42M：MIXED PAYMENT DETAILS(混合付款条款)

该项目列明混合付款跟单信用证项下付款日期、金额及其确定的方式。

42P：DEFERRED PAYMENT DETAILS(延期付款条款)

该项目列明只有在延期付款跟单信用证项下的付款日期及其确定的方式。

43P：PARTIAL SHIPMENT(分批装运条款)

该项目列明跟单信用证项下是否允许分批装运。

43T：TRANSSHIPMENT(转运条款)

该项目列明跟单信用证项下货物转运是否允许，表示该批货物是直接到达，还是通过转运到达。如果信用证未规定“PARTIAL SHIPMENT”和“TANSSHIPMENT”，则默认为允许分批装运和转运。

【练习 2-2】(单项选择题，2011 年试题)

根据《UCP600》的规定，如信用证条款未明确规定是否“允许分批装运”、“允许转运”时，应理解为(　　)。

A．允许分批装运，但不允许转运　　B．允许分批装运，允许转运

C．允许转运，但不允许分批装运　　D．不允许分批装运，不允许转运

44A：LOADING ON BOARD/DISPATCH/TAKING IN CHARGE AT/FORM(装船、发运和接受监管的地点)

该项目填写货物装运港名称。

44B：FOR TRANSPORTATION TO...(货物发送最终目的地)

该项目填写货物目的港名称。

44C：LATEST DATE OF SHIPMENT(最迟装运日期)

该项目列明最迟装船、发运和接受监管的日期，“44C”与“44D”不能同时出现。

44D：SHIPMENT PERIOD(装运期)

该项目列明装船、发运和接受监管期，“44C”与“44D”不能同时出现。

45a：DESCRIPTION OF GOODS AND/OR SERVICES (货物及/或服务条款描述)

此项列明货物及/或服务的名称、规格等。通常价格条款，如 FOB、CIF 等，也列在该项目中。

46a：DOCUMENTS REQUIRED(单据要求)

该项目列明信用证项下相关单据(如商业发票、装箱单、海运提单、保险单等)的要求。如果信用证规定运输单据的最迟出单日期，该条款应和有关单据的要求一起在该项目中列明。

47a：ADDITIONAL CONDITIONS(附加条款)

该项目列明信用证的附加条款。

当一份信用证由一份 MT700 报文和一至三份 MT701 报文组成时，项目“45a”、“46a”和“47a”的内容只能完整地出现在某一份报文中(即在 MT700 或某一份 MT701 中)，不能被分割成几部分分别出现在几个报文中。

在 MT700 报文中，“45a”、“46a”和“47a”3 个项目的代号应分别为“45A”、“46A”和“47A”；在报文 MT701 中，这 3 项目的代号应分别为“45B”、“46B”和“47B”。

71B：CHARGES(费用负担)

该项目的出现只表示费用由受益人负担。若报文无此项目，则表示除议付费、转让费外，其他费用均由开证申请人负担。

48：PERIOD FOR PRESENTATION(交单期限)

该项目列明在开立运输单据后多少天内交单。若报文未使用该项目，则表示在开立运输单据后 21 天内交单。

49：CONFIRMATION INSTRUCTIONS(保兑指示)

该项目列明给收报行的保兑指示。该项目内容可能出现下列某一代码。

CONFIRM：要求收报行保兑该信用证。

MAY ADD：收报行可以对该信用证加具保兑。

WITHOUT：不要求收报行保兑该信用证。

53a：REIMBURSEMENT BANK(偿付行)

该项目列明被开证行授权偿付跟单信用证金额的银行。该偿付行可以是发报行的分行或收报行的分行，也可以是完全不同的另一家银行。

57a：“ADVISE THROUGH” BANK(收讯银行以外的通知银行)

如果该信用证需通过收报行以外的另一家银行转递、通知或加具保兑后给受益人，该项目内填写该银行。

72：SENDER TO RECEIVER INFORMATION(银行间的通知或附言)

该项目可能出现的代码：

/PHONBEN/：请用电话通知受益人(后跟电话号码)。

/TELEBEN/：请用快捷有效的电讯通知受益人，包括 SWIFT、传真、电报、电传。

78：INSTRUCTIONS TO THE PAYING/ACCEPTING/NEGOTIATION BANK

(给付款行、承兑行或议付行的指示)

阅读资料

SWIFT 报文

SWIFT 报文(Text)由一些项目(Field)组成，每一种报文格式规定了由哪些项目组成，每一个项目又严格规定由多少字母、多少数字或多少字符组成，在一份 SWIFT 报文中，有些规定项目是必不可少的，称为必选项目(Mandatory Field)；有些规定项目可以由操作员根据业务需要确定是否选用，这些项目称为可选项目(Optional Field)。

项目代号由两位数字或两位数字加一个小写字母后缀组成，该小写字母后缀在某一份报文中必须由某一个规定的大写字母替换。如项目“52a”，该项目在某一份报文中可能成为“52A”，在另一份报文中就可能成为“52B”。带上不同的大写字母后缀，其含义和用法也就不一样。

MT700/701 是由开证行发送给通知行，用来列明发报行(开证行)开立的跟单信用证条款的报文格式。当跟单信用证内容超过 MT700 报文格式的容量时，可以使用一个或几个(最多 3 个)MT701 报文格式传送有关跟单信用证条款。

（二）MT701 报文格式

27：　SEQUENCE OF TOTAL(报文页次或合计次序)
20：　DOCUMENTARY CREDIT NUMBER (跟单信用证号码)
45B：DESCRIPTION OF GOODS AND/OR SERVICES (货物及/或劳务描述)
46B：DOCUMENTS REQUIRED (单据要求)
47B：ADDITIONAL CONDITIONS (附加条款)

阅读资料

信用证不符点产生的原因

信用证是重要的国际贸易结算方式。信用证结算以单证相符为条件，单据的准确程度决定了货款能否顺利收回。但权威的调查结果显示，全球范围 60%～70%的单据在首次交单时存在不符点。出现上述问题的原因主要在于以下几个方面：

(1) 企业收到信用证后审核不严，对信用证中的含糊之处或自相矛盾的条款、和合同规定不相符或与实际操作有冲突的条款、甚至带有风险的软条款未能及时修改。

(2) 对国际惯例的把握不够细致和准确，对国际商会在信用证方面的最新观点不够了解。

(3) 受业务范围的局限，仅对某地区某客户的信用证条款比较熟悉，但一旦收到其他类型的信用证，制单审单时常力不从心。

三、信用证的审核

（一）审核信用证的意义

信用证支付方式对于出口商来讲，其最大的优越性在于，只要出口商提交的单据完全符合信用证的规定，就可以获得开证行的付款。因此，在执行出口合同的过程中，认真细致地对国外开来的信用证进行审核就成为关系到出口商安全及时收取货款的关键一环。只有仔细审证，才能及早发现信用证中存在的问题，以便通知开证申请人办理修改信用证手续；同时出口方在制单时，严格按信用证条款，才能确保提交的单据做到“单证相符”、“单单相符”，以便顺利收汇。

（二）审证的主要依据和原则

审核信用证的主要依据是国内的有关政策和规定，买卖双方签订的贸易合同、国际贸易惯例、《UCP600》和进口国有关法规的规定。

审核信用证通常遵循的原则是：信用证条款规定比合同条款严格时，应当作为信用证中存在的问题提出修改(当然，在实际业务中主要是以是否影响出口商安全收汇和顺利履行合同义务为前提)；而当信用证的规定比合同条款宽松时，可不要求修改。

（三）审核信用证的要点

1. 审核信用证性质

审核信用证是否为不可撤销信用证。按照《UCP600》规定，信用证为不可撤销信用证。审证时要注意信用证种类，如保兑信用证、可转让信用证、循环信用证、不可撤销信用证等，如为不可撤销保兑信用证，检查其有无“保兑”(CONFIRMED)字样、保兑行行名和保兑行的保兑条款，缺少其中任何一项，应要求改证；如为不可撤销可转让信用证，检查其有无“可转让”(TRANSFERABLE)字样和自由议付信用证下的经开证行特别授权作为转让行的银行名称，缺其一则要求改证；如为不可撤销循环信用证，须注明“循环”(REVOLVING)字样，以及恢复信用证循环的条件，否则要求改证。

阅读资料

审核信用证性质技巧

(1) IRREVOCABLE (不可撤销)。在 SWIFT 信用证中，通常显示在 FORM OF DOC.CREDIT 40A 一栏。

(2) TRANSFERABLE (可转让)。是否可转让，在 SWIFT 信用证中，应关注 FORM OF DOC.CREDIT 40A。

(3) CONFIRMED (保兑)。是否对信用证加具保兑，在 SWIFT 信用证中，应关注 CONFIRMATION INSTRUCTIONS 49 一栏。

2. 审核信用证开证申请人和受益人的名称及地址

对于开证申请人和受益人的名称及地址要仔细加以核对，信用证上的开证申请人和受益人的名称和地址应与其印就好的文件上的名称和地址内容相一致。另外，如果开证行所在国家或地区政局不稳或者开证行本身资信较差，可要求进口商在申请开证时要求开证行在信用证中列明本证由通知行(或其他出口商接受的银行)保兑。

3. 审核信用证到期日和到期地点

信用证的到期日应该符合买卖合同的规定，信用证的到期日一般与装运期有一定的合理时间间隔(一般为 10～15 天)，以便受益人在装运货物后，有充足的时间办理制单结汇手续。若信用证没有规定，向银行交单的日期不得迟于运输单据出单日期后 21 天。

若信用证规定国外到期，有关单据必须寄送国外，由于受益人无法掌握单据到达国外银行所需的时间且容易延误或丢失，有一定的风险。通常受益人要求在国内交单、到期。在来不及修改的情况下，必须要求寄单行提前一个邮程(邮程的长短应根据地区远近而定)，以最快的方式寄送单据。

阅读资料

信用证有效期、交单期与装运期

(1) 有效期：《UCP600》规定，“一切信用证均须规定一个到期日和一个交单付款、承兑的地点。规定的付款、承兑或议付的到期日，将被解释为信用证的有效期。”

(2) 交单期：信用证还应规定一个运输单据出单日期后必须提交符合信用证条款的单据的特定期限，即“交单期”。

(3) 装运期：是指卖方将货物装上运往目的港的运输工具或交付给承运人的日期。信用证可以没有装运期，只有有效期，即信用证中的装运期和有效期是同一天，这在实际业务中称为“双到期”。

【练习 2-3】(单项选择题，2010 年试题)

信用证规定到期日为 2009 年 1 月 30 日，而未规定最迟装运期，则可理解最迟装运期为(　　)。

A．2009 年 1 月 10 日　　　　B．2009 年 1 月 30 日

C．2009 年 1 月 9 日　　　　D．该信用证无效

动手动脑

国外开来信用证，证中规定最迟装运期为 2011 年 12 月 31 日，议付有效期为 2012 年 1 月 15 日，我方按证中规定的装运期完成，提单日为 2011 年 12 月 10 日，并备齐议付单据于 2012 年 1 月 4 日向银行议付交单，银行拒付，有理由吗？为什么？

4．审核信用证金额、币种、付款期限规定是否与合同一致

检查信用证金额是否正确；信用证中的单价与总值要准确，大小写并用时内容要一致；如数量上可以有一定幅度的伸缩，那么，信用证也应相应规定在支付金额时允许有一定幅度；如果在金额前使用了“大约”一词，其意思是允许金额有 10%的伸缩；如果在信用证未以包装单位件数或货物自身件数的方式规定货物数量时，货物数量允许有 5%的增减幅度，只要总支取金额不超过信用证金额即可；检查币制是否正确，例如：合同中规定的币制是“英镑”，而信用证中使用的是“美元”。当信用证中出现有关款项规定须在向银行交单后若干天内或见票后若干天内付款等情况时，应检查此类付款时间是否符合合同规定。

动手动脑

2012 年 8 月 15 日由英国一家银行开给国内 ABC 公司 L/C。L/C 有关数量条款规定如下：总金额约 USD 500 000，数量 1000 公吨，圆粒白大米，每公吨 USD500，CIF LONDON。ABC 公司接到 L/C 后即备货，于 8 月 30 日全部货物装运完毕，持整套单据向银行交单议付。议付行经审单后不同意议付，其理由为议付金额 USD 500 500，超出 L/C 规定的 USD 500 000。请分析银行这样处理合适吗，为什么？

5．审核货物项目

检查商品名称、货号、规格、单价(含贸易术语)、数量、包装(含唛头)等是否与合同一致。如有“溢短装”条款，注意数量与总金额的增减幅度是否一致。检查货物数量规定时应注意以下几点：

(1) 除非信用证规定数量不得有增减，否则，在付款金额不超过信用证金额的情况下，货物数量可以容许有 5%的增减。

(2) 特别注意的是，以上提到的货物数量可以有 5%增减的规定一般适用于大宗货物，对于以包装单位或以个体为计算单位的货物不适用。如“5000PCS 100% COTTON SHIRTS”(5000 件全棉衬衫)，由于数量单位是“件”，实际交货时只能是 5000 件，而不能有 5%的增减。

6．审核装运条款

检查来证的运输条款是否规定的合理可行，直接关系到装运工作是否能顺利进行。因此，接到来证后，应该对起运地和目的地、运输方式、是否可以分批装运、是否可以转运、是否

和价格术语相适应等内容进行重点审核。如信用证规定了分批装运的时间和数量，应注意能否办到。《UCP600》规定，“如信用证规定在指定的时间段内分期支款或分期发运，任何一期未按信用证规定期限支取或发运时，信用证对该期及以后各期均告失效。”如果信用证对船龄、船籍、船公司或港口等有限制性条款，则要考虑能否办到。

【练习 2-4】(判断题，2011 年试题)

信用证规定装运港为“Chinese Port”，在缮制提单装运港时应照打“Chinese Port”，以免造成单证不符。(　　)

7. 审核单据项目

信用证项下要求受益人提交议付的单据通常包括：商业发票、海运提单、保险单、装箱单、原产地证、检验证书及其他证明文件。要注意单据由谁出具、能否出具、信用证对单据是否有特殊要求、单据的规定是否与合同条款一致等。审核单据项目应注意以下问题。

(1) 一些需要认证的单据特别是需使馆认证等的单据，能否及时办理和提供。

(2) 由其他机构或部门出具的有关文件，如出口许可证、运费收据、检验证明等能否提供和及时提供。

(3) 要注意单据的种类是否与交易条件相符，如空运方式下要求提供海运提单，FOB 价格条件下要求提供保险单等。

8. 审核保险条款

来证后应检查该项交易所使用的价格条件是否应该由己方办理保险，如采用 FOB、CFR 贸易术语，由买方负责办理保险手续，若在信用证中出现保险条款时，可将保险条款删除。确认后要检查投保险别、投保加成等问题是否与合同相符；保险单据的出单日期是否迟于运输单据上注明的货物装船或发运或接受监督的日期等。

9. 审核银行费用支付责任

银行费用包括开证费、通知费、保兑费、议付费、修改费、邮费和电报费等，这些费用一般都不是小数目。一般发生在开证行的费用由买方承担，发生在受益人所在国的费用由受益人承担。如保兑费，若买方自行保兑，则由买方支付；若申请人要求保兑，则由申请人承担；如果信用证没有规定，应由开证人承担。

10. 审核信用证软条款

信用证业务中的“软条款”，在我国有时也称之为“陷阱条款”，就是指开证申请人(进口商)在申请开立信用证时，故意设置若干隐蔽性的“陷阱”条款，以便在信用证运作中置受益人(出口商)于完全被动的境地，而开证申请人或开证行则可以随时以单据不符为由，解除信用证项下的付款责任，将受益人置于陷阱。信用证软条款一般出现在信用证单据和附加条款中，其本身并不违背《UCP600》原则，其风险是潜在的，表面看起来无伤大雅，实则暗藏杀机，需要格外警惕。

相关知识

信用证典型软条款示例

软条款 1：3 份正本提单中，有一份直接寄给开证申请人。凭借一份正本提单，就可以提货了。这个条款一经执行，就意味着客户可以在银行议付单证以前就径直去提货。假如客户蓄意欺诈或对货物不满意，此时就有可能有意拒绝付款赎单，信用证受益人将随时面临货、款两空的危险。

软条款 2：货物须经开证人检验，出具检验认可报告方可付运，检验报告作为议付单据之一。这个条款的风险在于，假如交货前因市场变化，客户有意毁约，故意拖延检验，不出具检验报告，导致无法装运并提交单证议付。

【练习 2-5】(多项选择题，2006 年试题)

下列哪些条款应被视为信用证的“软条款”？(　　)

A. 开证人在检验证书上的签名必须与开证行所保留的签名样本相符

B. 信用证项下要求受益人提供船龄证明

C. 受益人出具的报关单、合同及商业发票必须做使馆认证

D. 必须得到开证人对样品的确认后，信用证方可生效

E. 货物必须经开证人代表检验合格后方可装船

阅读资料

软条款的处理

在提高警惕慎重处理的前提下，对有的软条款可酌情考虑接受或附加其他条款来加以制约，争取既满足客户的需要，又最大限度降低风险。比如，进口方是信誉良好的老牌商号，开证行也知名可靠，可以考虑接受“正本提单径交开证人”的条款，在接受的同时，限定提单的收货人为“凭开证行指示”。这样即使客户得到正本提单，也需由银行背书(在提单背面签字盖章，表明执此提单者已经获得银行许可)，避免了客户绕开银行私自提货的风险；或修改为“副本提单径交开证申请人”，这样客户可以在提供担保的情况下凭副本提单提货，而所提供的担保也同时保障了受益人(出口商)的权益。

11. 检查信用证是否受《UCP600》约束

明确信用证受国际商会丛刊第 600 号《跟单信用证统一惯例解释通则》的约束，可以在具体处理信用证业务中，对于信用证的有关规定有一个公认的解释和理解，避免因对某一规定的不同理解产生的争议。

12. 审核的信用证批注

对信用证上用铅字印好的文句内容和规定，特别是信用证空白处，边缘处加注的打字、缮写或橡皮戳记加注字句应特别注意。这些词句常是信用证内容的主要补充或修改，如不注意可能造成事故或损失。

另外，对于来证中的其他条款或不同国家的不同惯例的“特殊条款”应格外认真并仔细地进行审核。应特别注意有无歧视和不能办到的特殊要求。

(四) 信用证的修改

修改信用证是对已开立的信用证中的某些条款进行修改的行为。信用证的修改可以由开证申请人提出，也可由受益人提出。《UCP600》规定，“未经开证行、保兑行(如有的话)及受益人同意，信用证既不得修改，也不得撤销。”也就是说在不可撤销的信用证有效期内，对信用证其中条款的修改关系到各有关当事人的权利和义务的改变。所以任何一方的修改，都必须经买卖双方协商一致同意后，由开证申请人通过开证行办理修改。开证行可依据开证申请人提交的信用证申请书受理该笔业务。

信用证修改的程序为：受益人审核出信用证中存在的问题后，向开证申请人发出改证函，双方协商改证事宜。开证申请人向开证行发出修改信用证的指示，该指示必须完整、明确；开证行同意修改后，向原信用证的通知行发出信用证修改书；通知行收到修改书，鉴别其真实性，再通知受益人；受益人收到修改书后，应提供接受或拒绝修改的通知。如受益人未给予通知，但交单与信用证及修改通知书的内容一致时，视为受益人已接受修改。

阅读资料

修改信用证注意事项

(1) 只有开证申请人有权决定是否接受修改信用证；修改信用证只能由受益人向开证申请人提出，经开证申请人同意后再由其通知开证行。直接由受益人向开证行提出的改证申请是无效的。

(2) 只有信用证受益人有权决定是否接受信用证修改，受益人只有在收到开证行通过通知行转递的修改通知后，对信用证的修改才有效。

(3) 凡是需要修改的内容，应做到一次性向对方提出，避免多次修改信用证，既节省时间又避免增加双方的手续和费用。

(4) 对于不可撤销信用证中任何条款的修改，都必须取得当事人的同意后才能生效。

(5) 收到信用证修改后，应及时检查修改内容是否符合要求，并分情况表示接受或重新提出修改。同一修改书的内容，要么全部接受，要么全部拒绝，对修改书的部分接受是无效的。

(6) 有关信用证修改必须通过原信用证通知行才真实、有效；通过买方直接寄送的修改申请书或修改书复印件不是有效的修改。

(7) 明确修改费用由谁承担。一般按照责任归属来确定修改费用由谁承担。

【练习 2-6】(单项选择题，2011 年试题)

下列关于信用证修改说法不正确的是(　　)。

A．修改应由开证申请人向开证行办理

B．修改须经开证行和受益人同意才能生效

C．受益人可对修改通知书中的内容有选择地接受

D．原证的条款在受益人向通知行发出接受修改前仍然有效

动手动脑

我国某公司与非洲 A 商成交出口货物一批，规定 2011 年 9 月份装运。客户按期开来信用证，但计价货币与合同规定不同，加上我方货未办妥，直到 2011 年 11 月对方来电催装时，才向对方提出按合同货币改证并要求展延装运期。次日，A 商复电：证已改妥。我方据此发运货物，但信用证修改书始终未到。单到开证行时被以“证已过期”为由拒付。我方为收回货款，避免在目的港的仓储费用的支出，接受了进口商提出的 D/P·T/R 提货的要求。终因进口商未能如约付款而使我方遭受重大损失。请分析此案中我方有何失误。

应用实例

王杰先生熟悉编号为 JY1001 的合同条款后，为了保证出口合同能顺利履行，于 2011 年 8 月 9 日发 EMAIL 给 Joe Brown 先生，请他早日去银行开出信用证。2011 年 8 月 13 日，王杰先生收到中国银行青岛分行信用证通知书和信用证，仔细阅读信用证条款，并着手填写《信用证分析单》，在填写过程中对信用证的信息进行分析、归纳。

BANK OF CHINA QINGDAO BRANCH

Room 1203, Marine Tower, 1HongKong Road, Qingdao, China

Phone(0532) 6886 0008 Fax(0532) 6886 0007

信用证通知书

Notification of Documentary Credit

MAIL TO 致： QINGDAO GUANGYUAN IMPORT&EXPORT CORPORATION 112 NINGXIA ROAD QINGDAO CHINA	Date 日期： 20110813 Our REF. No. 我行编号： R000020
ISSUING BANK 开证行： ROYAL BANK OF CANADA	Applicant 申请人： CARTERS TRADING COMPANY, LLC 101 QUEENS QUAY WEST TORONTO, CANADA
L/C No.信用证号码： LGU-02156 ISSUING DATE 开证日期： 20110811	L/C ORIGINAL AMOUNT 信用证金额： USD27000.00

Dear Sirs,敬启者：

WE HAVE PLEASURE IN ADVISING YOU THAT WE HAVE RECEIVED FROM THE A/M BANK A LETTER OF CREDIT,CONTENTS OF WHICH ARE AS PER ATTACHED SHEETS.THIS ADVICE AND THE ATTACHED SHEETS MUST ACCOMPANY THE RELATIVE DOCUMENTS WHEN PRESENTED FOR NEGOTIATION.

兹通知贵司，我行收到上述银行信用证一份，现随附通知，贵司交单时，请将本通知即信用证一并提示。

PLEASE NOTE THAT THIS ADVICE DOES NOT CONSTITUTE OUR CONFIRMATION OF THE ABOVE L/C NOR DOES IT CONVEY ANY ENGAGEMENT OR OBLIGATION ON OUR PART.

本通知书不构成我行对此信用证之保兑及其他任何责任。

THIS L/C CONSISTS OF 3SHEETS, INCLUDING THE COVERING LETTER AND ATTACHMENT(S).

本信用证连同面函及附件共 3 张纸。

IF YOU FIND ANY TERMS AND CONDITIONS IN THE L/C WHICH YOU ARE UNABLE TO COMPLY WITH AND OR ANY ERROR(S), IT IS SUGGESTED THAT YOU CONTACT APPLICANT DIRECTLY FOR NECESSARY AMENDANT(S), SO AS TO AVOID ANY DIFFICULTIES WHICH MAY ARISE WHEN DOCUMENTS ARE PRESENTED.

如本信用证中有无法办到的条款及/或错误，请直接与开证申请人联系进行必要的修改，以排除交单时可能发生的问题。

THIS L/C IS ADVISED SUBJECT TO THE APPLICABLE UCP RULES(ISSUED BY THE ICC)AS STIPULATED IN THE CREDIT.

本信用证之通知系遵循信用证中提及的国际商会跟单信用证统一惯例。

IF YOU HAVE ANY FURTHER QUERIES,PLEASE DON'T HESITATE TO CONTACT US ON THE ABOVE MENTIONED NUMBER.

如果贵司有任何疑问，请按上述业务编号与我行联系。

THIS IS A COMPUTER-GENERATED LETTER,NO SIGNATURE REQUIRED.

Remarks:

备注：

IRREVOCABLE DOCUMENTARY CREDIT

SEQUENCE OF TOTAL	*27:	1 / 1
FORM OF DOC. CREDIT	*40A:	REVOCABLE
DOC. CREDIT NUMBER	*20:	LGU-02156
DATE OF ISSUE	*31C:	110811
DATE AND PLACE OF EXPIRY	*31D:	DATE 111020PLACE IN CANADA
APPLICANT	*50:	CARTERS TRADING COMPANY, LLC 101 QUEENS QUAY WEST TORONTO, CANADA
ISSUING BANK	52A:	ROYAL BANK OF CANADA 1705 MARINE DRIVE TORONTO, CANADA
BENEFICIARY	*59:	QINGDAO IMPORT &EXPORT CORPORATION 112 NINGXIA ROAD QINGDAO CHINA
AMOUNT	*32B:	CURRENCY EUR AMOUNT2 700.00
AVAILABLE WITH/BY	*41D:	ANY BANK BY NEGOTIATION
DRAFTS AT	42C:	AT SIGHT
DRAWEE	42A:	ROYAL BANK OF CANADA
PARTIAL SHIPMENTS	43P:	NOT ALLOWED
TRANSSHIPMENT	43T:	NOT ALLOWED
LOADING ON BOARD	44A:	QINGDAO
FOR TRANSPORT. TO	44B:	OTTAWA
LATEST DATE OF SHIPMENT	44C:	110930
DESCRIPTION OF GOODS	45A:	CANNED SWEET CORN AS PER S/C NO.JY1001 CFR OTTAW

DOCUMENTS REQUIRED 46A:

+ SIGNED COMMERCIAL INVOICE IN TRIPLICATE SHOWING FOB VALUE AND FREIGHT CHARGES, TOGETHER WITH BENEFICIARIES DECARATION CONFIRMING THAT ONE SET OF NON-NEGOTIABLE DOCS.HAS TO BE SENT TO THE APPLICANT.
+ PACKING LIST/WEIGHT MEMO IN TRIPLICATE.
+ CERTIFICATE OF ORIGIN OF THE PEOPLE'S REPUBLIC OF CHINA IN DUPICATE ISSUED AND SIGNED BY COMPETENT AUTHORITIES .
+ FULL SET (3/3) OF CLEAN "ON BOARD"OCEAN BILLS OF LADING MADE OUT TO ORDER OF SHIPPER MARKED FREIGHT COLLECT AND NOTIFY ACCOUNTEE.
+ MARINE INSURANCE POLICY IN DUPLICATE, ENDORSED IN BLANK FOR 120% OF THE INVOICE VALUE AGAINST ALL RISKS & WAR RISK SUBJECT TO THE OCEAN MARINE CARGO CLAUSES OF P.I.C.C DATED 1/1/1981 CLAIMS TO BE PAYABLE IN U.S.A IN CURRENCY OF THE DRAFT.
+ SHIPMENT ADVICE IN TRIPLICATE SHOWING THE NAME OF THE CARRYING VESSEL, DATE OF SHIPMENT, MARKS, QUANTITY,NET WEIGHT AND GROSS WEIGHT OF THE SHIPMENT TO APPLICANT WITHIN 3 DAYS AFTER THE DATE OF BILL OF LADING.

ADDITIONAL CONDITION 47A:

+ THE NUMBER AND THE DATE OF THIS CREDIT AND THE NAME OF ISSUING BANK MUST BE QUOTED ON ALL DOCUMENTS.
+ SHIPMENT MUST BE EFFECTED BY FULL CONTAINER LOADING B/L TO SHOW EVIDENCE OF THIS EFFECT IS REQUIRED.
+ ALL PRESENTATIONS CONTAINING DISCREPANCIES WILL ATTRACT A DISCREPANCY FEE OF USD40.00 PLUS TELEX COSTS OR ORTHER CURRENCY EQUIVALENT. THIS CHARGE WILL BE DEDUCTED FROM THE BILL AMOUNT WHETHER OR NOT WE ELECT TO CONSULT THE APPLICANT FOR A WAIVER

CHARGES	71B:	ALL BANKING CHARGES OUTSIDE THE OPENINGBANK ARE FOR BENEFICIARY'S ACCOUNT.
PERIOD FOR PRESENTATION	48:	DOCUMENTS MUST BE PRESENTED WITHIN 15 DAYS AFTER THE DATE OF SHIPMENT, BUT WITHIN THE VALIDITY OF THIS CREDIT.

信用证分析单

信用证号	LGU-02156	合约号	JY1001	受益人	QINGDAO IMPORT &EXPORT CORPORATION 112 NINGXIA ROAD QINGDAO CHINA
开证银行	ROYAL BANK OF CANADA			开证申请人	CARTERS TRADING COMPANY, LLC 101 QUEENS QUAY WEST TORONTO, CANADA
开证日期	110811	付款方式	AT SIGHT	起运口岸	QINGDAO
目的地	OTTAWA				
金额	CURRENCY EUR AMOUNT 2 700.00			可否转运	NOT ALLOWED
汇票付款人	ROYAL BANK OF CANADA			可否分批	NOT ALLOWED
成交方式	CFR OTTAWA				
汇票期限	见票_AT　SIGHT_天期			最迟装运期	110930
注意事项				效期地点	111015 CHINA
唛头					
提单日__天内议付				____21 天内寄单	

单证名称	提单	副本提单	商业发票	其他发票	海关发票	装箱单	重量数量单	尺码单	保险单	产地证	普惠制产地证	贸促会产地证	出口许可证	装船通知书	投保通知	寄投保通知邮据	寄单证明	寄单邮据	寄样证明	寄样邮据	品质证明书
银行	√		√			√			√	√				√							
份数	3		3			3			2	2				3							
客户																					
份数																					

提单	抬头	TO ORDER OF SHIPPER	保险	险种： COVERING ALL RISKS AND WAR RISK	
	通知	APPLICANT			
运费预付 FREIGHT PREPAID				保额另加 20%	赔款地点 OTTAWA

2011年8月15日王杰先生根据编号为 JY1001的合同审核编号为 LGU-02156的信用证，发现多处不符点，为此向开证申请人 Carters Trading Company, LLC 发出改证函，协商改证事宜。协商一致后，Carters Trading Company, LLC 填写改证申请书，向开证行 Royal Bank of Canada 提出改证申请。Royal Bank of Canada 同意后，向信用证的原通知行 Bank of China Qingdao Branch 发信用证修改书。2011年8月17日 Bank of China Qingdao Branch 向青岛广源进出口公司发信用证修改通知书。

BANK OF CHINA QINGDAO BRANCH

Room 1203, Marine Tower, 1HongKong Road, Qingdao, China

Phone(0532) 6886 0008 Fax(0532) 6886 0007

信用证修改通知书

Notification of Amendment to Documentary Credit

YEAR/MONTH/DAY 2011/08/17

<table>
<tr><td colspan="2">ISSUING BANK:
ROYAL BANK OF CANADA
1705 MARINE DRIVE TORONTO, CANADA</td><td>DATE OF THE AMENDMENT:
August 16,2011</td></tr>
<tr><td colspan="2">BENEFICIARY:
QINGDAO GUANGYUAN IMPORT & EXPORT CORPORATION
112 NINGXIA ROAD QINGDAO CHINA</td><td>APPLICANT:
CARTERS TRADING COMPANY, LLC
101 QUEENS QUAY WEST TORONTO, CANADA</td></tr>
<tr><td>L/C NO.:
LGU-02156</td><td>DATE:
August 11, 2011</td><td>THIS AMENDMENT IS TO BE CONSIDERED AS PART OF THE ABOVE MENTIONED CREDIT AND MUST BE ATTACHED THERETO</td></tr>
</table>

Dear sirs,

We have pleasure in advising you that we have received from the above mentioned bank an amendment to Documentary Credit No. LGU-02156 contents of which are as follows:

1. FORM OF DOC. CREDIT: IRREVOCABLE, instead of "REVOCABLE"
2. DATE AND PLACE OF EXPIRY: IN CHINA,instead of "IN CANADA"
3. BENEFICIARY:QINGDAO GUANGYUN IMPORT &EXPORT CORPORATION, Instead of "QINGDAO IMPORT &EXPORT CORPORATION"
4. AMOUNT: CURRENCY USD AMOUNT27000.00, instead of "CURRENCY EUR AMOUNT 2700"
5. PARTIAL SHIPMENTS: ALLOWED,instead of "NOT ALLOWED"
6. FOR TRANSPORT TO : TORONTO, instead of "OTTAWA"
7. DESCRIPTION OF GOODS: CIF TORONTO, instead of "CFR OTTAWA"
8. DOCUMENTS REQUIRED: ENDORSED IN BLANK FOR 110% OF THE INVOICE VALUE, instead of"ENDORSED IN BLANK FOR 120% OF THE INVOICE VALUE"

All other terms and conditions remain unchanged.

This Amendment is Subject to Uniform Customs and Practice for Documentary Credits (2007 Revision)International Chamber of Commerce Publication No.600.

PLEASE ADVISE BENEFICIARY:

QINGDAO GUANGYUAN IMPORT &EXPORT CORPORATION

BANK OF CHINA QINGDAO BRANCH
中国银行青岛分行
专用章

Authorized Signature(s)

阅读资料

信用证分析单

信用证分析单是一种把信用证的内容用表格形式进行业务分析的工作单。填写信用证分析单是单证员系统了解信用证内容的一种有效方法。

对于外贸企业来说，单证员填写分析单，将信用证中内容，如开证人、开证行、开证日期、受益人、汇票要求及期限、单据种类及份数、商品描述、包装、运输条款、起运地、目的地、分批、转船、装运期、信用证有效期及其他条款和事项等分门别类地列成表格进行分析，便于分发有关部门，以备用于相关人员备货、出运、收证、制单、统计所用，可以加速信用证在出口企业内部流转。单证员缮制分析单虽然较为费时，但很有意义。

分析单是信用证在出口企业内部流转的方法之一，另还有信用证原本的流转和信用证复印本的流转方法。信用证原本的流转不便于有关部门人员的同时查阅和使用并易于丢失；信用证复印本的流转虽然方便，但涉及有关部门人员所需的项目在查阅上不够醒目和清楚，而分析单的流转在应用上较为便利。

1. FORM OF DOC. CREDIT: REVOCABLE

信用证性质错误。《UCP600》规定，“信用证为不可撤销信用证。”因此，应将“REVOCABLE”改为“IRREVOCABLE。”

2. DATE AND PLACE OF EXPIRY: PLACE IN CANADA

信用证到期地点错误。信用证到期地点一般为信用证所指定的交单银行的所在地的国家即受益人所在国家，以便于受益人交单，避免迟交单。因此，应将“IN CANADA”改为“IN CHINA”。

3. BENEFICIARY: QINGDAO IMPORT &EXPORT CORPORATION

受益人名称错误。在审核信用证时，一定要注意信用证的申请人和受益人名称是否与合同完全一致，否则会导致“单单不符”，银行可拒绝付款。 如果信用证中申请人的地址错了，只要其国家的名称没有错，就可以不用修改。《UCP600》第 14 条(10) 款有相关规定，“当受益人和申请人的地址出现在任何规定的单据中时，无须与信用证或其他规定单据中所载相同，但必须与信用证中规定的相应地址同在一国。联络细节(传真、电话、电子邮件及类似细节)作为受益人和申请人地址的一部分时将被不予理会。当申请人的地址和通信联系细节作为或通知人的细节出现在运输单据上时，它们必须与信用证中所规定的相一致。”因此，为了“单单相符”需将“QINGDAO IMPORT &EXPORT CORPORATION”改为“QINGDAO GUANGYUN IMPORT &EXPORT CORPORATION”。

4. AMOUNT: CURRENCY EUR AMOUNT2700

信用证货币金额与货币名称错误。合同总金额为 27000.00，货币为美元，信用证与合同不符。因此，应将“CURRENCY EUR AMOUNT 2700”改为“CURRENCY USD AMOUNT 27000.00”。

5. PARTIAL SHIPMENTS: NOT ALLOWED

分批装运条款错误。合同装运条款中规定允许分批装运，而信用证条款规定不允许，与合同不相符。因此，应将“NOT ALLOWED”改为“ALLOWED”。

6. FOR TRANSPORT TO: OTTAWA

最终目的地错误。合同的目的地为“TORONTO”，而信用证为“OTTAWA”。因此，应将“OTTAWA”改为“TORONTO”。

7. DESCRIPTION OF GOODS: CFROTTAWA

贸易术语错误。合同中的贸易术语为 CIFTORONTO，而信用证 45A 货物描述中的贸易术语为“CFROTTAWA”，与合同规定不符。

8. DOCUMENTS REQUIRED: ENDORSED IN BLANK FOR 120% OF THE INVOICE VALUE

保险加成和合同规定不符。信用证中保险单据条款规定“保险金额按发票金额的 120%计算”，而合同中规定“按商业发票的 110%投保”，与合同不一致。

任务完成心得

催证、审证、改证是信用证操作中的重要环节，需要注意以下事项：

(1) 在信用证方式下事先应在合同中规定来证时间，合同订立后要注意催证。如果不收到信用证就订货，万一对方不开来信用证，就会造成库存积压损失。如果一直等下去，时间晚了给装运带来麻烦，甚至会来不及出运，超过信用证的装运期。

(2) 信用证审核是信用证操作中的关键环节，包括信用证本身的审核和专项审核。信用证本身的审核有：信用证的种类是否与合同规定一致；信用证是否申明所适用的国际惯例规则；信用证的有效性；信用证当事人和开证行的资信；信用证到期日和到期地点是否合理等。

专项审核有：信用证金额、货币、付款期限规定是否与合同一致；商品品名、货号、规格、数量规定是否与合同一致；信用证的装运条款(包括装运期限、装运港、卸货港、分批转运)规定是否与合同一致；信用证项下要求受益人提交议付的单据的规定是否与合同条款一致，前后是否矛盾，对单据是否有特殊的要求等。

(3) 改证要注意一定是致函开证申请人，然后由开证申请人请求开证行开来修改证书后，出口商审核修改书正确无误后，才能办理装运。

任务二　出口商办理租船订舱业务

任务引入

在国际货物买卖中，如采用 CIF 或 CFR 贸易术语成交，出口商必须自付费用，同承运人订立运输合同，同时负责租用适航的船舶或向班轮公司订必要的仓位，在合同和信用证规定的装运时间内办理好货物运输手续。在实际业务中，出口方一般委托专业性较强的货代公司办理出口货物运输事宜。

青岛广源进出口公司收到信用证修改通知书后及时备货。为了按时履行合同的交货义务，王杰先生根据信用证的规定缮制商业发票、装箱单和订舱委托书，及时向青岛晨阳国际货运代理公司办理出口货物托运手续。

一、办理租船订舱业务流程

以 CIF、CFR 条件成交的出口货物，由出口方安排运输出口货物，办理订舱业务流程如图 2.2 所示。

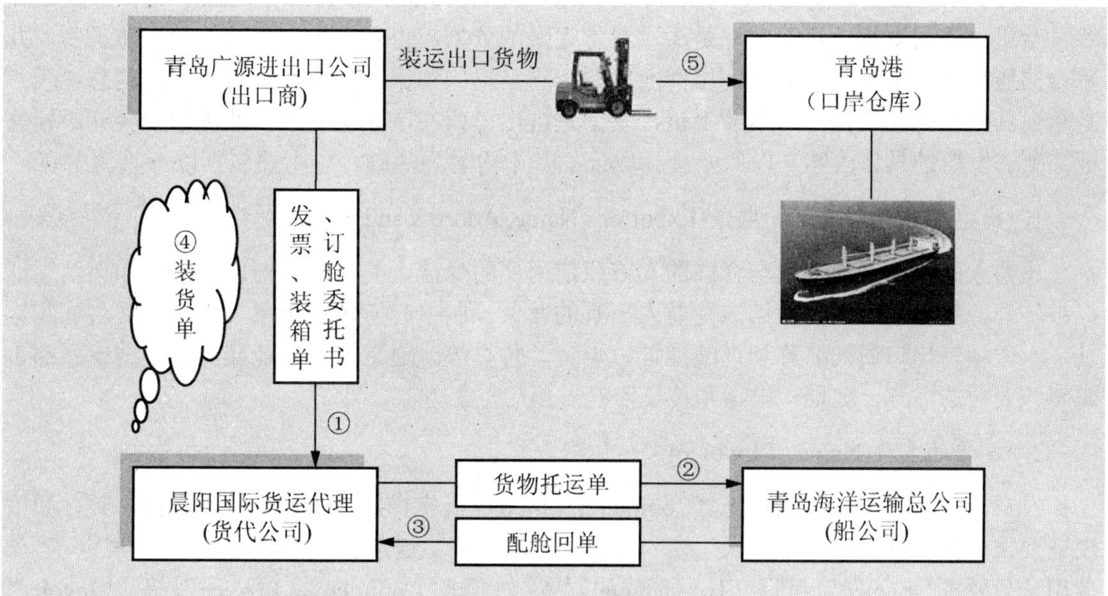

图 2.2　订舱业务流程

① 出口商(托运人)填制商业发票、装箱单和订舱委托书，考虑船期、货物性质、货物数量、目的港、信用证要求等因素委托货代公司代为订舱。

② 货代公司在托运单的几联单据上编上与提单号码一致的编号，填写船名航次确认托运人的订舱。

③ 船公司确认后，向货代公司签发配舱回单。

④ 货代公司把配舱回单、装货单(Shipping Order，S/O，又称“关单”，俗称“下货单”)退还给托运人，告知订舱信息，通知其装货时间。

⑤ 托运人凭货代公司签署的 S/O 到海关办理出口报关手续。经海关查验后在 S/O 上加盖海关放行章，要求船舶装货。

阅读资料

商 业 发 票

商业发票是同一笔生意项下全套单据中其他单据信息的重要依据和来源，几乎发票上所填写的全部内容都可以一次甚至数次“复制”、“粘贴”到其他单据中去。因此，为了达到事半功倍的效果，在填制商业发票时，务必要谨慎小心地在每一栏目中认真填写正确的文字和数据，以免谬误的延续，影响安全收汇以及其他环节的顺利进行。商业发票，乃至所有的对外单据，基本上都是使用英文填写，而且一般使用大写字母填写，这是一种国际上习惯性做法。

商业发票的根本目的在于，要分别让买方和进出口国相关部门的当事人清楚该笔生意究竟“买卖的是些什么，数量有多少，单价、总额各值几何”等，为了达到这个目的，发票的基本内容要尽量填写完备。

二、办理租船订舱业务

（一）商业发票的内容与缮制方法

商业发票(Commercial Invoice)，在实际工作中简称为发票(Invoice)，由出口方用英文制作签发给进口方的发货价目清单，是买卖双方记账的依据，也是进出口报关交税的总说明。几乎合同履行的各个环节都需要使用商业发票，它是出口单据的核心，是出口货物的总说明，是缮制其他单据的依据。从本质上讲，发票是进出口商在国际贸易经济业务中的会计原始凭证，所以发票的具体内容是以原始会计凭证的基本内容为基础。它主要包括以下具体内容。

1. 出票人名称、地址、电话(Exporter's Name, Address and No.)

出票人的名称、地址应与合同的卖方或信用证的受益人的名称和地址相同，如果信用证已被转让，银行也可接受由第二受益人出具的发票。制单时应填写出票人的中英文名称和地址，一般填写出口商的名称和详细地址、电话、传真等。通常出口企业印刷的空白发票都事先将该公司的名称、地址、电话和传真印在发票的正上方。

2. 发票的名称(Name of Invoice)

发票名称应用英文粗体标出“Commercial Invoice”字样，应与信用证规定的一致，如信用证要求提供“Receipted Invoice”或“Detailed Invoice”，应从其规定；根据 ISBP 规定，“如信用证只要求“Invoice”，可提交任何形式的发票；如要求“Commercial Invoice”，提交“Invoice”字样的发票银行也应接受，但在发票名称中不能有“临时发票(Provisional Invoice)”或“形式发票(Proforma Invoice)”等字样。”

3. 发票编号、日期(Invoice No.，Date)

发票编号由出口商根据本公司的实际情况自行编制，是全套结汇单据的中心编号。发票日期应晚于合同和信用证的签发日期，不迟于提单的签发日期。一般都是在信用证开证日期之后、信用证有效期之前，在结汇单据中是最早签发的单据。

【练习 2-7】(判断题，2011 年试题)

《UCP600》规定，如果信用证没有相反的规定，发票的日期可早于信用证的开证日期。(　　)

阅读资料

发 票 日 期

商业发票通常是全套单据中出票最早的单据。信用证项下，一般是卖方收到信用证并审核无误后开立商业发票，其日期一般不早于信用证开立日期，不迟于装运日期，不晚于信用证规定的交单议付日期。《UCP600》规定，“除非信用证另有规定，银行可以接受出单日期早于信用证开证日期的单据。”托收及其他支付方式下，出票日期应在合同签订之。

4. 信用证编号(L/C No.)

如果是在信用证项下的发票，必须填入信用证号码，其他支付方式可不填。

5. 合同编号或合约号码(Contract No.)

合同编号应与信用证列明的一致，信用证未规定合同编号，可不填。其他结算方式下，必须填入。但买卖合同并非都是以“CONTRACT”形式出现，有时也会出现“S/C(Sales Confirmation)”或“Order”或“P.O.(Purchase Order)”，这时应对本栏目名称作适当调整，并填写相应号码。

6. 收货人(Messrs or Consignee)

发票收货人即发票的抬头人，发票上必须明确显示发票抬头人的名称、地址等，缮制时名称与地址应分行填写。通常情况下抬头人做成进口商。信用证方式下，为开证申请人。一般填写在发票上印有“To”、“Sold to Messrs”、“Messrs”、“To M/S”、“For account of”或“Consigned to”等词语之后。

阅读资料

发票抬头人

“抬头”或“抬头人”在国际贸易单据中一般是指“公文、信函中对方的名称”。在缮制商业发票时，如信用证规定“Applicant: The Bank of Tokyo Ltd., Tokyo A/C ABC Co., Ltd.Tokyo”，则应将后者作为发票抬头人；如信用证规定“Applicant: ABC Co. for account of XYZ Co. Ltd”，则两个人应同时出现在发票抬头人中；如信用证规定“Applicant: ABC Co. Ltd. ... Invoice to be made in the name of XYZ Co., Ltd.”，应以后者为抬头人；如要求中性发票的话，应以“To whom it may concern”为抬头。需要注意的是，发票抬头和提单抬头之间没有必然的一致性，不应对照填写。

7. 运输路线及运输工具(From...To...By...)

填写货物实际起运港(地)和目的港(地)的具体名称，如货物需转运，应在目的港之后将转运港名称通过 W/T(With Transshipment)加以体现，例如:From Qingdao to London W/T Tokyo by Steamer。如果 L/C 中对于起运地没有做出具体规定，如“Any Chinese Port”，缮制发票时，应填写具体的起运地名称。制作发票时如尚未安排运输，运输工具通常可根据实际运输方式填写为“By Sea/Vessel/Ship/Steamer”或“By Air”、“By Rail”、“By Truck/Road”等。

8. 唛头及件号(Marks and Number)

唛头即运输标志，发票唛头应与信用证规定或合同规定的一致。如果未作具体规定，可注明“N/M”字样或由受益人自行设计，通常包括收货人(买方)简称、参考号(合同号)、目的地和件数编号，应分行缮制；如是散装货可注明“In bulk”字样，裸装货则可标明“Naked”字样。

阅读资料

填写唛头时注意事项

(1) 如有转运，在货物运至目的港后还要转运到内陆城市，可在目的港下加“IN TRANSIT TO×××”或“IN TRANSIT”。

(2) 如果信用证规定唛头用英文图形表示，如“In Diamond”或“In Triangle”，则必须用菱形、三角形等具体图形表示出来。

(3) L/C 中没有规定唛头时，发票既可以显示具体唛头，也可以用“N/M”表示。

9. 货物描述(Description of Goods)

发票中的货物描述一般包括货物名称、规格及包装类型、件数等内容，是发票的核心内容。信用证方式下必须与信用证规定的相符，品名不可遗漏或随意简写，否则会造成单证不符。《UCP600》规定，“商业发票中对货物、服务或履约行为的描述应该与信用证中的描述不矛盾。”即《UCP600》并不强求发票的品名仅限于信用证所规定的内容，发票除注明与信用证描述相符者外，在不会破坏或不符合信用证要求的情况下，允许添加其他描述。其他支付方式下，应该与合同规定的内容相符。

【练习 2-8】(判断题，2010 年试题)

信用证只规定了货物的总称，发票应照样显示外，还可加列详细的货名，并可以与总称不一样。(　　)

阅读资料

填写货物描述时应注意事项

(1) 若 L/C 只规定了货物的总称时，发票上应照样显示外，还可加列详细的货名，但不能与总称矛盾。

(2) L/C 未规定货物的总称，但列举的货物名称很详细，则发票应按照 L/C 规定列明。

(3) L/C 规定的货物名称并非英文文字，则发票也应按照原文显示出来。

(4) L/C 规定的一些证明文句也可打在该下方。

10. 单价和总值(Unit Price, Total Amount)

完整的货币单价包括计价货币、单位价格、计量单位和贸易术语 4 个内容，例如：EUR100.00 PER DOZ CIF LONDON。单价、币种和总值与信用证应保持一致。

【练习 2-9】(多项选择题，2011 年试题)

商业发票上完整的货物单价包括(　　)。

A. 计价货币　　B. 单位价格金额

C. 佣金率　　D. 计量单位　　E. 贸易术语

发票总值不能超过信用证金额，一般分别用英文大写和数字小写分别表明。小写金额由货币名称缩写和阿拉伯数字组成，如 USD 1450.80。大写常用固定格式为“SAY...ONLY”。习惯上句首加“SAY”，意指“计”，句尾由“ONLY”示意为“整”，小数点用 POINT 或 CENTS 表示，例如：SAY U.S.DOLLARS ONE THOUSAND FOUR HUNDRED AND FIFITY POINT EIGHT ONLY。

当信用证规定发票金额要扣除相应佣金时，如信用证条款规定“5% commission to be deducted from invoice value”或有其他类似的条款规定，商业发票总金额应按规定扣除佣金，同时在扣除后计算出其净额。另外有的信用证并没有明确规定这样的扣佣条款，但信用证的总金额中已扣除了佣金，商业发票仍要计算并扣除佣金。

发票扣佣表示方法：

QTY.	UNIT PRICE	AMOUNT
	CIFC5 NEW YORK	
100PCS	USD 100.00/PC	USD 10 000.00
	LESS 5% COMMISSION:	USD 500.00
	CIF NET VALUE:	USD 9 500.00

若金额中有折扣则须扣除。如来证显示“20M/T PROZEN PEAPODS CIF LONDON USD 1000.00 PER M/T LESS 5% TRADE DISCOUNT”，则发票总金额应计算如下：

QTY.	UNIT PRICE	AMOUNT
	CIFD5 LONDON	
20M/T	USD 1 000.00/M/T	USD 20 000.00
	LESS 5% DISCOUNT:	USD 1 000.00
	CIF VALUE:	USD 19 000.00

动手动脑

(1) 一信用证显示 USD21/DOZ CIFC5 KOBE，单价包含佣金，数量 500DOZS，信用证总金额是 USD 9 975.00，制作发票时，应写成：

QTY.	UNIT PRICE	AMOUNT
	CIFC5 KOBE	
500DOZS	USD21/DOZ	USD 10 500.00
	LESS 5% COMMISSION:	USD 525.00
	CIF NET VALUE:	USD 9 975.00

(2) 信用证中的发票条款：SIGNED COMMERCIAL INVOICE 3 ORIGINALS AND 3 COPIES INDICATING CIFISTANBLU VALUE OF THE GOODS ALSO INDICATING FOB VALUE, INSURANCE AND FREIGHT CHARGES SEPARATELY.

缮制发票时按如下操作：

FOB VALUE:USD × × ×

INSURANCE CHARGES:USD × × ×

FREIGHT CHARGES:USD × × ×

TOTAL CIFISTANBULE VALUE OF THE GOODS:USD × × ×

11. 其他内容及声明文句(Other Contents and Declaration)

国外来证有时要求在发票上加注各种费用金额、特定号码、有关证明句，一般可将这些内容打在发票商品栏以下的空白处，大致有以下几种：

(1) 注明特定号码。如进口许可证号码、配额许可证号码。

(2) 运费、保险费等。

(3) 证明句。如澳大利亚来证要求加注原料来源证明句，有些国家来证要求加注非以色列证明句或关于产地说明等。例如：We hereby declare that the goods are of pure origin of China. This is to certify that the goods named herein are of Chinese origin.

动手动脑

信用证 46A 商业发票条款“ORIGINAL SIGNED COMMERCIAL INVOICE IN QUADRUPLICATE MADE OUT IN THE NAME OF APPLICANT INDICATING THE ORIGIN OF THE GOODS SHIPPED”和 47A 条款“ALL DOCS MUST SHOW L/C NO.AND L/C DATE”。

填写时，当在 TOTAL AMOUNT 栏目下方填写以下内容。

L/C NO.: ×××

L/C DATE: ×××

ORIGIN OF THE GOODS : ×××(城市名称), ×××(国家名称)

12. 出票人签章(Signature)

通常出票人签章，是在发票右下角打上出口公司的名称，并由经办人签名或盖章。《UCP600》规定，“商业发票无须签署。”如果信用证对于发票签字没有特别规定，用于对外收汇的商业发票不需要签署(但用于报关、退税等国内管理环节的发票，必须签署)。当信用证要求 Signed Invoice，这时发票就需要签署，手签或盖章均可；而要求 Manually signed(Handwritten)Invoice 时，该发票必须是手签。对于墨西哥、阿根廷的出口，无论信用证是否规定，都必须手签。

阅读资料

商业发票种类

按发票根据作用不同，可分为商业发票、银行发票、海关发票、领事发票、形式发票等。

(1) 商业发票(COMMERCIAL INVOICE)：是出口商于货物运出时开给进口商作为进货记账或结算货款和报关缴税的凭证。

(2) 银行发票(BANKER'S INVOICE)：是出口商为办理议付和结汇，以适应议付行和开证行需要而提供的发票。

(3) 海关发票(CUSTOMS INVOICE)：是某些国家规定在进口货物时，必须提供其海关规定的一种固定格式和内容的发票。

(4) 领事发票(CONSULAR INVOICE)：又称签证发票，是按某些国家法令规定，出口商对其国家输入货物时必须取得进口国在出口国或其邻近地区的领事签证的、作为装运单据一部分和货物进口报关的前提条件之一的特殊发票。

(5) 形式发票(PROFORMA INVOICE)：也称预开发票或估价发票，是进口商为了向其本国当局申请进口许可证或请求核批外汇，在未成交之前，要求出口商将拟出售成交的商品名称、单价、规格等条件开立的一份参考性发票。

【练习 2-10】(多项选择题，2007 年试题)

关于形式发票，下列说法正确的是(　　)。

A．形式发票不是一种正式发票

B．能用于托收和议付，正式成交后不要另外重新缮制商业发票

C．形式发票与商业发票的关系密切，信用证在货物描述后面常有“按照某月某日之形式发票”等条款

D．假如来证附有形式发票，则形式发票构成信用证的组成部分，制单时要按形式发票内容全部打上

E．形式发票就是一种正式发票

【练习 2-11】(判断题，2010 年试题)

在商业发票上必须明确显示数量、单价、总值和贸易术语等主要内容。(　　)

相关知识

信用证中有关商业发票条款的示例

Signed commercial invoice in 3 fold.
签署的商业发票一式三份。

8% discount should be deducted from total amount of the commercial invoice.
商业发票的总金额中须扣除 8%的折扣。

Manually signed commercial invoice in triplicate indicating Order No.09ZC18.
手签的商业发票一式三份，并且商业发票上要注明订单号码 09ZC18。

Signed commercial invoice in 5 copies, certifying merchandise to be of Chinese origin.
签署的商业发票一式五份，并且要证明货物原产地在中国。

(二) 装箱单的内容与缮制方法

装箱单(Packing List or Packing Specification)又称包装单、码单，是记载或描述商品包装情况的单据，是商业发票的补充，也是货运单据中一项重要单据。装箱单并无固定的格式和内容，只能由出口商根据货物的种类和进口商的要求依照商业发票的大体格式来制作，出口商制作的包装单格式不尽相同，但基本栏目内容相似，主要包括以下具体内容。

1. 出口商的名称和地址

出口商的名称和地址(Exporter's name and address)应与发票同项内容一致，缮制方法相同。通常出口企业印刷的空白装箱单都事先将该公司的名称、地址、电话和传真印在装箱单的正上方。

2. 买方的名称和地址

装箱单的买方又称抬头人，即信用证开证申请人或合同的买方(收货人)。买方的名称和地址(Buyer's or Importer's name and address)应与商业发票相同，栏目的缮制方法相同。

3. 单据名称

单据名称(Name of Document)通常用英文粗体标出。常见的英文名称有 Packing List、Packing Specification 和 Packing slip 等，实际使用中，应与信用证要求的相符。《UCP600》规定，“只要包装单据内容符合信用证的要求，能反映所规定的单据功能，不要求名称和信用证一字不差。”但制单时，应注意尽量一致。

4. 装箱单编号或商业发票编号

装箱单编号(No. or Invoice No.)一般填写商业发票号码。装箱单可以有自己的编号，但是因为商业发票是核心单据，所以一般都用商业发票的编号作为装箱单的编号，在有的装箱单上会直接出现商业发票的编号栏。

5. 出单日期

出单日期(Date)可按发票日期填写。装箱单的制作一般在发票之后，所以也可以晚于发票日期，但不应早于发票日期，也不能晚于提单日期及信用证有效期。

6. 信用证号码(L/C No.)和合同号码(S/C No.)

按实际要求填写，应与商业发票同项内容一致。

7. 唛头

唛头(Shipping Marks or Marks and Numbers)制作与信用证和发票的唛头相一致。如果唛头内容太多，也可填“As per Invoice No.×××” (按×××号发票)。

8. 包装种类和件数、货物描述(Number and Kind of Package,Description of Goods)

货物描述应与信用证和发票内容相一致。货物如有总称，先注明总称，然后逐项分行列明每一包装件的货名、规格、品种等内容。规格包括商品规格和包装规格，商品规格和包装规格要按货物情况和信用证要求详细填列。

9. 数量(Package/Quantity/QTY)

填写每种货物的包装件数，如“10 Bags(10 袋)”、“20 Drums(20 桶)”、“10 Cartons(10 箱)”等，如品质规格不同应分别列出，同时要注明合计总件数，如上述货物数量相加：“40 Packages(40 件)”。

10. 毛重(Gross Weight or G.W.)

填写每个包装件的毛重和此包装件内不同规格、品种、花色货物各自的总毛重，最后在合计栏处标注所有货物的总毛重。

11. 净重(Net Weight or N.W.)

填写每个包装件的净重和此包装件内不同规格、品种、花色货物各自的总净重，最后在合计栏处标注所有货物的总净重。

12. 尺码(Measurement or Meas.)

填写每个包装件的尺寸和总体积[①]。

13. 出单人签章(Signature)

本栏除填写出口公司名称外，还需加上出口公司的负责人的签字盖章。出口人签章应与商业发票一致，如果信用证规定中性包装，此栏可不填。

---

① 体积单位：m^3 或 CBM(Cubic Meter)。

相关知识

信用证中有关装箱单条款的示例

Separate packing list in full details required.
装箱单必须作详细的缮制。

Combined of packing list is not acceptable.
提供装箱单不能是联合格式的装箱单。

Packing list showing gross and net weights expressed in kilos of each type of goods required.
装箱单以 kg 计量，标明货物的毛重和净重。

Packing list in 3 copis manual signed by the beneficiaries.
装箱单一式三份，由受益人手签。

(三) 订舱委托书的内容与缮制方法

订舱委托书(Booking Note/Shipping Order)简称托书，是进/出口商为了买卖商品，通过船公司或货代公司进行船运订舱的申请书。订舱委托书没有固定格式，不同进出口公司缮制的托书不尽相同，但主要内容都要包含在内。其中主要包括托运人、收货人、装货港、卸货港、唛头、货物描述、货物毛重、货物体积、运费的支付方式、所订船期等。

1. 经营单位

通常缮制出口商名称，并与发票同项内容一致。

2. 编号

订舱委托书编号由货运代理公司提供，并由其缮制。

3. 发货人

缮制实际发货人的名称，一般为出口公司的名称和地址。

4. 收货人

应根据信用证的规定缮制。

收货人也称为提单抬头，包括记名抬头、不记名抬头和指示抬头 3 种类型。采用记名抬头时，则收货人栏目填写特定的收货人名称，如 ABC COMPANY，相应的提单不能流通转让，因此很少使用；采用不记名抬头时，则收货人一栏空着不填或填 TO BEARER，相应的提单无须背书即可流通转让，风险很大，因此也很少使用；实际中使用最多的是指示抬头，收货人栏目填写 TO ORDER 或 TO THE ORDER ×××，该种收货人抬头的提单可以背书转让，因此，在国际贸易中使用较为广泛。

5. 被通知人

被通知人是指货到目的港及时接受船方发出到货通知的人，其职责是及时转告真实收货人接货。在信用证结算条件下，按信用证要求缮制；在汇付和托收等非信用证结算条件下，一般填写买方的名称和地址。

6. 信用证号、合同号

按实际填写。

7. 开证行

填写信用证的开证行的名称。

8. 装运口岸、目的港

按照信用证规定的装运港和目的港填写，并与商业发票一致。

9. 转运和分批装运

按信用证对转船和分批装运的规定填写。

10. 信用证有效期

按照信用证规定填写。

11. 装运期限

按照信用证规定填写实际装运期限，但同时要结合实际备货情况在注意事项一栏写明预订船期。

12. 运输方式

按实际采用的运输方式填写。

13. 提单份数

按信用证规定的提单份数填写。

14. 运费支付方式

参照相关的贸易术语选择，如采用 CIF 和 CFR 术语时选择 FREIGHT PREPAID(运费预付)，采用 FOB 术语时选择 FREIGHT COLLECT(运费到付)。

15. 成交方式

填写实际成交方式，如 L/C、D/P、D/A、T/T 等。

16. 集装箱种类、数量

该栏目根据货物的性质、总重量和总体积填写集装箱的箱型和箱数。

17. 唛头

根据信用证有关运输标志的规定填写，并与发票、装箱单保持一致。

18. 货物名称

货物名称一般只填写统称。规格、品号、尺码无须具体列出。但同时出口两笔不同性质的货物名称，则应分别填写，而不允许仅填写其中一类的商品。

19. 包装件数

填写货物外包装的数量。请注意不是填商品的数量。如有不同包装单位，总称填写 PACKAGES。

20. 总毛重、总体积、总价

该栏是指该批货物总毛重、总体积、货物成交总值。不必按货号分开，只需填写总值即可。

21．注意事项

如填写对运输单据内容要求；对承运人运输要求(如须在香港中转)；要求外运机构提供其他议付单据(如出具船龄证明)；等等。

应用实例

这笔业务中，信用证(编号为 LGU-02156) 要求最晚装运日期是 2011 年 9 月 30 日。信用证的期限以及交单期限分别为 2011 年 10 月 20 日和装运后 15 天。

王杰先生向生产企业青岛市罐头食品有限公司确认该批货物大约能在 2011 年 8 月 2 日完成生产包装。该批货物每箱净重 20KGS、毛重 22KGS，每箱体积为 $0.2M^3$，可以装一个 20'集装箱。

在工厂备货的同时，王杰先生根据信用证要求以及生产企业提供的出货信息，向各家货运代理公司询价，最终选择委托青岛晨阳国际货运代理公司代为订舱，并于 2011 年 8 月 15 日缮制商业发票、装箱单和订舱委托书，指示货代订 2011 年 9 月 25 日船期，船名为 DAMIN，航次号为 V.342，1 个 20 英尺集装箱整箱。

青岛广源进出口公司

QINGDAO GUANGYUAN IMPORT &EXPORT CORPORATION

112 NINGXIA ROAD QINGDAO CHINA

COMMERCIAL　INVOICE

TO: CARTERS TRADING COMPANY, LLC
101 QUEENS QUAY WEST TORONTO CANADA

INV. NO.: DF0835
INV. DATE: AUG. 15, 2011
S/C NO.: JY1001
L/C NO.: LGU-02156

FROM: QINGDAO　　TO: TORONTO

MARKS&NOS.	DESCRIPTION OF GOODS	QUANTITY	UNIT PRICE	AMOUNT
CIF TORONTO				
C.T.C JY1001 TORONTO C/NO.1-125	CANNED SWEET CORN ART. NO.DC-790 ART.NO.V-456 PACKED IN ONE CARTON OF 20 TINS EACH	1 000TINS 1 500TINS	USD12.00/TIN USD10.00/TIN	USD 12 000.00 USD 15 000.00
	TOTAL	2 500TINS		USD 27 000.00

TOTAL VALUE:
SAY US DOLLARS TWENTY SEVEN THOUSAND ONLY.

WE HEREBY CERTIFY THAT CONTENTS OF INVOICE ARE TRUE AND CORRECT.

QINGDAO GUANGYUAN IMPORT &EXPORT CORPORATION

青岛广源进出口公司　王杰　123456789

青岛广源进出口公司

QINGDAO GUANGYUAN IMPORT &EXPORT CORPORATION

112 NINGXIA ROAD QINGDAO CHINA

PACKING LIST

TO: CARTERS TRADING COMPANY,LLC
101 QUEENS QUAY WEST TORONTO CANADA

INV. NO.: DF0835
DATE: AUG. 16, 2011
S/C NO.: JY1001
L/C NO.: LGU-02156

FROM: QINGDAO　　TO: TORONTO

CONTAINER TYPE/QUANTITY.:1×20'　　CONTAINER NO.: CRLU1357272

MARKS&NOS .	NUMBER AND KIND OF PKG.; DESCRIPTION OF GOODS	QTY (CTNS)	G.W. (KGS)	N.W. (KGS)	MEAS. (m^3)
C.T.C JY1001 TORONTO C/NO.1-125	CANNED SWEET CORN ART. NO.DC-790 ART.NO.V-456 PACKED IN ONE CARTON OF 20 TINS EACH	50 75	22/1100 22/1650	20/1000 20/1500	0.2/10 0.2/15
	TOTAL	125	2750	2500	25

SAY TOTAL: ONE HUNDRED AND TWENTY FIVE CARTONS ONLY

青岛广源进出口公司 123456789

QINGDAO GUANGYUAN IMPORT &EXPORT CORPORATION

王杰

晨阳国际货运订舱委托书

经营单位(托运人)　青岛广源进出口公司	晨阳编号　CF088810	
发货人： QINGDAO GUANGYUAN IMPORT &EXPORT CORPORATION 101 QUEENS QUAY WEST TORONTO CANADA	信用证号码：LGU-02156	
	合同号码：JY1001	
	开证行：ROYAL BANK OF CANADA	
	装运口岸：QINGDAO	目的港:TORONTO
收货人：TO ORDER OF SHIPPER	转船运输：NO	分批装运：YES
	信用证有效期：111020	装船期限：NO LATER THAN SEP.30, 2011
	运输方式 BY VESSEL	提单份数：3
	运费支付方式 FREIGHT PREPAID	成交条件： L/C
	集装箱种类：20'	集装箱数量：1
通知人： CARTERS TRADING COMPANY,LLC 101QUEENS QUAY WEST TORONTO CANADA	公司联系人：王杰	
	电话/传真： (0532) 95115175/(0532) 95115176	

标记	货名	总件数	总毛重	总尺码	总价
C.T.C	CANNED SWEET CORN	125CARTONS	2 750KGS	25CBM	USD 27 000.00
JY1001					
TORONTO					
C/NO.1-125					

备注

2011 年 9 月 25 日船期，1 个 20′

任务完成心得

商业发票(Commercial Invoice)由出口方用英文制作签发给进口方的发货价目清单，是买卖双方记账的依据，也是进出口报关交税的总说明，商业发票是全套单据的核心。一般来说，商业发票应该具备首文部分、文本部分、结文部分3部分。在缮制商业发票时，应注意以下事项：

(1) 制作发票时，要按信用证条款或合同(托收项下)规定，逐笔填制，既不能有任何遗漏、含糊不清的词语，也不能将与商品无关的内容填上，要与信用证相符，如来证未注明货物的详细规格，则规格一般不宜写得过细。如需加注商品的规格时，则以商品本身通常的规格为限。

(2) 出票日期一般不迟于装运日期。如果信用证没有特别规定，发票日期早于信用证的开证日期也是可以接受的。但很多信用证都明确规定，“ANY DOCUMENTS PRIOR TO THE DATE OF ISSUANCE OF THE LETTER OF CREDIT ARE NOT ACCEPTABLE”。

(3) 发票中的价格术语十分重要，因为它涉及买卖双方责任的承担、费用的负担和风险的划分问题，另外，也是进口地海关核定关税的依据。

(4) 单价和总值是发票的主要项目，必须准确计算，正确缮制，并认真复核，特别要注意小数点的位置是否正确，金额大小写表示是否一致。

装箱单(Packing List or Packing Specification)又称包装单、码单，是记载或描述商品包装情况的单据，是商业发票的补充，也是货运单据中一项重要单据。主要作用是便于买家对进口商品包装和数量的了解及掌握；便于国外买家在货物到达目的港时，供海关和公证或商检机构检查及核对货物。在缮制装箱单时，应注意以下事项：

(1) 单据名称和货物名称必须符合信用证规定。这里的单据名称是指装箱单或重量单的函头(或标题)，而货物名称就是货物描述(简称货名或品名)。

(2) 合同号和运输方式需与发票一致。合同号是指进出口双方所签订的合同编号，而运输方式就是发票、提单或产地证等单据上显示的运输货物的方式或工具(一般包括车和船)。实务中，L/C条款对这两者(合同号和运输方式)的要求常见于发票条款、货物描述和装运条款中，应与发票一致。

(3) 出单日期要符合逻辑。这里的出单日期是指装箱单或重量单的出具日期，该日期不能迟于提单的装运日期，但可在同一天，一般为发票日期。

(4) 如来证要求提供“中性包装清单”(Neutral Packing List)时，应由第三方填制，不要注明受益人的名称。这是由于进口商在转让单据时，不愿将原始出口暴露给其买主，故才要求出口商出具中性单据。如来证要求用“空白纸张”(Plain Paper)填制这两种单据时，在单据内一般不要表现出受益人及开证行名称，也不要加盖任何签章。

单证员填写、审查订舱委托书之后，在向货代公司提交之前，往往加盖托运人单位印章，货代公司接受委托，加盖印章后，委托书具有法律效力。

任务三　出口商申领一般原产地证明书

任务引入

一般原产地证明书(Certificate of Origin，C/O)又称普通产地证，通常用于不使用海关发票或领事发票的国家(地区)，以确定对货物征税的税率。办理一般原产地证明书的机构为国家质量监督检验检疫总局(AQSIQ)或中国贸易促进委员会(CCPIT)。

进口商 CARTERS TRADING COMPANY，LLC 要求青岛广源进出口公司出具一般原产地证明书，以确定该批出口商品的生产地。青岛广源进出口公司在租船订舱后及时向青岛市出入境检验检疫局申请签发一般原产地证明书。为此，王杰先生需要缮制商业发票、一般原产地证书申请书和一般原产地证明书。

一、申请签发一般原产地证明书业务流程

一般原产地证书是证明我国出口货物生产和制造在中国的证明文件，是出口产品进入国际贸易领域“经济国籍”和“护照”。它的适用范围是：征收关税、贸易统计、保障措施、歧视性数量限制、反倾销和反补贴、原产地标记、政府采购等方面。申请签发一般原产地证明书业务流程如图 2.3 所示。

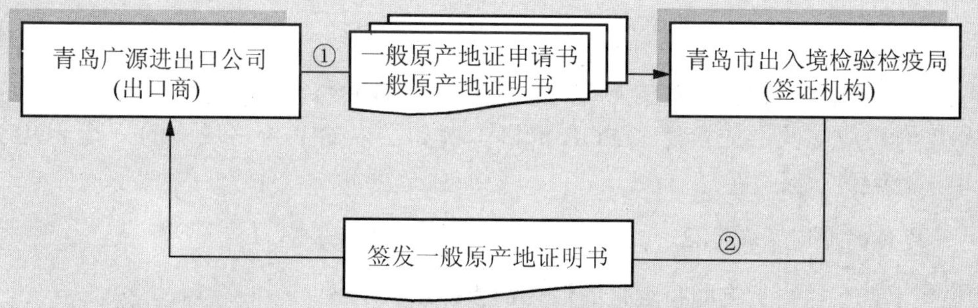

图 2.3　申请签发一般原产地证明书业务流程

① 根据我国有关规定，出口企业最迟于货物出运 3 天前，持签证机构规定的正本文件，向签证机构申请办理一般原产地证明书。申请签发一般原产地证明书须提供规定格式并已缮制的《一般原产地证明书申请书》一份，缮制完毕的《中华人民共和国原产地证明书》一套(一正三副)，商业发票正本一份，签证机构所需的其他证明文件等。

② 商检机构在调查或抽查的基础上，逐一审核申请单位提交的有关单证，无误后签发《一般原产地证明书》，交申请单位。

二、申领一般原产地证明书

(一) 一般原产地证明书申请书的内容与缮制方法

一般原产地证明书申请书是申请单位向中国贸促会及其分会、支会(或国家质量监督检验检疫总局)办理一般原产地证明书/加工装配证明书签证时须填写的专用申请表。申请单位应如实、准确填写《一般原产地证明书申请书》中的各项内容，并核实所填内容是否真实、完整、正确。

1. 申请单位注册号

填写申请单位在检验检疫局产地证签证部门注册的注册号。

2. 证书号

填写预先从贸易促进委员会或国家质量监督检验检疫总局购领来的原产地证书的号码，不得重号或跳号。

3. 企业名称

填写出口商名称。

4. 发票号

填写商业发票的编号，并与随附商业发票相一致。

5. 商品名称

填写该批出口商品的中英文名称，并与发票同项内容一致。

6. H.S.编码

本栏填写海关《商品编码协调制度》商品编码 8 位数字的前 6 位。

7. 商品 FOB 总值

根据申报的出口货物出口发票上所列的金额以 FOB 价格填写(以美元计)，如出口货物不是以 FOB 价格成交的，应换算成 FOB 价格。例如：以 CIF 价格成交的，则 FOB 总值=CIF 总值－海运费－保险费。

8. 最终目的地国家或地区

本栏要求据实填写货物即将运抵的最终销售国家或地区。

9. 拟出运日期

填写货物离开起运口岸的当天日期，但注意必须在合同或信用证规定的装运日期内。

10. 转口国(地区)

如果货物买卖不是在生产国和消费国之间直接进行，而是通过第三国转手进行，则此处填写实际转口国名称；若无，则填写“***”。

11. 贸易方式和企业性质

根据实际情况画“√”选择相应的贸易方式和企业性质。

贸易方式分为“一般贸易”、“灵活贸易(包括来料加工、补偿贸易、进料加工贸易)”、“其他贸易(指一般贸易和灵活贸易以外的贸易，如展卖、易货、租赁等贸易方式)”。

企业性质分为“中资企业”和“外资企业”。此处出口商根据实际情况在相应位置画“√”。

12. 包装数量或毛重或其他数量

填写该批出口货物的箱数、毛重或个数等，3 项任选其一填写均可。

13. 是否含有进口成分

该批货物若全部国产，选“否”；若含有进口成分，选“是”。

14. 证书种类

在此证书种类栏画“√”。

15. 该批货物实际生产企业

如果货物并非出口商自身生产，则在此处填写生产商名称。

16. 申请单位盖章

由申请一般原产地证的出口企业盖章。

17. 申领人(签名)

由已在检验检疫局产地证部门注册备案的申领员签署姓名。

18. 电话

填写申请单位的联系电话。

19. 日期

填写申请日期。

(二) 一般原产地证明书的内容与缮制方法

一般原产地证书共有 12 项内容，除证书号(Certificate No.)由签证机构指定，第 5 栏签证机构使用，第 12 栏签证机构证明以外，其余各栏均由出口企业用英文规范打印。

1. Exporter(full name, address, country)(出口商名称、地址、国家)

填写出口商的全称、详细地址、国家全称。若信用证项下，一般为受益人；若托收项下，一般为托收人(出口商)。此栏不能填写境外中间商名称，即使信用证有规定也不可以。

【练习 2-12】(判断题，2010 年试题)

原产地证明必须显示发货人或出口商的名称。(　　)

2. Consignee(full name, address, country)(收货人名称、地址、国家)

填写本批货物最终目的地收货人名称、地址、国家全称。通常，收货人是合同的买方、信用证的开证申请人或信用证上规定的提单通知人。如果信用证规定所有单证收货人一栏留空时，此栏可填写“To Whom it May Concern”或 “To Order”，不得留空。

3. Means of transport and route(运输方式和路线)

填写装运港、目的港、中转港的名称，并说明运输方式。例如：From Shanghai to Hamburg by sea。如要转运，须注明转运地，如“Via...”、“With Transshipment”或“W/T....”，转运地若不明确，也可只填“With Transshipment”。例如：From Shanghai to Hamburg W/T Hongkong。

4. Country/Region of destination(目的地国家/地区)

此栏填写该批货物的最终运抵目的地国家或地区名称，应与最终收货人或最终目的港(地)国别相一致，一般将目的地和国名一起列出，这里不能填写中间商国家名称。

5. For certifying authority use only(供签证机构使用)

本栏供签证机构对后发证书、补发证书、签发副本或其他事项加注声明时使用，证书申领单位应将此栏留空。

6. Marks and numbers(唛头)

填写的唛头应按信用证或合同中的规定填写，且与商业发票和提单的同项内容一致，不可简单填写“As Per Invoice No.”或者“As Per B/L No.”。此栏不得留空，如无唛头，应填写“No Mark”或“N/M”。如唛头过多此栏不够，可填写在第 7、第 8、第 9、第 10 栏目的空白处，如还是不够，可在该栏填上“SEE ATTACHMENT”，并另加附页。附页需一式四份，附页上方填上“ATTACHMENT TO THE CERTIFICATE OF ORIGIN NO…(证书号码)”，附页下方两边分别打上签证地点、签证日期和申报地点、申报日期，左下方盖上申报单位签证章并由申报单位申报员签名。

7. Description of goods ; number & kind of packages(种类和货物描述、商品包装件数)

填写的商品名称应与发票中所描述的货物一致，但可用与其他单据无矛盾的统称。包装件数和种类填写商品外包装数量及包装种类。包装件数和种类必须用英文和阿拉伯数字同时表示。例如：120 CARTONS(ONE HUNDRED AND TWENTY CARTONS ONLY) OF WORKING GLOVES。若散装货物，在商品名称后加注“散装”(IN BULK)，例如：1000 公吨生铁，填写为“1000M/T (ONE THOUSAND M/T ONLY) PIG IRON IN BULK”。本栏填完后，在末行加上“*******”或“××××”表示结束的符号，以防添加或伪造。有时国外信用证要求在产地证上显示信用证号、合同号等，可加注在此栏结束符号下方。

8. H.S Code(商品编码)

此栏要求填写 H.S 编码，应与报关单一致。如果同一证书包含几种商品，则应将相应的税目号分别列出。此栏不得留空。

9. Quantity or weight(数量或重量)

按发票和装箱单的有关毛重、数量、正常计量单位来填写，若计量单位为重量，应标明毛重和净重。

10. Number and date of invoices(发票号码及日期)

填报实际发票号码及日期。发票日期不得迟于出货日期。发票号与日期分行填写。一般第一行为发票号，第二行为日期，此栏不得留空。月份一律用英文缩写表示，顺序为月、日、年，如 MAR.10,2012。

11. Declaration by the exporter(出口商声明)

出口商声明已事先印就，内容为“兹出口商声明以上所列内容正确无误，本批出口商品的生产地在中国，完全符合中华人民共和国出口货物原产地标准(The undersigned hereby declares that the above details and statements are correct;that all the goods were produced in china and that they comply with the Rules of Origin of the People's Republic of China.)。”本栏填写申报地点、申报日期(申报日期不要填法定休息日)，加盖申请单位公章，并由经办人签字，签字与图章不能重叠。此栏日期不得早于本证第 10 栏内的发票日期，一般也不要迟于提单日期。

12. Certification(签证机构证明)

签证机构证明已事先印制，内容为“兹证明出口商的声明是正确无误的(It is hereby

certified that the declaration by the exporter is correct.)”。签证机构在此加盖签证机构印章并由授权人签名，两者不能重叠。注明签发地点和签发日期，签发日期不得早于发票日期(第 10 栏)和申请日期(第 11 栏)。

由贸促会签发的产地证一般在机构印章中还加注下列声明：China Council for the Promotion of International Trade(CCPIT) is China Chamber of International Commerce.

【练习 2-13】(判断题)

根据我国有关规定，出口企业最迟于货物出运 3 天前，持签证机构规定的正本文件，向签证机构申请办理产地证书。(　　)

阅读资料

一般原产地证明书种类

根据进口商的不同要求，进口国海关除了认可由国家质量监督检验检疫总局或中国贸易促进委员会(简称贸促会)签发的中华人民共和国原产地证外，有时也认可出口商、生产厂家等单位出具证明货物原产地的文件。因此，一般原产地证书有 4 种形式：

(1) 国家质量监督检验检疫总局出具的《中华人民共和国原产地证书》。

(2) 贸促会出具的《中华人民共和国原产地证书》。

(3) 出口商出具的《原产地证书》。

(4) 生产厂家出具的《原产地证书》。

其中，以第一种、第二种形式最具有权威性。

相关知识

信用证中有关一般原产地证书条款的示例

Certificate of origin in two fold indicating that goods are of Chinese origin issued by Chamber of Commerce.

由商会签发的原产地证书一式两份，证明货物原产地在中国。

Certificate of China origin issued by a relevant authority.

中国原产地证书，由相关机构出具。

Certificate of origin issued by Chamber of Commerce,certifying that goods are of Chinese origin in one original and one copy the original legalized by the A.U.E representation in China.

商会出具原产地证明书一正一副，正本需由阿联酋驻中国代表签证。

应用实例

根据信用证单据条款要求，2011 年 8 月 18 日，青岛广源进出口公司王杰先生填写了一般原产地证明书申请书和一般原产地证明书 C/O，并随商业发票、装箱单各一份，送至青岛市出入境检验检疫局申领一般原产地证明书(假定运费和保险费分别为 800 美元和 200 美元，则商品 FOB 总值=CIF－I－F=27000 美元－200 美元－800 美元=26000 美元)。

一般原产地证明书/加工装配证明书

申请书

申请单位注册号：14G001　　　　　　　　　　证书号：G/14G001/001

申请人郑重声明：

本人被正式授权代表本企业办理和签署本申请书。本申请书及《中华人民共和国出口货物原产地证明书/加工装配证明书》所列内容正确无误，如发现弄虚作假，冒充证书所列货物，擅改证书，本人愿按《中华人民共和国出口货物原产地规则》有关规定接受处罚并承担法律责任。现将有关情况申报如下：

企业名称	青岛广源进出口公司		发　票　号		DF0835
商品名称(中英文)	甜玉米罐头 CANNED SWEET CORN		H. S. 编码(六位数)		2008.80
商品 FOB 总值(以美元计)		26 000 美元	最终目的地国家/地区		加拿大
拟出运日期	2011 年 9 月 20 日		转口国(地区)		
贸易方式和企业性质(请在适用处画“√”)					
一般贸易		三来一补		其他贸易方式	
国有企业	三资企业	国有企业	三资企业	国有企业	三资企业
√					
包装数量或毛重或其他数量		125 箱	是否含有进口成分：是(　)否(√)		
证书种类(画“√”)		一般原产地证书 √		加工装配证明书	
该批货物实际生产企业		青岛市罐头食品有限公司			

现提交中国出口货物商业发票副本一份，《中华人民共和国出口货物原产地证明书/加工装配证明书》一正三副，以及其他附件 2 份，请予审核签证。

申请单位盖章

青岛广源进出口公司
123456789

申请人(签名)：王杰

电话：(0532) 95115175

日期：2011 年 8 月 18 日

商检局联系记录

ORIGINAL

Exporter (full name and address) QINGDAO GUANGYUAN IMPORT&EXPORT CORPORATION 112 NINGXIA ROAD QINGDAO CHINA	CERTIFICATE No. 0664814 CERTIFICATE OF ORIGIN OF THE PEOPLE'S REPUBLIC OF CHINA
Consignee (full name, address, country) CARTERS TRADING COMPANY, LLC 101QUEENS QUAY WEST TORONTO CANADA	
Means of transport and route FROM QINGDAO TO TORONTO BY SEA	For certifying authority use only
Country/Region of destination TORONTO,CANADA	

Marks & numbers	Description of goods; number and kind of packages	H.S. Code	Quantity or weight	Number and date of invoices
C.T.C JY1001 TORONTO C/NO.1-125	CANNED SWEET CORN SAY TOTAL ONE HUNDRED AND TWENTY FIVE(125) CARTONS ONLY ********************************	2008.800012	2 500 TINS	DF0835 AUG.15,2011

Declaration by the exporter The undersigned hereby declares that the above details and statements are correct; that all the goods were produced in China and that they comply with the Rules of Origin of the People's Republic of China. 青岛广源进出口公司 123456789 QINGDAO AUG.19,2011 王杰 Place and date, signature and stamp of authority signatory	Certification It is hereby certified that the declaration by the exporter is correct. 国家质量监督检验检疫总局 青岛出入境检验检疫局 专用章 QINGDAO AUG.19,2011 李辉 Place and date, signature and stamp of certifying authority

任务完成心得

一般原产地证书，又称产地证(C/O)，是证明中国出口货物符合《中华人民共和国出口货物原产地规则》，货物确系中华人民共和国原产的证明文件。原产地证的主要作用在于证明货物的原产国，从根据国别的不同实行差别关税、分配和控制进口配额或者其他进口管制政策。该文件具有法律效力，也是通关、结汇、进行贸易统计的重要证明文件。缮制一般原产地证书应注意以下事项：

(1) 一般原产地证书通常应在货物装运之前签发。对同一发票号项下的货物只能出具 1 份原产地证明书，若同一合同项下分批出运的货物必须分批出具原产地证书时，发票号不得重复。

(2) 原产地证书须用打字机或电动打字机填制，证书各栏内容要求填打完整、正确、清晰，印章和签名均无错漏，必须做到与所提供的商业发票等单据内容相一致。缮制证书一般使用英文，如信用证有特殊要求必须使用其他文种的，也可接受。

(3) 产地证是一份独立出具的单据。申请签发产地证应在装运之前办理。申请日期不能早于发票日期，但可以是同日。

(4) 必须按照信用证要求签字、公证、签证。如文字有更改，需要加盖更正章，唛头、H.S.编码、数量、发票号码、日期不得加盖校正章，如这些栏目填制中发生差错，必须重新填制。

(5) 第 7 栏目的内容填完后，应用“*”符号填满，以防添加其他内容。

任务四　出口商办理出口货物运输保险业务

任务引入

在国际贸易中，货物从出口方到进口方的过程中，可能会遇到各种各样的风险，使买卖双方蒙受各种损失。为了在货物受损时能得到经济上的补偿，买方或卖方应在货物出运前，向保险公司办理货物的运输保险。究竟是由哪一方投保取决于合同中所采用的贸易术语。在以 CIF/CIP 术语成交的合同中，出口商要在货物装运前负责办理出口货物运输保险。投保人填写投保单，列明货物名称、保额、运输路线、运输工具、开航日期、投保险别等，保险公司据此缮制和签发保险单据。

青岛广源进出口公司向青岛出入境检验检疫局申请签发一般原产地证明书后，按照信用证的规定办理出口货物运输保险手续。王杰先生缮制投保单和保险单，并随附商业发票向中国人民财产保险股份有限公司青岛市分公司办理出口货物运输保险。

一、办理出口货物运输保险业务流程

在国际货物买卖业务中，保险是一个不可缺少的条件和环节，直接关系到买卖双方的利益。CIF 贸易术语下，出口商在货物出运前，根据合同或信用证规定向保险公司投保合同约定的货物运输保险。办理出口货物运输保险业务流程如图 2.4 所示。

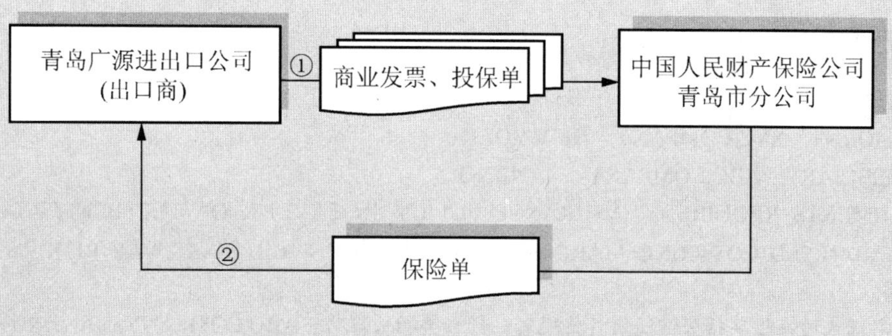

图 2.4　办理出口货物运输保险业务流程

① 投保人(出口商)向保险人表示订立保险合同的意愿，按照信用证规定填写投保单，提出投保申请。

投保人(出口商)应在运输工具起运前，备妥货物并确定装运日后及时办理投保。投保人必须将有关要求告诉保险公司，向保险人提出要约或询价填写投保申请单，并随附发票或提单等。

② 保险公司对投保单审核无误后，收取保险费，以投保单为依据出具保险单或其他保险单据，保险合同成立。

二、办理出口货物运输保险业务

(一) 投保申请单的内容与缮制方法

投保申请单(简称投保单)是发货人或被保险人在货物发运前，确定装运工具并缮制发票以后，向保险公司(保险人)办理投保手续所填制和提交的单据。投保单一般是由保险人根据不同险种事先设计内容格式，由投保人在投保时填写，各企业投保申请格式不完全一致，但无论哪种格式，都包括以下内容。

1. 被保险人(Ansured’s Name)

被保险人又称为抬头人。在以 CIF 术语成交的交易中，在非信用证结算条件下，应填出口商名称；在信用证结算条件下，一般填写信用证的受益人。如信用证和合同无特别规定，通常有以下几种填写方法。

(1) 托收、T/T 汇款或信用证无特别规定时，此栏填写出口商(即信用证受益人)，并由出口商空白背书。

(2) 如果信用证规定保险单背书给特定方，如“endorsed to order of opening bank”，则在此栏填出口商，并在背面背书，注明 claims，if any，payable to order of ××× (特定方名称)。

(3) 如果信用证规定某特定方为保险人，则在此栏填出口商(受益人)名称接 held in favour of ×××(特定方)或直接在此栏显示 in favour of ×××(特定方)，受益人不需要背书。

(4) 如信用证要求保险单做成“TO ORDER”，应在被保险人栏照打“TO ORDER”并由受益人背书。这种方法的效果与以上第一种填受益人加背书的效果相同。

动手动脑

业务资料:

APPLICANT: XYZ COMPANY，NEW YORK

BENEFICIARY: ABC COMPANY，NANJING

DOCUMENTS REQUIRED: INSURANCE POLICY IN FAVOUR OF THE BENEFICIARY AND BLANK ENDORSED COVERING MARINE TRANSPORTATION ALL RISKS,WAR RISK AS PER ICC CLAUSES。

如信用证未对保险单抬头作任何其他规定。保险单抬头应为: ABC COMPANY, NANJING。

阅读资料

背书(Endorsed)

保险单的背书必须在正本上。背书的方式主要有以下 3 种。

1. 记名背书

当来证要求“Delivery to (the Order of) ××× Co.(Bank)”或“Endorsed in the Name of ×××，即规定使用记名方式背书。此时，需要在保险单背面注明被保险人的名称和经办人的名字后，打上“Delivery to (the Order of) ××× Co.(Bank)”或“in the Name of ×××”的字样。记名背书在出口业务中较少适用。

2. 记名指示背书

当来证保单条款规定“To the Order of”或“To ×××'s Order”时，即要求记名指示背书，具体做法是：在保险单背面打上“To the Order of ×××”或“To ×××'s Order”，然后签署被保险人的名称。

3. 空白背书

当信用证要求“Endorsed in Blank”或“Blank Endorsed”，即要求空白背书，空白背书只需在保险单背面注明被保险人名称(包括出口商的名称和经办人的名字)。当来证没有规定使用哪一种背书时，也可使用空白背书方式。

2. 发票号码或合同号码(Invoice No. or Contract No.)

填写投保货物的商业发票号码。

3. 包装及数量(Quantity)

本栏填写商品外包装的数量。如以重量计价的包装货物，应注明包装件数和计价重量，并注明毛重或净重；如为散装货物，填“IN BULK”。

4. 保险货物项目(Description of Goods)

本栏填写商品的大类名称或货物的统称，不必详细列明各种规格等细节。

5. 保险金额(Amount Insured)

保险金额简称“保额”，是指保险人对被保险人负担损失补偿或给付约定的最高金额，它是计收保险费的基础。本栏按信用证规定的金额及加成率投保，填写小写金额，如“USD 20 000.00”。

保险金额加成百分比应严格按信用证或合同规定掌握。如无具体规定，应按 CIF 或 CIP 或发票金额的 110% 投保。 保险金额一般不要辅币，小数点后尾数一律要向上进位为整数即

"进一取整"。例如：发票金额为 USD 1 507.30，加一成投保，保险金额为 USD 1 507.30×110%= USD 1 658.03，则进位后保险金额应为 USD 1 659.00。

【练习 2-14】(单项选择题，2011 年试题)

按国际保险市场惯例，投保金额通常在 CIF 总值的基础之上(　　)。

A. 加一成　　B. 加二成　　C. 加三成　　D. 加四成

6. 装载运输工具(Per Conveyance)

本栏填写运输工具的名称。海运方式下填写船名和航次，如"Huanghe V.113"；铁路运输填写"By Railway"或加上车号，如"Wagon No.12345"；航空运输填写"By Air"；邮包运输填写"By Parcel Post"。

7. 航次、航班或车号(Voy.No.)

本栏填写承运工具的航次、航班或车号。

8. 开航日期(Sailing on or about)

本栏填写货物运输单据的签发日期，或简单填写"AS PER B/L No.×××"。

9. 起讫地点(From...To...)

在"From"之后填写装运港名称，"To"之后填写目的港名称，并与运输单据相符；如需转船，应在目的港后加注"W/T at ×××(转船港名称)或 Via ×××"，如"From Shantou to London W/T at HongKong"。

10. 赔款偿付地点(Claim Payable at)

本栏目包括保险赔款支付地点和赔付的货币两项内容。填写时应根据信用证(托收项下按合同)规定填写。如信用证或合同未作规定时，赔付地点应填目的港(地)名称，币别可不填写。如信用证规定了赔偿地点，保单应照打，例如：Claims, if any, are payable in Japan in USD(赔付地在日本，货币为 USD)。

11. 承保险别(Conditions &/or special coverage)

本栏应按 L/C(托收方式下按合同)中有关保险险别的条款填写，注意除险别外还要有保险险别适用的文本及其生效日期。如"COVERING ALL RISKS AND WAR RISK AS PER CIC DATED 1/1/1981"，有时在开始处还要加上"FOR 110% INVOICE VALUE"。

12. 投保单位签章(Applicant's Signature and Co.'s Name,Add.And Tel. No.)

填写投保人(出口商)全称、地址和电话，由经办人签名并注明日期。

(二) 保险单的内容与缮制方法

保险单与投保单有许多共同栏目，以下就不同项目的缮制方法作一介绍。

1. 保险公司名称(Name of Insurance Company)

本栏应根据信用证和合同要求相应的保险公司去办理保险单据。如来证"INSURANCE POLICY IN DUPLICATE BY PICC"，PICC 即中国人民保险公司，信用证要求出具由中国人民保险公司出具的保险单。

2. 保险单号次(Policy No.)

按保险公司指定的编号填写。

3. 保险单据名称(Name)

本栏按照信用证和合同填制。如来证规定“INSURANCE POLICY”，即要求出示保险单而非保险凭证。

4. 货物标记(Marks & Nos.)

本栏应与发票和装箱单唛头相符。如无唛头，可填“N/M”；如果唛头内容太多，也可填“As per Invoice No. ××× (如×××号发票)”。

5. 总保险金额(Total Amount Insured)

本栏填写大写累计保险金额，如“SAY U.S.DOLLARS TWENTY THOUSAND ONLY”，大小写金额需保持一致。

6. 保费(Premium)和费率(Rate)

这两栏通常不注明具体数字而分别注明“As arranged”(按约定)，无须填制。

7. 赔付代理人(Agent)

由保险公司指定，并注明其详细的地址和电话，一般是在货物的进口地。通常不接受信用证中指定的理赔代理人。收货人在发现货损时，可及时通知代理人进行勘察和理赔事宜。

8. 出单日期和地址(Place and Date of Issue)

保单的出单日期应早于或同于提单日、发运日或接受监管日，不能晚于这些日期，但一般晚于发票日期。出单地点应为保险公司所在地点，一般填制装运港口的名称。

【练习 2-15】(判断题，2011 年试题)

按 CIF 术语成交，如果我方提交的提单日期是 2011 年 3 月 5 日，保险单日期为 2011 年 3 月 6 日，不会影响我方安全迅速收汇。(　　)

9. 正本份数(Number of Original Policy)

《UCP600》规定，“正本保险单上必须有“ORIGINAL”字样，并显示该套保险单据正本的出具份数。”如果信用证无明确规定保险单的份数时，保险公司一般出具一套三份正本的保险单。信用证没有特别规定交几份的情况下，必须向银行提交全套正本。如果保险单据未注明正本份数，而信用证也没有特别规定，则银行可以接受只提交一份正本的保险单据，但该保险单据必须注明是唯一正本。在实务中，可根据信用证和合同规定使用一份、两份或三份正本保单，每份正本上分别印有“第一正本”(the First Original)、“第二正本”(the Second Original)或“第三正本”(the Third Original)以示区别。

10. 保险公司签章(Authorized Signature)

保险单经保险公司签章后才有效，此栏由保险公司或其代理人签章，签章一般已事先印制在保险单的右下方，然后由授权人签名即可。

【练习 2-16】(简答题，2011 年试题)

简述保险单的种类。

阅读资料

保险单据的种类

(1) 保险单：俗称大保单，是保险人与被保险人之间订立保险合同的一种正式证明，具有法律效力，对双方当事人均具有约束力。

(2) 保险凭证：是一种简化的保险单，与海上保险单有同等的法律效力，故又称小保单，现实中很少使用。只有正面，其背面是空白的，没有载明保险条款。

(3) 预约保险单：又称开口保险单，它一般适用于经常有相同类型货物需要陆续装运的保险。是保险人与被保险人双方预先签订的，较长期限的一揽子保险合同，合同规定了保险货物的范围、保险险别、保险责任、费率等，货物一经装运，保险公司自动承保。这种事先预约的保险合同在我国的货物进出口中广泛适用。

(4) 保险批单：是保险公司在保险单开立后，根据投保人的需求，对保险内容补充或变更，而出具的一种凭证。

(5) 联合凭证：是一种与发票相结合的比保险凭证更简化的保险单据。在商业发票的空白处加打保险条款，此时发票即为联合保险凭证。

【练习 2-17】(多项选择题，2009 年试题)

以下关于保险凭证的正确叙述是(　　)。

A．俗称“小保单”，是一种简化的保险单

B．既有正面内容，又有背面条款

C．与保险单具有同等效力

D．在实务中，保险凭证可以代替保险单

E．只在进口业务中使用

相关知识

信用证中有关保险单条款的示例

Insurance Policy covered for 110% of total invoice value against ALL Risks and War Risk as per and subject to the relevant Ocean Marine Cargo of the People's Insurance Company of China date1/1/1981.

保险单按发票价值的 110%投保一切险和战争险，根据中国人民保险公司于 1981 年 1 月 1 日制定的海洋货物保险条款。

Policy of Insurance in duplicate issued or the order of ABC CO.LTD., in the currency of the credit for the CIF value of the shipment plus 10 percent covering ALL Risks , War Risk and S.R.C.C. Clause of the People's Insurance Company of China.

保险单一式两份，做成以 ABC 公司为抬头人。按 CIF 货物价值加 10%用信用证上的货币投保一切险、战争险和罢工险，根据中华人民保险公司保险条款。

应用实例

信用证(编号为 LGU-02156) 单据条款 46A 中对保险单的规定如下："MARINE INSURANCE POLICY IN DUPLICATE, ENDORSED IN BLANK FOR 110% OF THE INVOICE VALUE AGAINST ALL RISKS & WAR RISK SUBJECT TO THE OCEAN MARINE CARGO CLAUSES OF P.I.C.C DATED 1/1/1981 CLAIMS TO BE PAYABLE IN U.S.A IN CURRENCY OF THE DRAFT."

据此，2011 年 9 月 20 日，在完成申领一般原产地证明书手续后，王杰先生根据上述信用证条款以及商业发票、装箱单，制作投保单。王杰先生填写好投保单后，连同商业发票一起提交保险公司，提出投保申请，保险公司承保后，出具保险单，并提供保费发票。

中国人民财产保险股份有限公司青岛市分公司

The People's Insurance (Property) Company of China, Ltd. Qingdao Branch

货物运输保险投保单

APPLICATION FORM FOR CARGO TRANSPORATION INSURANCE

被保险人

Assured' s Name :QINGDAO GUANGYUAN IMPORT &EXPORT CORPORATION

发票号码或合同号码 Invoice No. or Contract No.	包装数量 Quantity	保险货物项目 Description of Goods	保险金额 Amount Insured
AS PER INVOICE NO. DF0835	125CARTONS	CANNED SWEET CORN	USD 29 700.00

装载运输工具________ 航次、航班或车号________ 开航日期________

Per Conveyance DAMIN Voy. No. V.342 Slg. Date SEP.25,2011

自________ 至________ 转运地________ 赔款地________

From QINGDAO To TORONTO W/T at________ Claim Payable at TORONTO

承保险别：

Condition & / or Special Coverage

FOR 110% OF THE INVOICE VALUE AGAINST ALL RISKS & WAR RISK SUBJECT TO THE OCEAN MARINE CARGO CLAUSES OF P.I.C.C DATED 1/1/1981.

QINGDAO GUANGYUAN IMPORT &EXPORT CORPORATION

投保人(签名盖章) 王杰

Applicant's Signature & Stamp

备注：

Remarks

投保日期：2011.09.20

Date

保险公司填写： 报单号： 费率：

中国人民财产保险股份有限公司青岛分公司

The People's Insurance (Property) Company of China, Ltd. Qingdao Branch

货 物 运 输 保 险 单

CARGO TRANSPORTATION INSURANCE POLICY

总公司设于北京　　　　一九四九年创立

Head Office: Beijing　　　　Established in 1949

发票号码　　　　保单号次

Invoice No. DF0835　　　　POLICY NO. PICCSH33668

被保险人

INSURED: QINGDAO GUANGYUAN IMPORT &EXPORT CORPORATION

中国人民财产保险股份有限公司(以下简称本公司)根据被保险人的要求，由被保险人向本公司缴付约定的保险费，按照本保险单承保险别和背面所载条款与下列条款承保下述货物运输保险，特立本保险单。

This policy of insurance witnesses that PICC property and casualty company limited (herein after called"The Company"),at the request of the insured and in consideration of the agreed premium paid to the Company by the insured,undertakes to insured the undermentioned goods in transporation subject to the conditions of the Policy as per the Clauses printed below.

标记 Marks&Nos	保险货物项目 Discription of Goods	包装 单位 数量 Packing Unit Quantity	保险金额 Amount Insured
C.T.C JY1001 TORONTO C/NO.1-125	CANNED SWEET CORN	125 CARTONS	USD 29 700.00

承保险别

Condition

FOR 110% OF THE INVOICE VALUE AGAINST ALL RISKS & WAR RISK SUBJECT TO THE OCEAN MARINE CARGO CLAUSES OF P.I.C.C DATED 1/1/1981.

总保险金额：

Total Amount insured: SAY U.S. DOLLARS TWENTY NINE THOUSAND SEVEN HUNDRED ONLY.

保费＿＿＿＿＿　载运输工具＿＿＿＿＿　开航日期＿＿＿＿＿

Premium　As arranged　Per conveyance　DAMIN V.342　Slg.on or abt.　SEP.25,2011

起运港＿＿＿＿＿　目的港＿＿＿＿＿

From　QINGDAO　To　TORONTO

所保货物，如发生本保险单项下可能引起索赔的损失或损坏，应立即通知本公司下述代理人查勘。如有索赔，应向本公司提交保险单正本(本保险单共有 3 份正本)及有关文件。如一份正本已用于索赔，其余正本则自动失效。

In the event of loss or damage which may result in a claim under this Policy, immediate notice must be given to the company's agent as mentioned hereunder.Claims, if any,one of the Original Policy which has been assured in 3 Original(s) together with the relevant documents shall be surrendered to the company. If one of the Original Policy has been accomplished, the others to be void.

中国人民财产保险股份有限公司青岛分公司

THE PEOPLE'S INSURANCE(PROPERTY) COMPANY OF CHINA QINGDAO BRANCH

电话(TEL)：0532-97169121-80220

传真(FAX)：0532-87169122

地址(ADD)：中国青岛香港中路 50 号

授权人签字：**张玲**

Authorized Signature

赔款偿付地点

Claim payable at　TORONTO IN USD

中国人民财产保险股份有限公司青岛分公司 123456789

日期　　　　在

Date　SEP.20,2011　at　QINGDAO

任务完成心得

投保单是保险人要求投保的书面要约，是保险公司签发保险单的依据，进行核保及核定给付、赔付的的重要原始资料。缮制投保单时应注意以下事项：

(1) 投保单内容须据实填制。如果填制内容不实或有隐瞒情况，势必影响保险公司承担风险估量错误从而发生纠纷。法律规定该项保险合同无效。

(2) 投保单内容应与出口合同或信用证规定相符。保险公司根据投保单内容签发保险单，投保人如不按照合同规定填制投保单，导致保险单与合同规定不符，收货人可以拒绝接受。尤其是在信用证支付方式下，投保单内容须符合信用证有关规定，否则也会导致保险单与信用证有关规定不符，遭到开证行拒收。

(3) 对特殊要求的处理。在 CIF 条件下，买方可能临时要求提高保险金额、加保某种特殊附加险以及扩展保险责任等。卖方应认真研究，并与保险公司取得联系，然后决定是否接受这些特殊要求。

保险单据是保险公司和投保人之间订立的保险合同，也是保险公司出具的承保证明，是被保险人凭以向保险公司索赔和保险公司进行理赔的依据。保险单据背面印有规定保险人与被保险人、受让人之间权利与义务关系的保险条款。办理保险单业务时需注意以下事项：

(1) 出口公司取得保险单后，应根据信用证及发票、提单等单据进行仔细审核，严格做到“单证一致”、“单单一致”。

(2) 保险单的签发日期不得晚于提单签发日期，否则进口商或付款银行有权拒绝付款。

(3) 出口商办理保险，保险单交给银行前应该背书转让。

(4) 保险金额一般应该是 CIF 合同金额的 110%。

(5) 当采用 FOB、CFR 术语出口时，应该考虑到货物从工厂到装运港这阶段的风险，并选取相应的保险投保。

任务五　出口商办理出口货物报检业务

任务引入

出口商品报检是指出口商品的发货人或其代理人，在货物一经生产加工完毕并经检验合格、完成包装、准备发运时，备齐各种单证，按照《商检法》等有关法律规定，在检验检疫机构规定的时限和地点，向商检机构申请对其出口的商品实施法定检验——配合检验——付费——取得商检单证等手续的过程。出境货物最迟在出口报关或装运前 7 日报检，个别检验检疫周期长的货物应留有相应的检验检疫时间。需隔离检疫的出境动物在出境前 60 天预报，隔离前 7 天报检。

青岛广源进出口公司在办理出口货物运输手续后，由王杰先生缮制出境货物报检单，并随附合同、商业发票和装箱单等单据向青岛出入境检验检疫局办理报检手续。

一、办理出口货物报检业务流程

我国对进出口商品的检验有法定检验和鉴定业务两类。若需要检验的商品，均必须在出口报关前到商检机构申请商检。否则，凡属法定商检的商品，若报关单上没有“商检放行章”，海关将不接受申报，而非法定检验但必须要商检并出具证明的商品，若未经商检机构检验和发证的，有关银行将不予结汇。办理出口货物报检业务程序如图 2.5 所示。

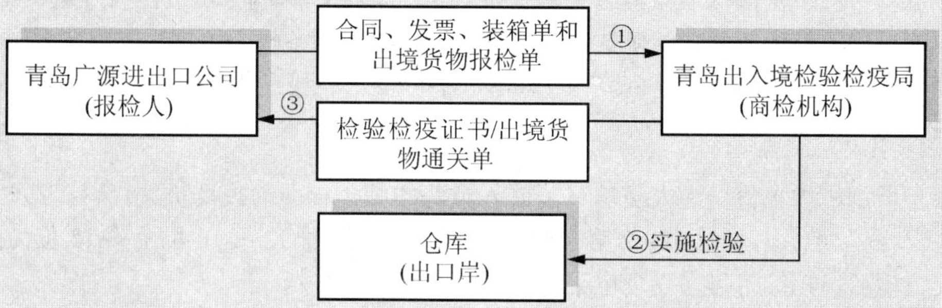

图 2.5　办理出口货物报检业务流程

① 出口商填制《出境货物报检单》，随附合同、商业发票、装箱单，最迟在出口报关前 7 日向检验检疫机构(出入境检验检疫局)办理货物出境报检手续。

② 检验检疫机构受理并收取检验检疫费后，对出口货物实施必要的检验、检疫、消毒等处理。

③ 出口货物经检验合格后，检验检疫机构对产地和报关地一致的出境货物，向出口商出具《出境货物通关单》或《商品检验证书》；对产地和报关地不一致的出境货物，则出具《出境货物换证凭单》，出口商凭此单向报关地检验检疫机构换发《出境货物通关单》或《商品检验证书》。

阅读资料

出境货物报检范围

(1) 列入《出入境检验检疫机构实施检验检疫的进出境商品目录》内的出境货物。
(2) 其他法律、行政法规规定须经检验检疫机构检验出证的货物。
(3) 对外贸易合同中约定由检验检疫机构检验的货物。
(4) 有关国际条约规定须经检验检疫机构检验、检疫的货物。
(5) 装运出境易腐易变食品、冷冻品的船舱、集装箱等运载工具的适载检验。
(6) 出境危险货物包装容器的性能检验和使用鉴定。
(7) 装载动植物、动植物产品和其他检疫物的装载容器、包装物的检疫。

【练习 2-18】(单项选择题，2009 年试题)

对产地和报关地相一致的出境货物，经检验检疫合格的，出具(　　)。

A.《出境货物通关单》　　B.《出境货物换证凭单》
C.《出境货物换证凭条》　　D.《出境货物不合格通知单》

【练习 2-19】(单项选择题，2009 年试题)

一般出口商品应在出口报关或装运前(　　)天报检。

A．3　　B．5　　C．7　　D．9

二、出境货物报检单的内容与缮制方法

出境货物报检单由国家质量监督检验检疫局统一印制，除编号由检验检疫机构指定外，其余各栏由报检单位填制并盖章确认。出口货物报检单所列各栏必须填写完整、准确、清晰，栏目内容确实无法填写的以“/”或“*”表示，不得留空。其主要内容和缮制方法介绍如下。

1. 编号(No.)

由检验检疫机构报检受理人员填写，前 6 位为申报地检验检疫局机关代码，第 7 位为报检类代码(入境为 01，出境为 02) ，第 8 位、第 9 位为年份代码，第 10 位至第 15 位为流水号。实行电子报检后，该编号可在受理电子报检的回执中自动生成。

2. 报检单位(Declaration Inspection Unit)

填写报检单位中文名称，并加盖报检单位公章或报检专用章。报检单位必须是已向检验检疫机关办理备案登记的自理报检单位或已向检验检疫机关办理注册登记的代理报检单位。

3. 报检单位登记号、联系人、电话(Register No.)

报检单位登记号是指报检单位在国家质检总局登记的登记证号码，填 10 位数登记证号码。联系人及电话是指报检人员姓名及联系电话。

4. 报检日期(Date of Declaration Inspection)

报检日期是指检验机构接受报检当天的日期，统一用阿拉伯数字表示，而不用英文等表示。此栏一般由检验检疫机构受理报检人员填写。

5. 发货人(Consignor)

填写合同或信用证中所列卖方或受益人的名称，与商业发票上的出票人一致。本栏分别用中文、英文分别填报发货人名称，中英文名称应分行填写。

6. 收货人(Consignee)

按合同或信用证中所列买方或申请人名称填写，与商业发票上的受票人(抬头人)一致，一般填写收货人英文名称。如需出具英文证书，本栏分别用中文、英文分行填写收货人名称。

7. 货物名称(中/英文)(Description of Goods)

按合同、信用证、商业发票中所列商品名称的中文、英文填写。如果是废旧物品，在此栏内要注明，如“电动缝纫机(旧)”。

8. H.S.编码(H.S. code)

H.S.编码是指货物对应的海关《商品名称及编码协调制度》中的代码，填写以当年公布的商品税则编码为准。填写 8 位商品编码，有些商品有最后两位补充编码时，应填写 10 位编码。

9. 产地(Producting Area)

在出境货物报检单中产地是指货物的生产/加工的省(自治区、直辖市)以及地区(市)的名称。本栏填写货物生产/加工的省、市的中文名称。

10. 数/重量(Quantity/Weight)

报检数量为实际商品数量、重量。重量还要列明毛重或净重。

11. 货物总值(Amount)

按合同或发票上所列的总值填写，并注明计价货币的币种，不需填写价格术语。如果同一报检单报检多批货物，需列明每批货物的总值。

12. 包装种类及数量(Number and Type of Packing)

填写本批货物运输外包装的种类及件数，应注明包装的材质，如“400 纸箱”。

13. 运输工具名称号码(Means of Conveyance No.)

填写运输工具的名称(如飞机、轮船等)及运输工具编号(船名、飞机航班、火车车次)，如“船舶 DONGFANG V.001”。若报检时不能确定运输工具的编号，可填写运输方式的总称。

14. 贸易方式(Terms of Trade)

根据实际情况填写海关规范贸易方式，如一般贸易、三来一补、边境贸易、进料加工和其他贸易等。

15. 货物存放地点(Place of Goods No.)

填写货物出运前停放的具体地点或者仓库名称。

16. 合同号(Contract No.)

填写所签订合同的号码，应与随附合同、订单等号码一致。

17. 信用证号(L/C No.)

填写报检时随附作为本批货物对外结汇的信用证号码。非信用证结汇，此栏填写结汇方式(如 T/T、D/P 等)。

18. 用途(Purpose)

填写出境货物应用的方面或范围，如种植或繁殖、食用、观赏或演艺、实验、药用、加工等。

19. 发货日期(Shipment Date)

填写货物按信用证或合同所列的出境日期，即实际开船日期或起飞日期，以年、月、日顺序填报。

20. 输往国别(地区)(Destination Country/Area)

填写货物最终销售国家或地区的名称，一般情况下是贸易合同中买方(进口方)所在国家或地区。此栏应填写输往国家(地区)的中文名称。

21. 许可证/审批号(Licence No./Approve No.)

如为实施许可/审批制度管理的货物，必须填写其编号，不得留空。无许可证或没有审批文件的出境货物本栏免填。

22. 生产单位注册号(Manufacture Register No.)

填写本批货物生产、加工的单位在检验检疫机构注册登记编号，如生产单位的卫生注册证书编号、质量许可证号或加工仓库的注册编号等。

23. 启运地(Place of Departure)

填写出境货物启运的口岸(城市)的名称，如“上海”。

24. 到达口岸(Final Destination)

填写本批货物最终抵达目的地停靠口岸名称，如“日本东京”。

25. 集装箱规格、数量及号码(Type of Container,Container Number)

填写装载本批货物的集装箱规格(如 40 英尺、20 英尺等)以及分别对应的数量和集装箱号码全称，“数量”×“规格”/“箱号”，如：1×20′/TGHU8491952。集装箱号是指集装箱两侧标示的全球唯一的编号，通常前 4 位是字母，后跟一串数字。其组成规则是：箱主代号(3 位字母)+设备识别号“U”+顺序号(6 位数字)+校验码(1 位数字)。

26. 合同、信用证订立的检验检疫条款或特殊要求

如合同、信用证有特殊条款需说明或对检验检疫证书的内容有特殊要求时，可在此栏注明。若无此项内容，可填“/”。

27. 标记及号码(Marks and Number of Packages)

根据有关合同、发票、装箱单等列明的标记号码准确填写。若没有唛头的在该栏填写“N/M”。

28. 随附单据(画“√”或补填)(Attached Files in "√″)

应按有关规定提供附件，报检人提供的单据都应在栏中相应单据前的空格内打“√”，若栏中无该单据的，可在空栏中补填并打“√”。

29. 需要证单名称

根据需要检验检疫机构出具的证单，在所需证单前的空格内打“√”，并填写所需的份数，所需证单未列明的可加填。

30. 检验检疫费

由检验检疫机构计费人员核定费用后填写，如熏蒸费、消毒费等。

31. 签名(Signature of Authorized Signatory)

此栏由持有报检员资格证的报检人签名。

32. 领取证单

报检人在领取证单时在领取证单一栏分别填写领证日期和领证人姓名。

阅读资料

检验证书的种类

检验检疫机构对进出口商品进行检验检疫或鉴定后，根据不同的检验结果或鉴定项目签发的各种证书，统称为检验证书(Inspection Certificate)。目前，我国检验检疫机构签发的检验检疫证书主要有以下几种。

(1) 品质检验证书(Inspection Certificate of Quality)，证明进出口商品的质量、规格、等级等实际情况的证明文件。它是出口商品交货结汇和进口商品结算索赔的有效凭证；是法定检验商品的证书；是进出口商品报关、输出输入的合法凭证。

(2) 重量或数量检验证书(Inspection Certificate of Weight or Quantity)，证明进出口商品数量或重量是否符合买卖合同规定的证件，是出口商交货结汇、签发提单和进口商品结算索赔的有效凭证，也是国外报关税和计算运费、装卸费用的证件。

(3) 熏蒸检验证书(Inspection Certificate of Fumigation)，证明出口粮谷、油籽、豆类、皮张等商品，以及包装用木材与植物性填充物等，已经经过熏蒸灭虫的证件。主要证明使用的药物、熏蒸的时间等情况。如国外不需要单独出证，可将其内容列入品质检验证书中。

(4) 价值检验证书(Certificate of Value)，主要用于证明发票所列商品的价格真实正确。

此外，还有兽医检验证书(Veterinary Inspection Certificate)、卫生检验证书(Sanitary Inspection Certificate)、消毒检验证书(Inspection Certificate of Disinfection)、温度检验证书(Inspection Certificate of Temperature)、残损检验证书(Inspection Certificate on Damaged Cargo)、船舱检验证书(Inspection Certificate on Tank/Hold)、货载衡量检验证书(Inspection Certificate on Cargo Weight &Measurement)等。

相关知识

信用证中有关检验证书条款的示例

Inspection certificate of weight and quality in triplicate.
重量质量检验证书一式三份。

Inspection certificate issued by applicant and signed by MR.Brown(photocopy is acceptable).
开证人开具的检验证书，由布朗先生签字（影印件亦可接受）。

Inspection certificate of quality and quantity in duplicate issued by China Commodity Inspection Bureau.
中国商检局出具质量数量检验证书一式两份。

应用实例

2011 年 9 月 21 日，在办理完货物保险手续后，青岛广源进出口公司向出入境检验检疫局申请出口检验。申请出口商品检验时，王杰先生通过九城软件或榕基软件登录电子报检系统，填写出境货物报检单，并随附外销合同、商业发票、装箱单等单据向青岛出入境检验检疫局办理报检。

中华人民共和国出入境检验检疫
出境货物报检单

报检单位(加盖公章)：青岛广源进出口公司　　　　*编号：451100987213333

报检单位登记号：346557898　联系人：王杰　电话：95115175　　　　报检日期：2011 年 9 月 21 日

发货人	(中文)青岛广源进出口公司				
	(外文)QINGDAO GUANGYUAN IMPORT&EXPORT CORPORATION				
收货人	(中文)				
	(外文)CARTERS TRADING COMPANY, LLC				
货物名称(中/外文)	H. S. 编码	产地	数/重量	货物总值	包装种类及数量
甜玉米罐头 CANNED SWEET CORN	2008.800012	青岛	2 500 TINS	27 000.00 美元	125 箱

运输工具名称号码	DAMIN V.342	贸易方式	一般贸易	货物存放地点	山东青岛
合同号	JY1001	信用证号	LGU-02156	用途	食用
发货日期	2011.09.25	输往国家(地区)	加拿大	许可证/审批证	08AF986541
启运地	青岛	到达口岸	多伦多	生产单位注册号	
集装箱规格、数量及号码	1×20'/CRLU1357272				

合同、信用证订立的检验检疫条款或特殊要求	标记及号码	随附单据(画“√”或补填)	
	C.T.C JY1001 TORONTO C/NO.1-125	☑合同 ☐信用证 ☑发票 ☐换证凭单 ☑装箱单 ☐厂检单	☐包装性能结果单 ☐许可/审批文件 ☐ ☐ ☐ ☐

需要证单名称(画“√”或补填)		*检验检疫费	
☐品质证书 __正__副 ☐重量证书 __正__副 ☑数量证书 1 正 2 副 ☐兽医卫生证书 __正__副 ☐健康证书 __正__副 ☐卫生证书 __正__副 ☐动物卫生证书 __正__副	☐植物检疫证书 __正__副 ☐熏蒸/消毒证书 __正__副 ☐出境货物换证凭单__正__副	总金额(人民币元)	
		计费人	
		收费人	

报检人郑重声明：	领 取 证 单	
1. 本人被授权报检。 2. 上列填写内容正确属实，货物无伪造或冒用他人的厂名、标志、认证标志，并承担货物质量责任。 签名：王杰	日期	
	签名	

注：有“*”号栏由出入境检验检疫机关填写　　　　◆国家出入境检验检疫局制

其他相关检验证书

1．缮制非木质包装证明

Declaration of no-wooden
Packing material

TO：

THE SERVICE OF CANADA ENTRY & EXIT INSPECTION AND QUARANTINE

IT IS DECLARED THAT THIS SHIPMENT

COMMODITY: CANNED SWEET CORN

QUANTITY/WEIGHT: 125CARTONS

INVOICE　NUMBER：DF0835

DOES NOT CONTAIN WOOD PACKING MATERIALS

QINGDAO GUANGYUAN IMPORT &EXPORT CORPORATION

王杰

阅读资料

出境货物木质包装的报检

根据《中华人民共和国进出境动植物检疫法》及《中华人民共和国进出境动植物检疫法实施条例》，对出境植物、植物产品及其他检疫物的装载容器、包装物及铺垫材料依照规定实施检疫。

自1998年起，输往美国、加拿大、巴西、欧盟、澳大利亚的货物带有木质包装的，需进行检验处理。

出境货物木质包装报检时应提供的出境包装声明总结如表2-1所示。

表2-1　出境包装声明

	美国、加拿大、巴西	欧盟
木质包装	我国检验检疫机构出具熏蒸、消毒证书	松材线虫疫区针叶木质包装，由我国检验检疫机构出具检验检疫证书并注明除害处理办法
		松材线虫非疫区针叶木质包装，由我国检验检疫机构出具植物检疫证书
		非针叶木质包装，经对木质包装除害处理，由我国检验检疫机构出具熏蒸、消毒证书
非木质包装	由出口商出具无木质包装声明	

2．出入境检验检疫局签发出境货物通关单

出境货物自检验检疫合格后，出入境检验检疫局签发《出境货物通关单》(两联)，加盖检验检疫专用章。正本由报检人持有，供海关通关用。

中华人民共和国出入境检验检疫

出境货物通关单

编号：442301101054647

<table>
<tr><td colspan="3">收货人　CARTERS TRADING COMPANY,LLC</td><td rowspan="3">标记及唛码
C.T.C
JY1001
TORONTO
C/NO.1-125</td></tr>
<tr><td colspan="3">发货人　青岛广源进出口公司</td></tr>
<tr><td>合同/信用证号
JY1001/ LGU-02156</td><td colspan="2">输出国家或地区
加拿大</td></tr>
<tr><td>运输工具名称及号码
DAMIN V.342</td><td colspan="2">目的地
多伦多</td><td>集装箱规格及数量
20'× 1</td></tr>
<tr><td>货物名称及规格
CANNEDSWEET CORN
ART. NO.DC-790
ART.NO.V-456</td><td>H.S.编码
2008.800012
**************</td><td>申报总值
27 000 美元
************</td><td>数/重量、包装数量及种类
2500TINS
125 箱
**************</td></tr>
<tr><td colspan="4">证明
上述货物业已报检/申报，请海关予以放行。
本通关单有效期至　2011 年 9 月 30 日
国家质量监督检验检疫总局　青岛出入境检验检疫局　专用章
日期：2011 年 9 月 21 日　　签字：李辉</td></tr>
<tr><td colspan="4">备注</td></tr>
</table>

阅读资料

出境货物换证凭单与出境货物换证凭条

法定检验商品生产地与出口报关口岸在同一个地方，该商品在当地的出入境检验检疫部门报检，并且由该检验检疫机构在检验合格以后直接出具“出境货物通关单”。但如果这批货物在外省口岸出口报关，那就必须先在当地出入境检验检疫部门报检，检验合格以后由检验检疫局签发“出境货物换证凭单”。报关人再将这份“换证凭单”连同这批出口货物一起运到出口地的出入境检验检疫部门再报检，由口岸地的出入境检验检疫局签发“出境货物通关单”才能交给海关凭以办理通关放行手续。

“出境货物换证凭条”是针对“法定检验商品在一地生产、到异地出口通关”的情况适用的另一种“检验——通关”的办法。“换证凭条”又称“电子凭条”，是指生产所在地的检验检疫局对拟到外省海关通关出口的法定检验商品检验并认定合格以后，立即将这个检验检疫的信息发布到网上。同时，该检验机构向出口商打印一张简短的“出境货物换证凭条单”，上面简短地列明有关此批出口商品的主要信息。报关人直接将这张“换证凭条”交给出口地申报海关办理出口申报，而不再需要到通关地的检验检疫机构去申请报检。出口地海关只要按照“换证凭条”上的信息登录商检机构的网站核实后，就视同“通关单”给予办理出口通关手续。

3. 出入境检验检疫局签发数量检验证书

中华人民共和国出入境检验检疫

ENTRY-EXIT INSPECTION AND QUARANTINE OF THE PEOPLE'S REPUBLIC OF CHINA

数量检验证书

INSPECTION CERTIFICATE OF QUANTITY

编号 No.：3254229078787332

发货人：

Consignor: QINGDAO GUANGYUAN IMPORT &EXPORT CORPORATION

收货人：

Consignee: CARTERS TRADING COMPANY, LLC

品　名：

Description of Goods: CANNED SWEET CORN

报验数量/重量：

Quantity Weight Declared:2500TINS

包装种类及数量：

Number and Type of Packages:125 CARTONS

运输工具：

Means of Conveyance:DAMIN V.342

标记及号码

Mark &No.

C.T.C

JY1001

TORONTO

C/NO.1-125

检验结果：

Results of Inspection

ART. NO.DC-790　PACKED IN 50 CARTONS OF 20 TINS EACH

ART. NO.V-456　　PACKED IN 75 CARTONS OF 20 TINS EACH

TOTAL：2500TINS

TOTAL：125 CARTONS

我们已尽所知和最大能力实施上述检验，不能因我们签发本证书而免除卖方或其他方面根据合同和法律所承担的产品质量责任和其他责任。

All inspections are carried out conscientiously to the best of our knowledge and ability. This certificate does not in any respect absolve the seller and other related parties from his contractual and legal obligations especially when product quality is concerned.

国家质量监督检验检疫总局　青岛出入境检验检疫局　专用章

印章　　签证地点 QINGDAO　签证日期 SEP. 21, 2011　签名 李辉

fficial Sta　　Place of Issue　　Date of Issue　　Signature

中华人民共和国出入境检验检疫

ENTRY-EXIT INSPECTION AND QUARANTINE OF THE PEOPLE'S REPUBLIC OF CHINA

正本

质量检验证书

INSPECTION CERTIFICATE OF QUALITY

ORIGINAL

编号 No.: 470000456678888

发货人:

Consignor: QINGDAO GUANGYUAN IMPORT &EXPORT CORPORATION

收货人:

Consignee: CARTERS TRADING COMPANY, LLC

品 名:

Description of Goods:CANNED SWEET CORN

报验数量/重量:

Quantity Weight Declared: 2500TINS

包装种类及数量:

Number and Type of Packages: 125 CARTONS

运输工具:

Means of Conveyance:DAMIN V.342

发货日期:

Date of Dispatch: SEP.25, 2011

到达国家及地点:

Country and Place of Destination:TORONTO,CANADA

标记及号码

Mark &No.

C.T.C

JY1001

TORONTO

C/NO.1-125

RESULTS OF INSPECTION:

ALL THE GOODS UP TO THE CONTRACT REQUIREMENT PACKING WELL PACKING IN CARTON

INVOICE NO.: DF0835

WE TESTIFY THESE GOODS HAVE BEEN PROVEN TO BE IN COMPLANCE WITH THE APPROVED INTERNATIONAL STANDARDS

****

国家质量监督检验检疫总局 青岛出入境检验检疫局 专用章

印章 签证地点 QINGDAO 签证日期 SEP. 21, 2011 签名 李辉

Official Stamp Place of Issue Date of Issue Signature

中华人民共和国出入境检验检疫机关及其官员或代表不承担签发本证书的任何财经责任。

No financial liability with respect to this certificate shall attach to the entry-exit inspection and quarantine authorities of the P.R. of china or to any of its officers or representatives.

报检委托书①

________ 出入境检验检疫局：

本委托人郑重声明，保证遵守出入境检验检疫法律、法规的规定。如有违法行为，自愿接受检验检疫机构的处罚并负法律责任。

本委托人委托受委托人向检验检疫机构提交“报检申请单”和各种随附单据。具体委托情况如下：

本单位将于_____年____月间进口/出口如下货物：

品名		H.S 编码	
数(重)量		合同号	
信用证号		审批文件	
其他特殊要求			

特委托________________(单位/注册登记号)，代理本公司办理下列出入境检验检疫事宜：

□1．办理代理报检手续；

□2．代缴检验检疫费；

□3．负责与检验检疫机构联系和验货；

□4．领取检验检疫证书；

□5．其他与报检有关的相关事宜。

请贵局按有关法律法规规定予以办理。

委托人(公章)：　　　　　　　　受委托人(公章)：

年　月　日　　　　　　　　年　月　日

任务完成心得

出口商品的检验检疫，是国际贸易业务流程中的重要环节。根据我国进出口商品检验检疫的有关规定，凡被列入国家法定检验检疫范围的商品，最迟应于报关或出境装运前 7 天，向货物所在地检验检疫机构申请报检；由内地运往口岸分批、并批的货物在产地办理预检，合格后方可运往口岸办理出境货物的查验换证手续，只有取得检验检疫局出具的货物通关放行单，海关才能放行。在实际业务中，买卖双方往往根据成交货物的种类、性质、有关国家的法律和行政法规、政府的涉外经济贸易政策和贸易习惯等确定卖方应向买方提供所需要的检验证书。在办理报检手续应注意以下事项。

(1) 申请报检时，应填制出境报检申请单，向检验检疫机构申请报检。每份报检单限填一批货物。特殊情况下，对批量小的同一类货物，以同一运输工具运往同一地点，是同一收发货人，同一报关单的几批货物，可填写同一报检单。

① 出口企业向检验检疫机构办理报检业务分自理报检和代理报检。代理报检的，须向检验检疫机构提供委托书，委托书由委托人按检验检疫机构规定的格式填写（见报检委托书）。任务五出口企业自理报检，因此，不用填写报检委托书。

(2) 报检日期按检验检疫机构受理报检的日期填写。报检日期和报检证书的签发日期不得晚于出运日期。

(3) 填制完毕的报检单必须加盖报检单位公章或已经向检验检疫机构备案的报检专用章，报检人签名栏手签，必须是本人手签，不得代签。

任务六　出口商办理出口货物报关业务

任务引入

出口报关单(Export Declaration)是由海关总署规定统一格式和填制规范，由出口企业在装运货物前填制，经海关审核、签发后生效的法律文书。出口报关单是海关依法监管货物出口、征收关税及其他税费、编制海关统计表以及处理其他海关业务的重要凭证。

青岛广源进出口公司在办理出口货物报检手续后，王杰先生缮制出境货物报关单，并随附合同、商业发票、装箱单等单据向青岛海关办理报关。海关核准无误后征收关税，并在出口货物报关单和装货单上加盖放行章，货物才能装运出口。

一、出口货物报关业务流程

按照《中华人民共和国海关法》(以下简称海关法)规定，所有进出境内的货物、物品和运输工具都必须通过设有海关的地方入境或出境，并接受海关的监督，只有经过海关查验放行后，货物才能提取或装运出口。出口货物的发货人除海关特批的以外，应当在装货的 24 小时以前向海关申报。出口货物报关业务流程如图 2.6 所示。

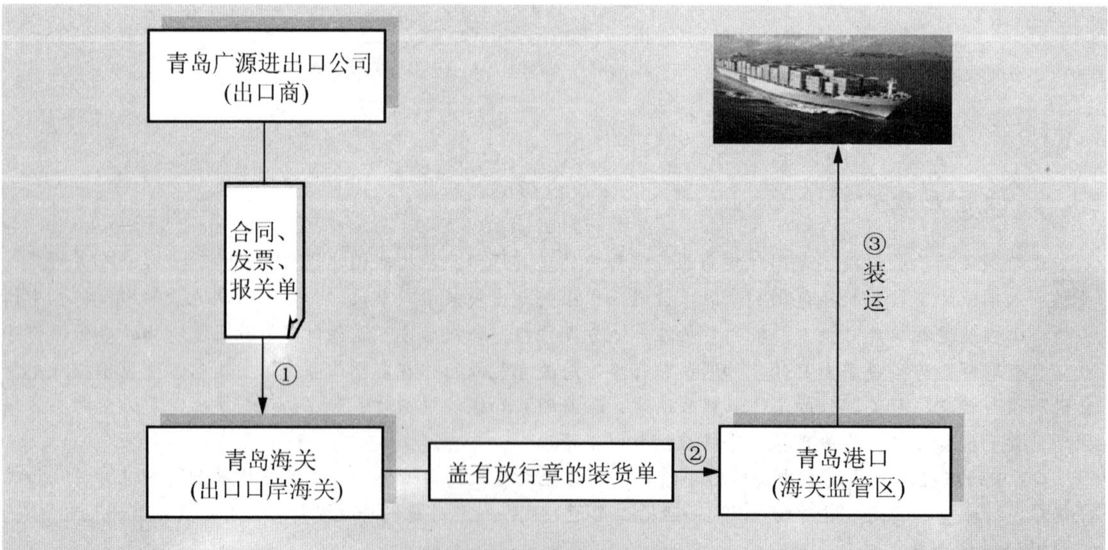

图 2.6　出口报关业务流程

① 出口申报。出口商在规定的时间内填写报关单，并随附商业发票、贸易合同、货物产地证书等有关单证向出口地海关办理报关。出口货物的申报期限为货物运抵海关监管区后，装货的 24 小时以前。

② 海关查验。海关根据《海关法》确定出境货物的性质、价格、数量、原产地、货物状况等是否与报关单上申报的内容相符，海关核准无误后，收讫关税，在报关单和装货单上盖放行章。

③ 缴纳税费，海关放行，装运货物。海关查验货物后核对计算机计算的税费。开具税款缴款书和收费票据，由海关在货运单据上签印放行。出口货物凭此装运启运出境。

阅读资料

为统一进出口货物报关单缮制要求，保证报关单数据质量，我国海关制定了《中华人民共和国海关进出口货物报关单填制规范》，并建立了“H2000通关系统”。按照目前出口商的报关模式，该系统主要是报关行预录入、打印报关单时采用。

H2000通关系统是海关信息化建设的核心工程。通过该系统，海关建立起全国集中式的业务数据库，统一存放各地海关的各项业务数据，可随时调用，使企业在办理各种跨关区进出口业务时享受相关工作便利。采用该系统后，有效解决了转关手续复杂、时间长等问题，可以随时调用业务数据，提高了转关速度。

二、出口货物报关单的内容与缮制方法

根据业务性质的不同，可把报关单分为一般贸易出口货物报关单、进料加工专用报关单、出口退税专用报关单和来料加工、补偿贸易专用报关单。其主要内容大致相同，填制方法略有差异。下面以一般贸易出口货物报关单为例介绍报关单的缮制要求。

1. 预录入编号

预录入编号是指申报单位或预录入单位对该单位填制录入的报关单的编号。预录入编号用于该单位与海关之间引用其申报后尚未批准放行的报关单。报关单录入凭单的编号规则由申报单位自行决定。预录入报关单及EDI报关单的预录入编号由接受申报的海关决定编号规则，计算机自动打印。

2. 海关编号

海关编号是指海关接受申报时给予报关单的编号。海关编号由各海关在接受申报环节确定，应标示在报关单的每一联上。报关单海关编号为9位数码，其中前两位为分关(办事处)编号，第3位由各关自定义，后6位为顺序编号。

3. 出口口岸

根据货物实际出境的口岸，结合《海关口岸代码表》填报相应的口岸海关名称及代码。例如：从天津出口货物，应填“新港海关(0202)”。出口转关运输货物应填报货物出境地海关名称及代码。例如：郑州转关到青岛港的出口货物，出口货物报关单上填报“青岛港(4201)”。若是在我国不同出口加工区之间转让的货物，则填写对方出口加工区海关名称及代码。

4. 备案号

填写出口企业在海关办理加工贸易合同备案或征、减(免)税审批备案等手续时，海关给予的有关备案审批文件的编号(12位数，其中第1位是标记代码)。如为一般贸易，此栏可留空。

5. 出口日期

出口日期是指运载所申报货物的运输工具办妥出境手续的日期，即承运船舶开航日期。本栏目为8位数，年4位，月、日各2位。例如：2011年8月8日应填为“20110808”。出口日期仅供海关打印证明联用，预录入报关单和EDI报关单均不用填报。

6. 申报日期

填写出口货物的发货人或其代理人申请办理报关手续的日期，此栏填写方法同出口日期。除特殊情况外，该日期不得晚于出口日期。

7. 经营单位

经营单位是指对外签订并执行进出口贸易合同的中国境内企业或单位，一般为出口商。本栏应填写经营单位名称及经营单位编码(10位数字，由海关编制，1～4位为行政区划，第5位为经济区划，第6位为企业性质，7～10位为顺序号)。

8. 运输方式

此栏填写载运货物出境的最后运输方式，填写时结合海关规定的《运输方式代码表》(见表2-2)选择填报。例如：水路运输(2)。

表2-2　运输方式代码表

代码	运输方式名称	代码	运输方式名称	代码	运输方式名称
0	非保税区	5	航空运输	H	边境特殊海关作业区
1	监管仓库	6	邮件运输	W	物流中心
2	水路运输	7	保税区	X	物流园区
3	铁路运输	8	保税仓库	Y	保税港区
4	汽车运输	9	其他运输	Z	出口加工区

9. 运输工具名称

填写载运货物出境的运输工具名称或运输工具编号。如属海运，应填写船名及航次(根据配舱回单填写)。一份报关单只允许填报一个运输工具名称。如“Vessel：EAST EXPRESS Voyage：801E”，则运输工具名称栏填“EAST EXPRESS/801E”。

10. 提运单号

填写出口货物提单或运单的编号。一份报关单只允许填报一个提运单号，一票货物有多张提运单时，应分单填写。

11. 发货单位

填写出口货物在境内生产或销售单位的中文名称或海关注册编码。若与经营单位不同，则填写具体的发货单位。

12. 贸易方式(监管方式)

根据实际情况，结合海关规定的《贸易方式代码表》(见表 2-3)，填写贸易方式的简称或代码，如“一般贸易(0110)”。一份报关单只允许填报一种贸易方式。

表 2-3 主要贸易方式代码表

代码	监管方式简称	监管方式全称
0110	一般贸易	一般贸易
0214	来料加工	来料加工装配贸易进口料件及加工出口货物
0513	补偿贸易	补偿贸易
0615	进料对口	进料加工(对口合同)
2025	合资合作设备	合资合作设备企业作为投资进口设备物品
2215	三资进料加工	三资企业为履行出口合同进口料件和出口成品
2225	外资设备物品	外资企业作为投资进口的设备物品
9739	其他贸易	其他贸易
9900	其他	其他

13. 征免性质

根据实际情况，按海关规定的《征免性质代码表》(见表 2-4) 填写征免性质简称或代码，如“一般征税(101)”。一份报关单只允许填报一种征免性质。

表 2-4 主要征免性质代码表

代码	简　　称	全　　称
101	一般征税	一般征税进出口货物
401	科教用品	大专院校及科研机构进口科教用品
502	来料加工	来料加工装配和补偿贸易进口料件及出口成品
503	进料加工	进料加工贸易进口料件及出口成品
601	中外合资	中外合资经营企业进出口货物
602	中外合作	中外合作经营企业进出口货物
789	鼓励项目	国家鼓励发展的内外资项目进口设备
799	自有资金	外商投资额度外利用自有资金进口设备、备件、配件

14. 结汇方式

根据实际情况，结合《结汇方式代码表》(见表 2-5) 填写相应的结汇方式名称或代码。可填写结汇方式代码表中的代码或结汇方式名称或英文缩写。出口货物不需要结汇的，应填写“其他”。

表 2-5 结汇方式代码表

代码	结 汇 方 式	缩　　写	英 文 名 称
1	信汇	M/T	Mail transfer
2	电汇	T/T	Telegraphic transfer
3	票汇	D/D	Remittance by banker's demand draft
4	付款交单	D/P	Documents against payment
5	承兑交单	D/A	Documents against acceptance
6	信用证	L/C	Letter of credit

15. 许可证号

凡应申领出口许可证的货物必须根据许可证如实填写，若没有可不填。一份报关单只允许填写一个许可证号。

16. 运抵国(地区)

填写出口货物直接运抵的国家或地区，一般为进口国。本栏目应按《国别(地区)代码表》(见表 2-6) 填报相应的国别(地区)的中文名称或代码，如“墨西哥(429)”。

表 2-6　主要国别(地区)代码表

代码	中文名(简称)	代码	中文名(简称)	代码	中文名(简称)
110	中国香港	303	英国	502	美国
116	日本	304	德国	601	澳大利亚
121	中国澳门	305	法国	609	新西兰
132	新加坡	307	意大利	701	国(地)别不详的
133	韩国	331	瑞士	702	联合国及机构和国际组织
142	中国	344	俄罗斯联邦	999	中性包装原产国别
143	台澎金马关税区	501	加拿大		

17. 指运港

填写出口货物运往境外的最终目的港。本栏目应根据实际情况按海关规定的《港口航线代码表》选择填写相应的港口中文名称或代码，如“洛杉矶/3154”。

18. 境内货源地

按《国内地区代码表》填写出口货物生产厂家或发货单位所属地区的名称或代码，如“西安(61019)”。

19. 批准文号

填写出口收汇核销单的编号。如出口不需要使用出口收汇核销单的贸易方式的货物，本栏无须填写。

20. 成交方式

根据实际成交贸易条件按《成交方式代码表》(见表 2-7) 填写相应的成交方式名称或代码，如“CIF/1”。无实际出口的，填写 FOB 价。

表 2-7　成交方式代码表

代码	成交方式名称	代码	成交方式名称	代码	成交方式名称
1	CIF	3	FOB	5	市场价
2	CFR(C&F)	4	C&I	6	垫仓

21. 运费

填写该份报关单所含全部货物的国际运输费用。可按运费单价、总价或运费率 3 种方式填报，同时注明运费标记，并按海关规定的《货币代码表》(见表 2-8) 选择填报相应的币种代码。

表 2-8　货币代码表(部分)

代码	币制符号	币制名称	代码	币制符号	币制名称
110	HKD	港币	300	EUR	欧元
116	JPY	日元	303	GBP	英镑
142	CNY	人民币	502	USD	美元

运费标记“1”表示运费费率，“2”表示每吨货物的运费单价，“3”表示运费总价，并注明相应的货币代码。例如：7%的运费率填 7/1，30 美元的运费单价填 502/30/2，9 000 美元的运费总价填 502/9000/3，费率标记“1”可以省略。

22. 保费

填写该份报关单所含全部货物国际运输的保险费用。可按保险费总价或保险费率填写，保险费标记“1”表示保险费率，“3”表示保险费总价，并注明币种代码。例如：3‰的保险费率填报为 0.3/1，2 000 美元保险费总价填 502/2 000/3，费率标记“1”可以省略。运保费合并计算的，运保费填写在运费栏目中，本栏免予填写。

23. 杂费

填写成交价格以外的、应计入完税价格或应从完税价格中扣除的费用，如手续费、佣金、折扣、回扣等。可按杂费总价或杂费率填写，注明杂费标记(杂费标记“1”表示杂费率，“3”表示杂费总价)，并按海关规定的“货币代码表”选择填写相应的币种代码。无杂费时，本栏留空不填。如果是用班轮运输，本栏一般不用填制。

24. 合同协议号

填写本批出口货物的贸易合同(协议)的编号。

25. 件数

填写所申报出口货物实际外包装的总件数。本栏不得填写为零，裸装货和散装货填报为“1”。

动手动脑

某公司以每双 10 美元的价格出口皮鞋 640 双，每双鞋都装入一个纸盒中，而每 16 双鞋装入一个大纸箱中，共计装有 40 个纸箱，然后装入集装箱发运。则 640 双是买卖双方成交的数量，“双”为计算成交数量和价格单位。大纸箱是为了运输方便而使用的包装，它的数量是 40 个纸箱，那么，40 就是件数。

特殊情况填写要求如下：

(1) 舱单件数为集装箱的，填写集装箱个数。

(2) 舱单件数为托盘的，填写托盘数。

26. 包装种类

商品的包装是指包裹和捆扎货物用的内部或外部包装和捆扎物的总称。一般情况下，应以装箱单或提运单据所反映的货物处于运输状态时的最外层包装或称运输包装作为“包装种类”向海关申报，并相应计算件数。

本栏按实际情况填写货物的外包装的种类，如布包、麻袋、纸箱、铁桶、散装等。

27. 毛重(千克)

按实际情况填写出口货物的总毛重。计量单位为千克，不足 1 千克的应填“1”。如货物的毛重在 1 千克以上且非整数，其小数点后保留 4 位，第 5 位及以后略去。本栏不得为空，毛重应大于或等于 1。

28. 净重(千克)

按实际情况填写出口货物的总净重。计量单位为千克，不足 1 千克的应填“1”。填报货物毛重和净重时，如货物重量在 1 千克以上且非整数，其小数点后保留 4 位，第 5 位及以后略去。以毛重作为净重计价的，可填毛重。

29. 集装箱号

填写装运货物的集装箱编号及数量。在填写纸质报关单时，集装箱号以集装箱号+“/”+规格+“/”+自重的方式填报。例如：TEXU3605231/20/2376，表明这是一个 20 英尺集装箱，箱号为 TEXU3605231，自重 2376 千克。非集装箱货物填写为“0”。

30. 随附单据

填写与出口货物报关单一起向海关提交的单证名称与代码，但本栏只填写海关监管的证件或批文的代码和编号，不能填写合同、发票、装箱单、许可证等必备单证。

31. 生产厂家

填写出口货物的境内生产企业的名称，如无法确定可不填。

32. 标记唛码及备注

填写出口货物外包装上的标记唛码及其他说明事项。如所申报货物涉及多个集装箱的，在此填写除第一个集装箱外的其余的集装箱号码。

33. 项号

第一行填写报关单中的商品排列序号；第二行专用于填写加工贸易等已备案的货物在“登记手册”中的项号。

34. 商品编号

填写该商品的 H.S.编码。

35. 商品名称、规格型号

填写实际出口货物的名称及规格的主要项目。通常第一行填写货物规范的中文名称，第二行填写规格型号。贸易方式为一般贸易，备案号为空时，项号填写一行，填写报关单中的商品序号。

36. 数量及单位

填写该货物实际出口的数量及其海关统计的法定计量单位和实际使用的计量单位。分 3

行填写：第 1 行填写海关第一法定计量单位，第 2 行填写海关第二法定计量单位(如无则第 2 行留空)，第 3 行填写成交计量单位，成交计量单位与海关法定计量单位一致时，第 3 行留空。

37. 最终目的国(地区)

填写出口货物的最终实际消费、使用或进一步加工制造的国家或地区名称或代码。本栏应按海关规定的“国别(地区)代码表”选择填写相应的国家(地区)中文名称或代码。

38. 单价

填写同一项号下出口货物实际成交的商品单位价格，无实际成交价格的，本栏填写货值。

39. 总价

填写同一项号下出口货物实际成交的商品总价，无实际成交价格的，本栏填写货值。

40. 币制

根据实际成交情况按海关规定的《币制代码表》选择填写相应的货币名称或代码，如“美元(502)”。

41. 征免

按海关核发的《征减免税方式代码表》(见表 2-9) 中相应的确定的征减免税方式填写。主要征免方式有照章征税、折半征税、全免、特案减免、保证金和保函等。

表 2-9　征减免税方式代码表

代码	征减免税方式	代码	征减免税方式	代码	征减免税方式
1	照章征税	4	特案	7	保函
2	折半征税	5	征免性质	8	折半补税
3	全免	6	保证金	9	全额退税

42. 税费征收情况

此栏留空，供海关对出口货物的税费征收、减免情况进行批注。

43. 录入员

录入员一栏用于预录入和 EDI 报关单，打印录入人员的姓名。

44. 录入单位

录入单位一栏用于预录入和 EDI 报关单，打印录入单位的名称。

45. 申报单位

本栏指报关单左下方用于填写申报单位有关情况的总栏目。

申报单位指对申报内容的真实性直接向海关负责的企业或单位。自理报关的，应填写出口货物的经营单位名称及代码；委托代理报关的，应填写经海关批准的专业或代理报关企业名称及代码。

46. 填制日期

填制日期是指报关单的填制日期。预录入和 EDI 报关单由计算机自动打印。本栏目为 8 位数，顺序为年 4 位，月、日各 2 位。

47. 海关审单批注栏

海关审单批注栏由海关关员手工填写在预录入报关单上。

应用实例

当货运公司通知配舱成功之后，2011 年 9 月 23 日，王杰先生根据相关信息制作备齐出口货物报关单，并随同有关单证，向青岛市海关申请办理报关手续。

中华人民共和国海关出口货物报关单

预录入编号：　　　　　　　　海关编号：

出口口岸	备案号	出口日期	申报日期
青岛海关 4201		2011-09-25	2011-09-23

经营单位 (4204951141)	运输方式	运输工具名称	提运单号
青岛广源进出口公司	水路运输	DAMIN /V.342	SCOISG8645

发货单位	贸易方式	征免性质	结汇方式
青岛广源进出口公司	一般贸易	一般征税	L/C

许可证号	运抵国(地区)	指运港	境内货源地
08AF986541	加拿大	多伦多	山东青岛

批准文号	成交方式	运费	保费	杂费
32A564421	CIF	502/800/3	502/200/3	

合同协议号	件数	包装种类	毛重(千克)	净重(千克)
JY1001	125	箱	2750	2500

集装箱号	随附单据	生产厂家
CRLU1357272/20/2280		青岛市罐头食品有限公司

标记唛码及备注　C.T.C
JY1001
TORONTO
C/NO.1-125

项号	商品编号	商品名称、规格型号	数量及单位	最终目的国(地区)	单价	总价	币制	征免
	2008.800012	甜玉米罐头		加拿大			502	照章征税
01		ART. NO.DC-790	1 000 TINS		12.00	12 000.00		
02		ART.NO.V-456	1 500 TINS		10.00	1 5000.00		

税费征收情况

录入员　录入单位	兹声明以上申报无讹并承担法律责任	海关审单批注及放行日期(签章)
报关员　王杰	申报单位(签章)	审单　审价
单位地址　青岛市宁夏路		征税　统计
		查验　放行
邮编 266000　电话 95115175	填制日期　2011.09.23	

青岛广源进出口公司 ★ 20080729 报关专用章

代理报关委托书[①]

编号：43455457788

____________________：

我单位现______(A、逐票 B、长期)委托贵公司代理______等通关事宜，(A、报关查验　B、垫缴税款　C、办理海关证明联　D、审批手册　E、核销手册　F、申办减免税手续　G、其他)详见《委托报关协议》。

我单位保证遵守《海关法》和国家有关法规，保证所提供的情况真实、完整、单货相符。否则，愿承担相关法律责任。

本委托书有效期自签字之日起至　　　年　　　月　　　日止。

委托方(签章)：

法定代表或其授权签署《代理报关委托书》的人(签字)：

年　　月　　日

委托报关协议

为明确委托报关具体事项和各自责任，双方经平等协议商定协议如下：

<table>
<tr><td>委托方</td><td></td><td>被委托人</td><td colspan="2"></td></tr>
<tr><td>主要货物名称</td><td></td><td>*报关单编号</td><td colspan="2">NO.</td></tr>
<tr><td>H.S 编码</td><td>□□□□□□□□□□</td><td>收到单证日期</td><td colspan="2">年　　月　　日</td></tr>
<tr><td>进出口日期</td><td>年　　月　　日</td><td rowspan="4">收到单证情况</td><td>合同□</td><td>发票□</td></tr>
<tr><td>提单号</td><td></td><td>装箱清单□</td><td>提(运)单□</td></tr>
<tr><td>贸易方式</td><td></td><td>加工贸易手册□</td><td>许可证件□</td></tr>
<tr><td>原产地/货源地</td><td></td><td>其他</td><td></td></tr>
<tr><td>传真号码</td><td></td><td>报关收费</td><td colspan="2">人民币：　　　　元</td></tr>
<tr><td colspan="2">其他要求：</td><td colspan="3">承诺说明：</td></tr>
<tr><td colspan="2">背面所列通用条款是本协议不可分割的一部分，对本协议的签署构成了对背面条款的同意。</td><td colspan="3">背面所列通用条款是本协议不可分割的一部分，对本协议的签署构成了对背面条款的同意。</td></tr>
<tr><td colspan="2">委托方业务签章：

经办人签章：　　　年　　月　　日
联系电话：</td><td colspan="3">被委方业务签章：

经办报关员签章：　　　年　　月　　日
联系电话：</td></tr>
</table>

(白联：海关留存、黄联：被委托方留存、红联：委托方留存)　　　　中国报关协会监制

①《中华人民共和国海关法》将报关单位划分为两种类型，即进出口货物收发货人和报关企业。进出口货物收发货人属于自理报关单位，报关企业则是代理报关单位。如出口企业需要代理报关，需填写代理报关委托书和委托报关协议。任务六出口企业为自理报关单位。

任务完成心得

报关员在填制报关单时，必须做到真实、准确、齐全、清楚，对申报内容的真实性、准确性、完整性、规范性承担相应的法律责任。因此，填写出口货物报关单时，要注意以下几点。

(1) 报关员必须按照《海关法》和《进出口货物报关单填制规范》的有关规定，向海关如实申报。报关单中填报的内容要准确、齐全、完整、清楚，报关单各栏目内容要逐项详细准确填报(打印)，字迹要清楚、整洁、端正，不得用铅笔或红色复写纸填写；若有更正，必须在更正项目上加盖校对章。

(2) 报关单必须真实，做到两个相符：一是单证相符，即报关单与合同、发票、装箱单、提单、批文等相符；二是单货相符，即报关单所列各项内容与实际出口货物情况相符，不允许有伪报、瞒报和虚报等情况存在。

(3) 不同批文或合同的货物、同一批货物中不同贸易方式的货物、不同备案号的货物、不同提运单的货物、不同征免性质的货物、不同运输方式或相同运输方式不同航次的货物，均应分别填写报关单。一份原产地证书只能对应一份报关单。同一份报关单上的商品不能同时享受协定税率和减免税。在一批货物中，对于实行产地证书联网管理的，亦应分单填报。

(4) 在反映进出口商品情况的项目中，商品编号不同、商品名称不同、原产国(地区)/最终目的国(地区)不同的商品须分行填报。

(5) 已向海关申报的出口货物报关单，如原填报内容与实际进出口货物不一致而又有正当理由的，申报人应向海关递交书面更正申请，经海关核准后，对原填报内容进行更改或撤销。

任务七　出口商办理出口货物装运业务

任务引入

海运提单(Bill of Lading,B/L)简称提单，是承运人或其代理人在收到货物后签发给托运人，证明货物已经收到或已装船，并保证将货物运到指定目的港的证明性文件。它具有货物收据、运输合同证明、物权凭证的作用。

在向海关办理申报、接受查验、缴纳税款等手续后，由海关在货运单据上盖放行章放行。货物装船后，船公司向晨阳国际货运代理公司收取运费及有关费用后签发提单确认，青岛广源进出口公司对提单审核无误后确认签章，从船公司获取正本提单，并向进口商 Carters Trading Company, LLC 发出装运通知。

一、出口货物装运业务流程

在 CIF 贸易术语下，出口方要按时安排运输工具，把货物装上装运港船只，及时向进口方发出装运通知，支付运费，并准备移交海运提单。出口货物装运业务流程如图 2.7 所示。

① 港口在载货船只停港前后，向货代公司发送货物集港通知，通知货代公司在规定时间内将货物运至指定码头或集装箱货运站待装，向海关办理报关手续，海关放行后，货物装船。

② 货物装船后，船公司向货代公司收取运费及有关费用后提供提单确认件进行确认。

③ 货代公司向托运人收取运费及有关费用后提供提单确认件并进行确认。

④ 船公司向货代公司或托运人寄送提单正本。

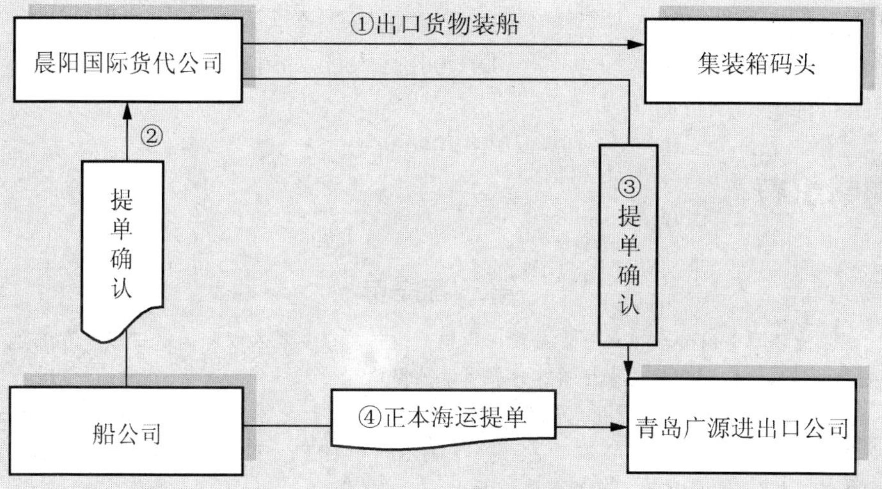

图 2.7　出口货物装运业务流程

阅读资料

海运单≠海运提单　　控制海运单≠控制货物

海运单(Seaway Bill)又称不可转让海运单(Non-negotiable Seaway Bill)具有运输单据的一般功能，它是承运人收到承运货物的收据，是承运人与托运人之间运输契约的证明，但它不是凭以提货的物权凭证。因此，它是一种不可转让的运输单据。这是不可转让海运单与海运提单的根本区别。

海运单的正面各项栏目与海运提单基本相同，但海运单的收货人一栏，只能是确定的收货人，即记名收货人，而不能做成可转让的凭指示(To order)或凭×××指示(To order of ×××)的形式。在货物到达目的地后，收货人不凭海运单提货，承运人也不凭海运单而凭收货人的提货通知或收货凭条交付货物，只要该凭条能证明其为海运单上指明的收货人即可。海运单与记名提单都不可转让，两者区别在于，前者在提货时无须出示，而后者则必须出示。

二、海运提单的内容与缮制方法

海运提单的内容分为固定部分和可变部分。固定部分包括海运提单背面的运输契约以及提单正面承运人或代理人印就的文字说明，这一部分一般不作变更。可变部分主要包括船名、装运港、件数、重量、体积等内容。这些内容根据运输的货物、运输时间、托运人及收货人的不同而变化。

1. 托运人(Shipper)

托运人即委托运输的人，此栏填写托运人的名称和地址。电汇和托收方式下为合同卖方(出口商)的名称和地址；信用证方式下，通常是信用证受益人。除非信用证另有规定，银行亦接受以信用证受益人以外的一方为托运人的海运提单，此种提单称为第三者提单(Third party

B/L)，如以货运代理机构作为托运人。

【练习 2-20】(多项选择题，2009 年试题)

提单发货人(Shipper)一栏内通常可以记载(　　)。

A. 销售合同下的供应商　　B. 代表供应商与承运人签订合同的人

C. 将货物交给承运人的人　　D. 与托运人订立合同的人

E. 买卖合同下的购货商

阅读资料

第三者提单

所谓“第三者提单”(Third Party B/L)是指以出口商或信用证受益人以外的第三者作为托运人的提单。第三者名义即中性名义，因此第三者提单有时也叫中性提单。

根据《UCP600》的规定，除非信用证另有规定，银行将接受表明以信用证受益人以外的一方为托运人的运输单据。但是如果信用证中规定“THIRD PARTY TRANSPORT DOCUMENTS NOT ACCEPTABLE”，则提单的托运人只能是受益人。

2. 收货人(Consignee)

收货人即海运提单的抬头人。信用证项下应按信用证规定填写，托收项下填“ TO ORDER”或“TO ORDER OF SHIPPER”。提单上收货人一栏常见的形式有记名式、不记名式和指示式 3 种(见表 2-10) 。

表 2-10　海运提单的收货人

信用证和合同对提单的要求	提单“收货人”的填写
FULL SET OF B/L CONSIGNED TO ABC CO. (记名抬头)	CONSIGNED TO ABC CO.
FULL SET OF B/L MADE OUT TO ORDER (TO ORDER 凭指示，即空白抬头)	TO ORDER
B/L ISSUED TO ORDER OF APPLICANT (记名指示)	TO ORDER OF ABC CO. (ABC CO.为 APPLICANT 的名称)
FULL SET OF B/L MADE OUT TO OUR ORDER (记名指示)	TO ORDER OF XYZ BANK 或 TO XYZ BANK'S ORDER (XYZ BANK 为开证行名称)
FULL SET OF B/L MADE OUT TO ORDER OF SHIPPER (记名指示，TO ORDER OF SHIPPER 与 TO ORDER 没有区别)	TO ORDER OF SHIPPER

【练习 2-21】(单项选择题，2008 年试题)

“空白抬头，空白背书”提单是指(　　)。

A. 提单正面“Consignee”一栏空白，由托运人在提单背面签字

B. 提单正面“Consignee”一栏空白，无须背书

C. 提单正面“Consignee”一栏填“To Order”，由托运人在提单背面签字

D. 提单正面“Consignee”一栏填写“To Bearer”，无须背书

【练习 2-22】(多项选择题，2008 年试题)。

海运提单做成指示抬头时，提单收货人一栏，可以填写成(　　)。

A. To order of shipper　　B. To order of issuing bank

C. To issuing bank　　D. To order

3. 被通知人(Notify Party/Notify/Addressed to)

提单上的被通知人可以是收货人，也可以是收货人的代理人。托收项下的提单可填合同的买方(进口商)的名称和地址；信用证方式下，应按信用证规定填写，须注明被通知人的详细名称和地址。例如:来证规定“Full set of B/L…notify applicant”，应在本栏目中将开证申请人的全称及地址填上；如信用证无规定时，正本提单可留空不填，但随船的副本提单须填写开证申请人的详细名称和地址。

4. 首程运输工具(Pre-carriage by)

此栏为“多式联运”方式而设，若货物需转运，填写第一程船名；若货物不需转运，则此栏留空。

5. 收货地点(Place of Receipt)

填写实际接收货物的地点，在多式联运提单中有此栏目。在一般海运提单中，如货物需转运，填写收货港名称；无须转运，此栏可留空。

6. 装运港(Port of Loading)

装运港即启运港，应按信用证规定填写。如信用证只是笼统规定“ANY CHINESE PORT”，则应填写实际装运港口的名称，如“Qingdao”。如来证同时列明几个装货港的，如“Xingang/Qinhuangdao/Tangshan”，提单只能填写其中一个实际装运的港口名称。

7. 海运船名(Ocean Vessel)和航次(Voyage No.)

填写实际载货船舶的名称和本次航行的航次。例如：FengQing V.102。没有航次的可以不填航次。

8. 卸货港(Port of Discharge)

卸货港即目的港，应按信用证规定填写。除 FOB 价格条件外，卸货港不能填写笼统的名称，如“European main port”，必须列出具体的港口名称。如国际上有重名港口的，还应加注国别名称。在转船情况下可以在卸货港名称之后加注转船港名称，例如：Rotterdam W/T at HongKong。

9. 交货地点(Place of Delivery)

填写最终目的地名称。如货物的目的地就是目的港的话，此栏留空，也可以填写目的港名称。

10. 提单号码(B/L No.)

提单上必须注明承运人及其代理人规定的提单编号，以便核查，否则提单无效。

11. 签发的提单份数(Nos. of Original B(s)/L)

收货人凭正本提单提货。正本提单的份数应按信用证的要求，在本栏目内用大写(如TWO，THREE 等)注明。每份正本提单的效力相同，凭其中一份提货后，其余各份失效。

【练习 2-23】(判断题)

信用证条款规定“FULL SET OF CLEAN "SHIPPED ON BOARD" OCEAN BILL OF LADING WITH 2 NON-NEGOTIABLE COPIES”，如果信用证要求全套的话，提单的份数栏目，一般填写“THREE”。(　　)

12. 标记与号码，箱号码与封号(Marks &Nos, Container /Seal No.)

提单上的标记、号码应与信用证和其他单据中的唛头一致。若没有唛头，用“N/M”，不能空白。箱号码与封号一栏填写集装箱号码和铅封号。铅封号是海关查验货物后作为封箱的铅制关封号，应如实注明。

13. 箱数与件数(Numbers of Packages or Shipping units)

按货物实际装运情况填写外包装的件数，如“100 bales”、“250 drums”，在栏目下面的空白处或大写栏内加注大写件数，如“SAY ONE HUNDRD BALES ONLY”。散装货可注明“IN BULK”字样，无须列明大写件数。如有多种货物采用多种包装，则应分别列明各种货物的件数和包装种类并加列合计总件数。

14. 货物描述(Description of Goods)

按信用证和发票货名填写，如发票名称过多或过细，提单可填货物的总称，不需要详细列出商品规格，但不能和发票货名相矛盾。

15. 毛重(Gross Weight)

以千克(kg)为单位填写装运货物的毛重，需同装箱单上货物的总毛重一致。如果货物是裸装，没有毛重，只有净重，则在净重前加注“N.W.”。

16. 尺码(Measurement)

以立方米(m^3或 CBM)为单位填写货物的尺码，立方米以下保留小数点后 3 位数。

17. 总包装件数(Total Packages)

由大写英文数字、包装单位和“ONLY”组成，如“SAY ONE HUNDRED CARTONS ONLY”。

18. 运费和费用(Freight and Charges)

除非有特别规定，本栏只填列运费的付费情况，如“Freight Prepaid”或“Freight Collect”，不填具体金额。在信用证中如有规定“FREIGHT TO BE PREPAID”时，提单上不能照打，而应该写成“Freight Prepaid”。

19. 运费支付地(Freight Payable at)

填写实际支付运费的地点。

20. 签单地点及日期(Place and Date of Issue)

签单地点通常为装运地点；签发日期即为装运日期，提单日期应不迟于信用证规定的最迟装运日。签发地点一般是装货港，如不一致，也可以接受。每张提单必须有签发日期。

21. 已装船批注、装船日期、装运日期(Loading on board the vessel date,date,by)

根据《UCP600》规定，如果提单上没有预先印就“已装船(shipped on board)”字样的，则必须在提单上加注装船批注(on board notation)。在实际业务中，提单上一般都预先印就“已装船(shipped on board)”字样，这种提单称为“已装船提单”，不必另行加注“已装船”批注。提单的日期就是装船完毕的日期或装运完毕的日期，此日期不能迟于信用证规定的最迟装运日。

如果提单载有“预期船只”或类似的关于船名的限定语，则需以已装船批注明确发运日期以及实际船名。通常这种提单被称为“收妥备运提单”。对于收妥备运提单，这时需在提单上加注“已装船”的批注，并在旁边显示装船日期，该装船日期即为装运日期，而提单的签发日期不能视作装船日期和装运日期。

【练习 2-24】(单项选择题，2007 年试题)

下列表示“已装船提单”的日期是(　　)。

A. 货于 3 月 10 日送交船公司　　B. 货于 4 月 2 日开始装船

C. 货于 4 月 8 日全部装完　　D. 货于 4 月 28 日抵达日本

22. 承运人或其代理人签字、盖章(Signed for and on behalf of the carrier)

根据《UCP600》规定，提单必须由下列 4 类人员签署证实，即承运人、承运人的具名代理人、船长、船长的具名代理人。

承运人或船长的任何签字或证实，必须表明“承运人”或“船长”的身份。代理人代表承运人或船长签字或证实时，也必须表明代表的委托人的名称或身份，即注明代理人是代表承运人或签字或证实的。

提单必须由承运人或船长或代表他们的具名代理人签发或证实后才能生效。信用证或合同规定手签的必须手签，明确表明其身份。

阅读资料

海运提单种类

提单还可以根据其他标准进行不同的分类。注意：使用预借提单和倒签提单属于违法的欺骗行为，要负法律责任。

(1) 根据货物是否已经装船，分为已装船提单和备运提单。

已装船提单是指船公司已经将货物装上指定船舶后才签发的提单，其特点是提单上必须以文字表明货物已经装某某船上，并载有装船日期，同时还应由船长或者其代理人签字。

备运提单又称收货待运提单，是指船公司已收到托运货物，在等待装运期间所签发的提单。

(2) 根据提单上有无对货物外表状况的不良批注，分为清洁提单和不清洁提单。

清洁提单是指承运人对货物表面状况未加“货物残缺或包装破损”等不良批注的提单，在货物装船时，“表面状况良好”。如果信用证没有特别规定，所提交的提单必须是清洁的。

不清洁提单是指轮船公司在提单上对货物表面状况有包装不良或存在缺陷等批注的提单。

(3) 按提单签发时间不同，可分为预借提单、过期提单和倒签提单。

预借提单是指因信用证装运日期和交单期都已到期，而货物因故尚未装船或已开始装船尚未完毕，在这种情况下，托运人为了交单结汇向承运人或承运人代理人提出预先签发已装船提单，这种行为称为预借，预借的提单称为预借提单。

过期提单是指出口商取得提单后未能及时交到银行，过了银行规定的结汇期限而形成过期提单。按照《UCP600》规定，凡超过装运日期 21 天后提交的单据即为过期提单，一般银行不予以接受。

倒签提单是指在货物装船完毕后，承运人或其代理人应托运人的要求，由承运人或其代理人签发提单，但提单上的签发日期早于该批货物实际装船完毕的日期，以符合信用证装运期的规定。这种倒填日期签发的提单为倒签提单。

(4) 按运输方式的不同，可以分为直达提单、转船提单和联运提单。

直达提单是指轮船中途不经过换船而直接驶往目的港卸货所签发的提单，凡信用证规定不准转船者，必须使用这种提单。

转船提单是指从装运港装货的轮船，不直接驶往目的港，而需要在中途换装另外船舶所签发的提单。

联运提单是指经过海运和其他运输方式组成联合运输时由第一程承运人所签发的包括全程运输的提单。联运提单虽包括全程运输，但签发联运提单的承运人一般只承担他负责运输的一段航程内的责任。

【练习 2-25】(单项选择题，2005 年试题)

联运提单的签发人(　　)。

A. 对运输的全程负责　　B. 只对第一程运输负责

C. 接受第二程运输承运人的委托向原货主负责　　D. 只对第二程运输负责

阅读资料

提 单 背 书

提单应按照信用证的具体要求进行背书。一般信用证要求提单进行空白背书 ("bill of lading...endorsed in blank." or "bill of lading...blank endorsed.") 的比较多见。

对于空白背书，只需要背书人签章并注明背书的日期即可。例如：

ABC IMPORT&EXPORT CO.(签章)

December 11,2011

有时信用证也要求提单作记名背书，此时则应先写上被背书人的名称，然后再由背书人签署并加盖公章，同时注明背书的日期。例如：

Endorsed to: DEF CO.或 Delivered to DEF CO.

ABC IMPORT&EXPORT CO.(签章)

December 11,2011

相关知识

信用证中有关海运提单条款的示例

Full set 3/3 originals plus 3 non-negotiable copies clean on board ocean B/L consigned to order and blank endorsed,marked"Freight Prepaid" showing shipping agency at destination,Notify Applicant and evidence the goods have been shipped by full container load.

全套3份正本和3份副本清洁已装船提单，空白抬头、空白背书，运费预付，开证申请人作为通知人，并注明目的港船代的名称及货物已由整箱装。

Full set of clean on board marine bills of lading to the order of the L/C issuing bank marked "Freight to collect",notify openers evidencing shipment from any Chinese port to London.

全套清洁已装船提单，以开证银行为抬头人，注明运费到付，通知开证申请人，证明货物从中国港口运至伦敦。

三、装运通知的内容与缮制方法

装运通知(Shipping Advice)，又称装运声明(Shipping Statement)，是指发货人在货物装运后，把装运的情况通知给进口方，以便对方及时办理保险或做好进口提货的准备。

按照国际惯例，在FOB术语条件下，一般卖方应在约定装运期前20天向买方发出装运通知，将预计货物备妥时间通知买方，以便买方预先安排船只或指定货运代理或安排预定仓位，同时也便于买方为进口货物办理保险；在CIF术语条件下，一般卖方应在货物装船后3个工作日内向进口商发出装运通知。装运通知的内容与缮制要求说明如下。

1. 出口商的名称和地址(Name & address of exporter)

本栏填写出口公司的名称和详细地址。

2. 单据名称 (Name of documents)

本栏按照信用证的要求填写单据名称。

3. 抬头(Title)

本栏填写进口商名称及地址。

4. 出单日期(Date)

本栏填写装运通知签发日期。

5. 发票号码(Invoice No.)

本栏填写此笔交易对应的商业发票号码。

6. 信用证号码和合同号码(L/C No.,S/C No.)

本栏填写此笔交易对应的信用证号码和合同号码。

7. 商品名称(Description of Goods)

本栏填写所装运的货品内容，应按实际情况填写。

8. 货物数量(Quantity)

本栏填写货物数量，需与商业发票所记载数量相同。

9. 货物总价(Invoice total amount)

本栏填写商业发票所记载的货物总值。

10. 船名(Vessel)

本栏填写装运货物的船名与航次，需与海运提单一致。

11. 提单号码(B/L No.)

本栏填写相关提单的号码。

12. 装运港和目的港(Port of loading,Port of discharge)

本栏填写货物的起运港和目的港，需与 B/L 一致。

13. 装船日期(On board date)

本栏填写货物实际装船日期。

14. 估计到达的时间(E.T.A)

本栏填写货物到达目的港的预计日期。

15. 受益人签字盖章(Signature)

本栏填写出口公司的名称并由法人代表或经办人签字。

相关知识

信用证中有关装运通知条款的示例

Original fax from beneficiary to our applicant evidencing B/L number,name of ship,shipment date,quantity and value of goods.

正本受益人发给开证人传真，证明提单号码、船名、开行日期、数量和货物价值。

Beneficiary must cable advise the applicant for the particulars before shipment effected and a copy of such advice should be presentation for negotiation.

受益人必须在装运前电报通知开证申请人装运细节，一份这样的电报通知副本须提交议付。

四、受益人证明的内容与缮制方法

受益人证明(BENEFICIARY'S CERTIFICATE)又称出口商证明，是一种由受益人自己出具的证明，以便证明自己履行了信用证规定的任务或证明自己按信用证的要求办事，如证明所交货物的品质、证明运输包装的处理、证明按要求寄单等。一般无固定格式，内容多种多样，以英文制作，通常签发一份。

受益人证明的内容一般包括单据名称、出证日期与地点、抬头人、事由、证明文句、受益人名称及签章等，其缮制要点如下。

1. 出口公司的名称与地址

信用证支付方式下应与信用证受益人的名称、地址完全相同。托收方式下与出口商的名称和地址一致。

2. 单据名称

单据名称位于单据正上方，可根据来证要求确定具体名称，如“BENEFICIARY'S CERTIFICATE”(受益人证明)、“BENEFICIARY'S STATEMENT”(受益人声明)或“BENEFICIARY'S DECLARATION ”(受益人申明)。

3. 出证日期

按照实际签发日期填写。一般而言，需与所证明的内容相匹配，根据需证实的内容而定，但必须在信用证规定的范围内。例如：海运提单日期是 9 月 12 日，来证要求“Beneficiary's certificate certify that one of set of non-negotiable shipping documents to be airmail to the applicant within 2 days after the shipment date”，则受益人证明不能早于 9 月 12 日，也不能晚于信用证规定的交单期。

4. 抬头人

类似这样的公开证明或申明，一般都填写笼统的抬头人，即“TO WHOM IT MAY CONCERN”(致有关人士)。

5. 事由

一般填写发票号或合同号。

6. 证明文句

此项内容必须对应信用证要求填写。例如：信用证规定“Beneficiary's certificate certifying that packing should be effected in 25kgs/ctn box,line with waterproof paper”，则受益人证明应该做成“We certify that the goods under L/C***have been packed in 25kgs/ctn box and lined with waterproof paper”。

7. 受益人名称及签章

受益人证明一般不分正副本，如来证要求正本，可在单据名称正下方打上“ORIGINAL”字样。证明的右下方必须有受益人即出口公司的名称与签章才能生效。

相关知识

信用证中有关受益人证明条款的示例

Copy of letter from beneficiary to our applicant evidencing a non-negotiable bill of lading together with copy of other documents were sent directly to them after one day from shipment date.

一张受益人发给开证人的证明信，证明一份非议付提单和其他单据一起已经在装船后一天内直接寄给开证人了。

A statement from the beneficiary evidencing that packing effected in 25kg/ctn box.

一份受益人证明书，证明货物包装在每只 25 千克的箱子内。

应用实例

2011 年 9 月 25 日，在确认货物安全离港后，王杰先生向进口商发出装运通知。2011 年 9 月 26 日，王杰收到货运代理寄来的海运提单。在此之前，他已经收到提单确认件并经过了核对。

Shipper QINGDAO GUANGYUAN IMPORT&EXPORT CORPORATION 112 NINGXIA ROAD QINGDAO CHINA	B/L NO. SCOISG8645 ***ORIGINAL*** **COSCO** **中国远洋运输(集团)总公司** **CHINAOCEASHIPPING (GROUP)CORPORATION**
Consignee or order TO ORDER OF SHIPPER	
Notify address CARTERS TRADING COMPANY,LLC 101 QUEENS QUAY WEST TORONTO CANADA	**Port-to-Port or Combined Transport** **BILL OF LADING** SHIPPED on board in apparent good order and condition (unless otherwise indicated) the goods or packages specified herein and to be discharged or the mentioned port of discharge of as near there as the vessel may safely get and be always afloat. THE WEIGHT, measure, marks and numbers quality, contents and value, being particulars furnished by the Shipper, are not checked by the Carrier on loading. THE SHIPPER, Consignee and the Holder of this Bill of Lading hereby expressly accept and agree to all printed, written or stamped provisions, exceptions and conditions of this Bill of Loading, including those on the back hereof. IN WITNESS where of the number of original Bill of Loading stated below have been signed, one of which being accomplished, the other(s) to be void.

Pre-carriage by	Port of loading QINGDAO
Vessel DAMIN V.342	Port of transshipment
Port of discharge TORONTO	Final destination

Container, Seal No. or marks and Nos.	Number and kind of packages Designation of goods	Gross weight (KGS.)	Measurement (m^3)
C.T.C JY1001 TORONTO C/NO.1-125 CONTAINER ON. CRLU1357272 SEAL NO.006789	CANNED SWEET CORN SAY ONE HUNDRED AND TWENTY FIVE (125) CARTONS ONLY FREIGHT PREPAID CLEAN ON BOARD CY-CY	2750KGS	25m^3

Freight and charge	Revenue Tons	Rate	Per	Prepaid	Collect
FREIGHT PREPAID					

Ex. rate	Prepaid at	Fright payable at QINGDAO	Place and date of issue QINGDAO SEP.25, 2011
	Total Prepaid	Number of original Bs/L THREE	Signed for or on behalf of the Master 杨宏 as Agent

青岛广源进出口公司

QINGDAO GUANGYUAN IMPORT &EXPORT CORPORATION

112 NINGXIA ROAD QINGDAO CHINA

SHIPPING ADVICE

TEL：(0532) 95115175　　　　INV. NO： DF0835

FAX：(0532) 95115176　　　　S/C NO： JY1001

L/C NO: LGU-02156

TO MESSRS:　　　　DATE: : SEP.25, 2011

CARTERS TRADING COMPANY,LLC

101 QUEENS QUAY WEST TORONTO CANADA

DEAR SIRS:

WE HEREBY INFORM YOU THAT THE FOLLOWING MENTIONED GOODS HAVE BEEN SHIPPED. THE DETAILS OF THE SHIPMENT ARE STATED BELOW:

COMMODITY: CANNED SWEET CORN

NUMBER OF CTNS: 125 CARTONS

TOTAL GROSS WEIGHT: 2750KGS

TOTAL NET WEIGHT: 2500KGS

OCEAN VESSEL: DAMIN V.342

B/L NO.: SCOISG8645

PORT OF LOADING: QINGDAO PORT

DATE OF DEPARTURE: SEP.25, 2011

DESTINATION: TORONTO PORT

SHIPPING MARKS

C.T.C

JY1001

TORONTO

C/NO.1-125

青岛广源进出口公司

QINGDAO GUANGYUAN IMPORT &EXPORT CORPORATION

王杰

123456789

QINGDAO GUANGYUAN IMPORT &EXPORT CORPORATION

112 NINGXIA ROAD QINGDAO SHANDONG PROVINCE CHINA

TEL：(0532) 95115175　　　FAX：(0532) 95115176

BENEFICIARY'S CERTIFICATE

INVOICE NO.：DF0835

L/C NO.：LGU-02156

DATE：SEP. 26,2011

TO WHOM IT MAY CONCERN

We hereby certify that one copy of invoice,of packing list,of insurance policy/certificate and one copy of B/L have been sent directly to the Applicant immediately after shipment date by DHL(tracking No.:H11456012) .

QINGDAO GUANGYUAN IMPORT &EXPORT CORPORATION

任务完成心得

海运提单(Bill of Lading,B/L)简称提单，是承运人或其代理人在收到货物后签发给托运人，证明货物已经收到或已装船，并保证将货物运到指定的目的港的证明性文件。它具有货物收据、运输合同证明、物权凭证的作用。在缮制海运提单时应注意以下事项。

(1) 收货人。如要求记名提单，则可填上具体的收货公司或收货人名称；如属指示提单，则填为“指示”(ORDER)或“凭指示”(TO ORDER)；如需在提单上列明指示人，则可根据不同要求，做成“凭托运人指示”(TO ORDER OF SHIPPER)，“凭收货人指示”(TO ORDER OF CONSIGNEE)或“凭银行指示”(TO ORDER OF XX BANK)。

(2) 被通知人。这是船公司在货物到达目的港时发送到货通知的收件人，有时为进口商。在信用证项下的提单，如信用证上对提单被通知人有具体规定时，则必须严格按信用证要求填写。如果是记名提单或收货人指示提单，且收货人又有详细地址的，则此栏可以不填。如果是空白指示提单或托运人指示提单，则此栏必须填写被通知人名称及详细地址，否则船方就无法与收货人联系，收货人也不能及时报关提货，甚至会因超过海关规定申报时间被没收。

(3) 卸货港。填写货物实际卸下的港口名称。如属转船，第一程提单上的卸货港填转船港，收货人填二程船公司；第二程提单装货港填上述转船港，卸货港填最后目的港。如由第一程船公司出联运提单(THROUGH B/L)，则卸货港即可填最后目的港，提单上列明第一和第二程船名。如经某港转运，要显示“VIA ××”字样。在运用集装箱运输方式时，目前使用“联合运输提单”(COMBINED TRANSPORT B/L)，提单上除列明装货港，卸货港外，还要列明“收货地”(PLACE OF RECEIPT)，“交货地”(PLACE OF DELIVERY)以及“第一程运输工具”(PRE-CARRIAGE BY)，“海运船名和航次”(OCEAN VESSEL，VOY. NO.)。填写卸货港，还要注意同名港口问题，如属选择港提单，就要在这栏中注明。

(4) 运费和费用。一般为预付(FREIGHT PREPAID)或到付(FREIGHT COLLECT)。如 CIF 或 CFR 出口，一般均填上运费预付(FREIGHT PREPAID)字样，千万不可漏列，否则收货人会因运费问题提不到货，虽可查清情况，但拖延提货时间，也将造成损失。如系 FOB 出口，则运费可制作“运费到付”(FREIGHT COLLECT)字样，除非收货人委托发货人垫付运费。

任务八　出口商办理交单结汇业务

任务引入

出口商完成了货物的交付后，就要着手结算货款。在出口业务中制作好汇票、发票、装箱单等，并及时从相关机构获取提单、保险单、产地证书、商检证书等单据。单据制作完成后，要在规定的交单到期日或以前，将各种单据和必要的凭证送交指定的银行办理付款、承兑或议付手续，向银行进行结汇。

青岛广源进出口公司完成了货物的交付后，就要着手办理交单结汇。为此，王杰先生缮制汇票，在规定的交单到期日之前，将各种单据和必要的凭证送交指定的银行办理付款、承兑或议付手续，向银行办理交单结汇业务。

一、办理交单结汇业务流程

在国际贸易中，出口商最关心的是能否安全、迅速地收到货款。因此，出口商完成结汇单证的缮制后，在规定的期限内持有关单证到银行办理交单结汇业务。办理交单结汇业务流程如图 2.8 所示。

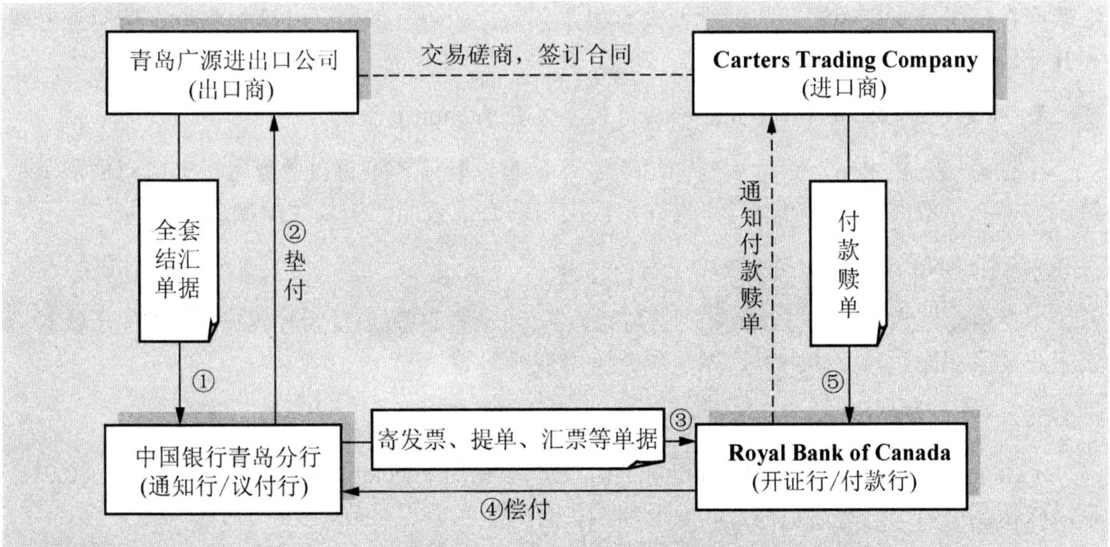

图 2.8　办理交单结汇业务流程

① 出口商(信用证受益人)在规定时间内向议付行提交信用证规定的全套单据。

② 议付行审查单据符合信用证条款后接收单据并付款，若单证不符，可以拒付。

③ 议付行将单据寄送开证行或指定的付款行，向其索偿。

④ 开证行收到单据后，应核对单据是否符合信用证要求，如正确无误，即应偿付议付行代垫款项，同时通知开证申请人备款赎单。

⑤ 进口商付款赎单，如发现不符，可拒绝赎单。

二、汇票的内容与缮制方法

汇票是出票人签发的，委托付款人在见票时或者在指定日期无条件支付确定的金额给收款人或持票人的票据。汇票属于资金单据，它可以代替货币进行流通或转让。因此，汇票是一种很重要的有价证券。为了防止丢失，一般汇票都有两张正本，即 First Exchange 和 Second Exchange。根据票据法的规定，两张正本汇票具有同等效力。因此，付款人付一不付二，付二不付一，先到先付，后到无效。银行在寄送单据时，一般也要两张正本汇票分为两个邮次向国外寄发，以防在邮程中丢失。信用证结算方式下的汇票缮制，不仅要严格符合信用证的要求，还要符合汇票的规范制法。汇票每栏具体缮制方法如下。

1. 汇票名称(Name)

汇票上应明确标明“BILL OF EXCHANGE”(汇票)字样，也可以使用“EXCHANGE”或“DRAFT”，一般已印妥。

2. 出票条款(Drawn under)

出票条款又称出票依据，即开具汇票的依据。出票条款是说明开证行在一定的期限内对汇票的金额履行保证付款责任的法律依据，是信用证项下的汇票不可缺少的重要内容之一。

在信用证支付方式下，开立汇票的依据自然是信用证，这一条款表示“依据××开证银行第××号信用证而开立这张汇票(Drawn under ××L/C NO.××DATE××)”。信用证下的汇票应按信用证规定填写，如信用证没有出票条款，应填写信用证开证行名称、信用证号码和开证日期。

3. 年息条款(Payable with interest@______% Per annum)

年息条款一栏由结汇银行填写，用于清算企业与银行之间的利息费用，出口商可留空不填。如果交易双方对此项内容已事先约定，出口商必须按照约定要求填制此栏。

4. 号码(No.)

本栏由出票人自行编号填入，通常与相应的(同一笔业务的)发票号码一致，以便于核对汇票中与发票相同和相关的内容，如金额、信用证号码等。

5. 小写金额(Amount in Figures)

汇票小写金额一般用货币缩写和阿拉伯数字写在“Exchange for”后，如 USD68080.01。金额数保留小数点后两位，不得涂改或加盖校对章，且大小写数量要一致。

6. 出票地点及日期(Place and Date of Issue)

出票地点涉及汇票适用法律。信用证项下出票地点一般为议付行或出口商所在地，通常此项已事先印就于汇票上，无须填写。信用证项下一般以议付交单日期为汇票的出票日期，通常委托议付行在办理议付交单时代为填写，汇票的出票日期不得早于随附的各种单据的出单日期，同时不得晚于信用证规定的有效期和最迟交单期限。

7. 付款期限(Tenor)

付款期限在各国票据中都认为它是票据的重要项目，一张没有确定期限的汇票是无效的。

在缮制汇票付款期限时，应按照信用证的规定填写，即期汇票的要打上“*****”(At****Sight)或“××××”；如信用证规定开具远期汇票，应在“At”后面打上付款期限。根据起算日期的不同，汇票的主要付款期限主要有以下几种。

(1) 见票后××天付款，填上“At ××days after Sight”，即以付款人见票承兑日为起算日，××天后到期付款，如“At 30 days after Sight”。

(2) 出票后××天付款，填上“At ××days after date”，即以汇票出票日为起算日，××天后到期付款，将汇票上印就的“Sight”划掉，如“At 30 days after date ~~Sight~~”。

(3) 提单日后××天付款，填上“At ××days after B/L date”，即以提单签发日为起算日，××天后到期付款，将汇票上印就的“Sight”划掉，如“At 30 days after B/L date ~~Sight~~”。

(4) 某指定日期付款，指定×××年××月××日为付款日，如“On May.25,2011”。汇票上印就的“Sight”应划掉，上例中的日期可写成“At On May.25,2011 ~~Sight~~”。这种汇票称为“定期付款汇票”或“板期汇票”。

【练习 2-26】(单项选择题，2011 年试题)

某公司签发一张汇票，上面注明“AT 90 DAYS AFTER SIGHT”，这张汇票是(　　)。

A. 即期汇票　　B. 银行汇票　　C. 远期汇票　　D. 无效汇票

阅读资料

汇票到期日的计算

计算汇票到期日的方法各国票据法的规定大致相同，具体如下。

(1) 算尾不算头。例如：见票日为 3 月 15 日，付款期限为见票日后 30 天，则应从 3 月 16 日起算 30 天，到期日为 4 月 14 日。

(2) 节假日顺延。见票日为 3 月 15 日，付款期限为见票日后 30 天(4 月 14 日)，如果 4 月 14 日为银行节假日，则付款期限应延至下一个银行营业日。

(3) 月为日历月，以月为单位计算付款期限的，指日历上的月份，不考虑每月的具体天数。如汇票规定见票后 3 个月付款，见票日为 3 月 15 日，到期日应为 6 月 15 日。

(4) 到期日无相同日期即为月末，如见票日为 1 月 31 日，见票后 1 个月、2 个月、3 个月付款，到期日应分别为 2 月 28 日(如遇闰年，则为 29 日)、3 月 31 日、4 月 30 日。

(5) 《UCP600》第 3 条中关于日期计算的解释如下。

“于或约于”(on or about)或类似词语将被视为规定事件发生在指定日期的前后 5 个日历日之间，起讫日期计算在内。

“至(to)”、“直至(until till)”、“从…开始(from)”及“在…之间(between)”等词用于确定发运日期时包含提及的日期，使用“在…之前(before)”及“在…之后(after)”时则不包含提及的日期。

“上半月(first half)”和“下半月(second half)”应分别理解为自每月“1 日至 15 日”和“16 日至月末最后一天”，包括起讫日期。

“月初(beginning)”、“月中(middle)”及“月末(end)”分别理解为每月 1 日至 10 日、11 日至 20 日和 21 日至月末最后一天，包括起讫日期。

【练习 2-27】(单项选择题)

如果信用证规定汇票的期限为 30 DAYS FROM DATE OF LADING，提单日期为 MARCH 1ST，2005，则根据《国际银行标准实务》，汇票的到期日为(　　)。

A. 2005 年 3 月 30 日　　B. 2005 年 3 月 31 日
C. 2005 年 3 月 20 日　　D. 2005 年 4 月 1 日

8. 受款人(Payee)

受款人也称收款人，一般是汇票的抬头人(Pay to the order of...)，是出票人指定的接受票款的当事人，有的是以出口商或以其所指定的第三者为受款人。在国际票据市场上，汇票的抬头人通常有 3 种写法。

(1) 指示性抬头。指示性抬头的汇票可经持票人背书后转让，在实际业务中最为常用，表示为“付给……或其指定人”，如“Pay to the order of.../Pay to...or order”。通常，在信用证支付方式下填议付行名称。

(2) 限制性抬头。限制性抬头汇票不能转让，只有指定的受款人才有权收款，表示为“仅付给……公司(Pay to...Co. only)”或“付给……公司，不准转让(Pay to...Co. not transferable)”。

(3) 持票人或来票人抬头。持票人或来票人抬头汇票无须背书，交付即可转让，风险很大，极少使用，表示为“付给来人(Pay to bearer)”或“付给持票人(Pay to holder)”。

【练习 2-28】(单项选择题，2011 年试题)

根据我国票据法规定，使用(　　)抬头汇票无效。

A．Pay to ××× only　　B．Pay to ××× order
C．Pay to the order of×××　　D．Pay to bearer

阅读资料

信用证项下的受款人

在信用证业务中，要按照信用证的规定填写，若信用证没有特别规定，应以议付行为受款人。常见信用证对汇票的受款人一般有 3 种做法。

(1) 来证规定由中国银行指定或其他议付行指定或来证对汇票受款人未做明确规定，通常汇票的受款人应打上“Pay to the order of Bank of China”(由中国银行指定)。

(2) 当来证规定由开证行指定时，在汇票的这一栏目应打上“Pay to the order of...Bank”(开证行的名称)。

(3) 当来证规定由偿付行指定时，在汇票的这一栏目应打上“Pay to the order of...Bank”(偿付行的名称)。

9. 汇票大写金额(Amount in Words)

在汇票“the sum of”后按小写金额用大写英文表示，由货币名称和文字组成，大写金额以货币全称的复数形式填写，习惯上句首加“SAY”并在文字金额后面加上“ONLY”，以防止涂改。例如：USD5606.50 可写成“the sum of SAY U.S.DOLLARS FIVE THOUSAND SIX HUNDRED AND SIX AND FIFTY CENTS ONLY”或“the sum of SAY U.S.DOLLARS FIVE THOUSAND SIX HUNDRED AND SIX POINT FIVE ZERO ONLY”。

10. 付款人(Drawee)

汇票付款人即受票人，此栏在汇票中一般用“此致……(To...)”表示，一般位于汇票的左下角，包括付款人的名称和地址。信用证结算方式下，付款人必须按照信用证规定填制，通常为开证行。

阅读资料

信用证项下的受票人

信用证项下的汇票，付款人应是开证行或信用证指定的付款行，填制汇票的一般做法如下。

(1) 当信用证规定须开立汇票而又未明确规定付款人时，应理解为开证行就是付款人，从而填写开证行的名称和地址。

(2) 当信用证的条款为“DRAFTS DRAWN ON APPLICANT”时，应填写该信用证的开证申请人的名称及地址。《UCP600》规定，不应开立以申请人为付款人的汇票，如开立此种汇票仅视为附加单据，不能作为金融单据。因此，若遇此类情况应要求买方修改信用证。

(3) 当信用证要求为“DRAWN ON US”时，应理解“US”为开证行名称及地址。

11. 出票人签章(Signature of the Drawer)

一般情况下，出票人即信用证受益人。本栏为签发汇票的人，要写明全称和详细地址。出票人必须在汇票右下角签字盖章(即企业法人代表及带企业全称的印章)才能生效，表示出票人对此票据承担责任。其签章必须与其他单据签章一致。

【练习 2-29】(多项选择题，2007 年试题)

根据《中华人民共和国票据法》，汇票上必须记载的事项包括(　　)。

A．确定的金额　B．出票日期　C．付款人姓名　D．汇票编号　E．付款项目

相关知识

信用证中有关汇票条款的示例

Credit available with any bank by negotiation against beneficiary's draft at sight drawn on issuing bank.

凭以开证行为付款人的即期汇票在任何银行议付都有效。

All drafts must be marked"Drawn under the Royal Bank of Canada,L/C No.ASP2010011,date 20120111."

所有汇票上必须标明开证行为 Drawn under the Royal Bank of Canada，信用证号码为 ASP2010011，开证日期为 2012 年 1 月 11 日。

By negotiation against the documents details herein a beneficiary's draft at 30 days after sight with ABC Bank Group LTD.

凭下列单据以及付款人为 ABC Bank Group LTD 且见票后 30 天付款的远期汇票议付。

应用实例

2011 年 10 月 5 日，王杰先生主要根据信用证条款填写汇票并转交公司总经理李莉莉女士签字。汇票原则上可以由出口商自行缮制，但在实际业务中，出口商常向交单银行领取印就的汇票，按格式进行填制，汇票格式虽有不同但主要内容基本一致。

BILL OF EXCHANGE

凭 Drawn Under **ROYAL BANK OF CANADA** 不可撤销信用证 Irrevocable L/C No. **LGU-02156**

日期 Date **AUG.11,2011** 支取 Payable With interest @ % 按 息 付款

号码 No. **DF0835** 汇票金额 Exchange for USD27000.00 青岛 QINGDAO 日期 Date OCT**.05, 2011**

见票 at ****** 日 后 (本 汇 票 之 副 本 未 付) sight of this FIRST of Exchange (Second of Exchange Being unpaid)

付 交 Pay to the order of **BANK OF CHINA QINGDAO BRANCH**

金额 the sum of SAY U.S. DOLLARS TWENTY SEVEN THOUSAND ONLY.

此致

To **ROYAL BANK OF CANADA**

1705 MARINE DRIVE TORONTO,CANADA

青岛广源进出口公司 123456789

(Authorized Signature) 李莉莉

BILL OF EXCHANGE

No. **DF0835**

For **USD 27 000.00** (amount in figure) **QINGDAO, OCT.05, 2011** (place and date of issue)

At ************* sight of this FIRST Bill of exchange (SECOND being unpaid)

pay to **BANK OF CHINA QINGDAO BRANCH** or order the sum of

SAY U.S. DOLLARS TWENTY SEVEN THOUSAND ONLY.

(amount in words)

Value received for 125 CARTONS (quantity) of CANNED SWEET CORN (name of commodity)

Drawn under **ROYAL BANK OF CANADA**

L/C No. **LGU-02156** dated **AUG.11,2011**

To:

ROYAL BANK OF CANADA

1705 MARINE DRIVE TORONTO,CANADA

For and on behalf of

青岛广源进出口公司 123456789

(Signature) 李莉莉

任务完成心得

汇票是出票人签发的，委托付款人在见票时或者在指定日期无条件支付确定的金额给收款人或者持票人的票据。它可以替代货币进行流通或转让。缮制汇票时应注意事项如下。

(1) 正确理解和把握汇票的付款期限。如果信用证中要求汇票为 at sight/on demand/on presentation 或对种类没有具体规定时，一定制作并提交即期汇票，因为要求远期汇票则必须明确有关期限、期限起算日及到期日期。计算远期汇票的起始时间的方法有定日付款、出票后定期付款、见票后定期付款、提单日/交单日/其他特定日后付款等。对远期汇票中标明“30 days after sight of draft”和“30 days after date of draft”的规定加以区别：前者指付款人见票承兑后 30 天付款，后者指汇票出票日后起 30 天付款。

(2) 货款支付采用部分托收、部分信用证时应注意的问题。货款支付采用部分托收、部分信用证时，应制作两张汇票，各按相应规定填制，两者之和等于发票金额；信用证项下的汇票，如证内没有规定，则应与发票额相同，如规定为发票额的一定百分比，则按规定填写。托收条件下的汇票须在出票依据栏内其他位置加注“For Collect”字样。

(3) 汇票金额应注意的问题。汇票金额不得超过信用证金额，来证金额如有“About”字样，则允许有 10% 的增减幅度。

(4) 汇票受款人未作明确规定时应注意的问题。来证对汇票受款人未作明确规定时可以在汇票的受款人栏填写“Pay to the order of Bank of China”(由中国银行指定)，也可以填写本公司外汇基本账户开户行。

(5) 特殊条款的处理。虽然汇票上没有特殊条款一栏，但如信用证上规定汇票中有特殊条款就打印在右上角空白处。例如：来证要求“The number of B/L must be in the draft”，此时应在汇票右上角打上“The number of B/L is ×××”。

综合技能实训

1. 审核信用证

基本要求：

请以单证员的身份，根据销货合同对信用证进行审核，将不符点列出，并提出改正要求。

业务资料：

(1) 合同资料。

销 货 合 同

SALES CONTRACT

卖方　DESUN TRADING CO., LTD.　　编号 NO.:NEO2001026

SELLER:　HUARONG MANSION RM2901 NO.85　　日期 DATE:Feb. 28, 2012

GUANJIAQIAO,NANJING 210005, CHINA　　地点 PLACE NANJING,

TEL: 0086-25-4715004　FAX: 0086-25-4711363　　SIGNED IN: CHINA

买方　NEO GENERAL TRADING CO.

BUYER:　P.O. BOX 99552, RIYADH 22766, KSA

TEL: 00966-1-4659220　FAX: 00966-1-4659213

买卖双方同意以下条款达成交易：

This contract Is made by and agreed between the BUYER and SELLER, in accordance with the terms and conditions stipulated below.

品名及规格 Commodity & Specification	数量 Quantity	单价及价格条款 Unit Price & Trade Terms	金额 Amount
		CFR DAMMAM PORT, SAUDI ARABIA	
ABOUT 1700 CARTONS CANNED MUSRHOOMS PIECES & STEMS 24 TINS X 425 GRAMS NET WEIGHT (D.W. 227 GRAMS) AT USD7.80 PER CARTON. ROSE BRAND.	1 700CARTONS	USD 7.80	USD 13 260.00
Total:	**1 700CARTONS**		**USD 13 260.00**

允许　　溢短装，由卖方决定

With　　More or less of shipment allowed at the seller's option

总值

Total Value: US DOLLARS THIRTEEN THOUSAND TWO HUNDRED AND SIXTY ONLY.

包装

Packing:EXPORTED BROWN CARTON

唛头

Shipping Marks:N/M

装运期及运输方式

Time of Shipment & means of Transportation:No Later Than Apr.30, 2012 BY VESSEL

装运港及目的地　　From : SHANGHAI PORT, CHINA

Port of Loading & Destination　　To : DAMMAM PORT, SAUDI ARABIA

保险

Insurance:TO BE COVERED BY THE BUYER.

付款方式　　The Buyers shall open through a bank acceptable to the Seller an Irrevocable

Terms of Payment:Letter of Credit payable at sight of reach the seller 30 days before the month of shipment, valid for negotiation in China until the 15th day after the date of Shipment.

The Buyer :NEO GENERAL TRADING CO.　　**The Seller:** DESUN TRADING CO., LTD.

(进口商签字盖章)　　(出口商签字盖章)

(2) 信用证资料。

ISSUE OF A DOCUMENTARY CREDIT

SEQUENCE OF TOTAL	*27	1 / 1
FORM OF DOC. CREDIT	*40A	REVOCABLE
DOC. CREDIT NUMBER	*20	0011LC123756
DATE OF ISSUE	31C	120320
DATE/PLACE EXP.	*31D	DATE120505 PLACE CHINA
APPLICANT	*50	NEO GENERAL TRADING CO. P.O. BOX 99552, RIYADH 22766, KSA TEL: 00966-1-4659220 FAX: 00966-1-4659213
BENEFICIARY	*59	DESUN TRADING CO., LTD. HUARONG MANSION RM2901 NO.85 GUANJIAQIAO, NANJING 210005, CHINA TEL: 0086-25-4715004 FAX: 0086-25-4711363
AMOUNT	*32B	CURRENCY EUR AMOUNT 13260.00
AVAILABLE WITH/BY	*41D	ANY BANK IN CHINA, BY NEGOTIATION
DRAFTS AT ...	42C	SIGHT
DRAWEE	42A	RJHISARI ALRAJHI BANKING AND INVESTMEN COR.
PARTIAL SHIPMTS	43P	NOT ALLOWED
TRANSSHIPMENT	43T	NOT ALLOWED
LOADING ON BRD.	44A	CHINA MAIN FORT, CHINA
FOR TRANSPORT.TO	44B	DAMMAM PORT, SAUDI ARABIA
LATEST SHIPMENT	44C	120430
GOODS DESCRIPT.	45 A	ABOUT 1700 CARTONS CANNED MUSRHOOM PIECES & STEMS 24 TINS X 425 GRAMS NET WEIGHT (D.W. 227 GRAMS) AT USD7.80 PER CARTON. ROSE BRAND.
DOCS REQUIRED	46 A	DOCUMENTS REQUIRED:

+ SIGNED COMMERCIAL INVOICE IN TRIPLICATE ORIGINAL AND MUST SHOW BREAK DOWN OF THE AMOUNT AS FOLLOWS: FOB VALUE, FREIGHT CHARGES AND TOTAL AMOUNT C AND F.

+ FULL SET CLEAN ON BOARD BILL OF LADING MADE OUT TO THE ORDER OF AL RAJHI BANKING AND INVESTMENT CORP, MARKED FREIGHT COLLECT AND NOTIFY APPLICANT, INDICATING THE FULL NAME, ADDRESS AND TEL NO. OF THE CARRYING VESSEL'S AGENT AT THE PORT OF DISCHARGE.

+ PACKING LIST IN ONE ORIGINAL PLUS 5 COPIES.

+ CERTIFICATE OF ORIGINDULY CERTIFIED BY C.C.P.I.T.STATING THE NAME OF THE MANUFACTURERS OF PRODUCERSAND THAT GOODS EXPORTED ARE WHOLLY OF CHINESE ORIGIN.

+ THE PRODUCTION DATE OF THE GOODS NOT TO BE EARLIER THAN HALF MONTH AT TIME OF SHIPMENT. BENEFICIARY MUST CERTIFY THE SAME.

+ INSURANCE POLICY OR CERTIFICATE IN 1 ORIGINAL AND 1 COPY ISSUED OR ENDORSED TO THE ORDER OF AL RAJHI BANKINGAND INVESTMENT CORP FOR THE INVOICE PLUS 10 PERCENT COVERINGALL RISKS, INSTITUTE CARGO CLAUSES, INSTITUTE STRIKES.

DD. CONDITIONS　　47A　　ADDITIONAL CONDITION:

A DISCREPANCY FEE OF USD50.00 WILL BE IMPOSED ON EACH SET OFDOCUMENTS

PRESENTED FOR NEGOTIATION UNDER THIS L/C WITHDISCREPANCY. THE FEE WILL BE DEDUCTED FROM THE BILL AMOUNT.PAYMENT UNDER THE GOODS WERE APPROVED BY SAUDI GOVERNMENT LAB.

CHARGES	71B	ALL BANKINGCHARGES OUTSIDE THE OPENING BANK ARE FOR BENEFICIARY'S ACCOUNT

2. 缮制单据(2011 年试题)

基本要求：

根据下述给出的资料缮制商业发票、装箱单、汇票。

业务资料：

(1) 卖方：SUZHOU IMPORT&EXPORT TRADE CORPORATION
321 FENGXIAN ROAD,SUZHOU,CHINA

(2) 买方：TANJIN-DAIEI CO.,LTD.SHIBADAIMON
MF BLDG,2-1-16，SHIBADAIMON-KU,OSAKA,JAPAN

货　名：红茶(BLACK TEA)

原产国：中国

单价：ART NO.555 USD110.00/KG、ART NO.666 USD100.00/KG
ART NO.777 USD90.00/KG　CIF OSAKA

数量：ART NO.555 100KGS、ART NO.666 110KGS、ART NO.777 120KGS

包装：每 5 千克装一箱(PACKED IN ONE CARTON OF 5 KGS EACH)
装一个 20 英尺的集装箱(编号：GATU0506118) (整箱)

毛重：ART NO.555　5.5KGS/CTN、ART NO.666 5.5KGS/CTN、ART NO.777 6KGS/CTN

体积：每箱 0.3CBM

唛头：自编一个标准化唛头

开证行：FUJI BANK
1013，SAKULA OTOLIKINGZA MACHI OSAKA JAPAN

议付行：BANK OF CHINA SUZHOU BRANCH

支付条件：L/C AT SIGHT　信用证号码：XT173　开证日期：MAY 10,2010

发票编号：TX0522　发票日期：2010 年 6 月 1 日

合同号：TXT264

装运港：苏州港(SUZHOU PORT)　目的港：大阪港(OSAKA PORT)

装运日：2010 年 6 月 20 日　出票人姓名：黄河

项目三　非信用证结算方式下出口制单

项目学习目标

- 了解出口许可证的基本内容
- 掌握普惠制产地证书的缮制方法
- 掌握托收项下商业汇票的缮制方法
- 熟悉航空业务流程及航空运单的缮制方法
- 具备处理交单结汇结算业务中的相关事项的能力

项目导入

2010 年 7 月，王华从上海某高等职业技术学院毕业后，到上海兴盛贸易公司工作。该公司自 1985 年成立以后，一直致力于纺织品、服装和茶叶的出口。该公司在 2011 中国(上海)国际茶业博览会上向法国客户 GOLDEN MOUNTAIN TRADING CO.,LTD 的 FRANK MOK 先生就本公司展览会的名茶、新茶和特色茶进行了详细地介绍。数日后，公司董事长陈辰先生转给王华一份有关求购普洱茶的 E-mail，请她与对方进行交易磋商并签订贸易合同，让她开始独立完成和该法国公司的出口业务。

任务一　出口贸易合同商订

任务引入

国际贸易的磋商形式主要包括口头谈判和书面谈判两种。一般来说，口头谈判和书面谈判都可以分为询盘、发盘、还盘和接受 4 个环节。其中发盘和接受是达成交易、订立合同必不可少的环节。

上海兴盛贸易公司的王华小姐仔细分析了法国 GOLDEN MOUNTAIN TRADING CO.,LTD 客户信息后，向其发盘，采用托收(D/P)结算方式，GOLDEN MOUNTAIN TRADING CO.,LTD 收到发盘后认为发盘内容具体明确、条件合理，对发盘内容全部接受，最后双方签订了外销合同。

应用实例

上海兴盛贸易公司收到 GOLDEN MOUNTAIN TRADING CO.,LTD 的函电后，王华小姐按照要求给对方发盘。

收件人: MOK@HOTMAIL.COM

主 题: OFFER

添加附件 | 超大附件 | 网盘附件 | 写信模板　　拼写检查 | 隐藏图文编辑

内容:

Dear FRANK MOK,

We are please to receive your inquiry of JUNE 05,2011 and highly appreciate that you are interested in our products.Comply with your kindly request, we are pleased to offer our best price as follows:

COMMODITY	QUANTITY	UNIT PRICE	PAYMENT:D/P
PUER TEA MS266 MS566	 200KGS 300KGS	CIP PARIS USD200.00/KG USD150.00/KG	Time of Shipment: No Later Than JULY 31, 2011 BY AIR

Yours truly,

WANGHUA

SHANGHAI XINGSHENG TRADING CORPORATION

紧急　已读回执　纯文本　定时发信　邮件加密

应用实例

GOLDEN MOUNTAIN TRADING CO.,LTD 收到上海兴盛贸易公司的发盘后，对其交易条件进行分析，由于普洱茶在法国市场比较紧俏，GOLDEN MOUNTAIN TRADING CO.,LTD 全部接受各项交易条件。

收件人: SHANGHAI@163.COM

主 题: ACCEPTANCE

添加附件 | 超大附件 | 网盘附件 | 写信模板　　拼写检查 | 隐藏图文编辑

内容:

Dear Mrs. Wanghua,

We have received your E-Mail of JUNE 07,2011

We would like to inform you that we accept your offer.

We will draw up sale contract and send it to you as soon as possible. Thank you for your cooperation.

Yours sincerely,

FRANK MOK

GOLDEN MOUNTAIN TRADING CO.,LTD

紧急　已读回执　纯文本　定时发信　邮件加密

应用实例

客户 GOLDEN MOUNTAIN TRADING CO.,LTD 接受了上海兴盛贸易公司的发盘之后，王华小姐开始拟订外销合同，规定双方权利和义务，以保证合同的履行。

上海兴盛贸易公司

SHANGHAI XINGSHENG TRADING CORPORATION

8003 CHANGLE ROAD SHANGHAI CHINA

销售合同

SALES　CONTRACT

合同编号：　　　　合同日期：

S/C No.：WBTD0825　　　　S/C Date：JUN. 20,2011

签约地点：　　　　邮政编码：

Signed at：SHANGHAI, CHINA　　　　Postal Code：200000

电话：　　　　传真：

Tel：(021) 64809898　　　　Fax：(021) 64809899

买方：　　　　邮政编码：

Buyers：　GOLDEN MOUNTAIN TRADING CO.,LTD　　　　Postal Code：75988

NO.36 THE FIRST LYON STREET,PARIS,FRANCE

电话：　　　　传真：

Tel：　0019-33-44-66　　　　Fax：0019-33-44-67

买卖双方同意按下列条款由卖方出售，买方购进下列货物：

The seller agrees to sell and the buyer agrees to buy the undermentioned goods on the terms and conditions stated below:

唛头 SHIPPING MARK	货物名称、规格及包装 COMMODITY AND SPECIFICATIONS,PACKING	数量 QUANTITY	单价 UNIT PRICE	总值 TOTAL AMOUNT
G.M.T. WBTD0825 PARIS C/NO.1-50	PUER TEA MS266 MS566 PACKED IN ONE CARTON OF 10 KILOGRAMS EACH	 200KGS 300KGS	CIP PARIS USD200.00 USD150.00	 USD40 000.00 USD45 000.00

装运期及运输方式：

Time of Shipment & means of Transportation：No Later Than JULY 31, 2011 BY AIR

装运口岸：

Port of Loading：SHANGHAI　AIRPORT

目的口岸：

Port of Destination：PARIS AIRPORT

分批装运：

Partial Shipment：ALLOWED

转船：

Transshipment：NOT ALLOWED

保险：

Insurance：To be covered by the Seller for 110% of the invoice value against All Risks and War Risk as per the relevant Ocean Marine Cargo Clauses of the People's Insurance Company of China, Dated JAN.1,1981.

付款条件：

Payment：D/P AT SIGHT

如买方提出索赔，凡属品质异议，须于货到目的口岸之日起30天内提出。凡属数量异议，须于货到目的口岸之日起15天内提出。对该货物所提出的任何异议，属于保险公司、轮船公司和其他有关运输机构或邮递机构所负责者，售方不负任何责任。In case of quality discrepancy, claim should be filed by the buyer within 30 days after the arrival of the goods at the port of destination, while for quantity discrepancy, claim should be filed by the buyer within 15 days after the arrival of the goods at the port of destination. It is understood that the seller shall not be liable for any discrepancy of the goods shipped due to the causes for which the Insurance Company, shipping company, other transportation organization/or Post Office are liable.

由于水灾、火灾、地震、干旱、战争或协议一方无法预见、控制、避免和克服的其他事件导致不能或暂时不能全部或部分履行本协议，该方不负责任。但是，受不可抗力事件影响的一方须尽快将发生的事件通知另一方，并在不可抗力事件发生15天内将有关机构出具的不可抗力事件的证明寄交对方。Either party shall not be held responsible for failure or delay to perform all or any part of this agreement due to flood, fire, earthquake, draught, war or any other events which could not be predicted, controlled, avoided or overcome by the relative party. However, the party affected by the event of Force Majeure shall inform the other party of its occurrence in writing as soon as possible and thereafter send a certificate of the event issued by the relevant authorities to the other party within 15 days after its occurrence.

在履行协议过程中，如产生争议，双方应友好协商解决。若通过友好协商未能达成协议，则提交中国国际贸易促进委员会对外贸易仲裁委员会，根据该会仲裁程序暂行规定进行仲裁。该委员会决定是终局的，对双方均有约束力。仲裁费用，除另有规定外，由败诉一方负担。All disputes arising from the execution of this agreement shall be settled through friendly consultations. In case no settlement can be reached, the case in dispute shall then be submitted to the Foreign Trade Arbitration Commission of the China Council for the Promotion of International Trade for Arbitration in accordance with its Provisional Rules of Procedure. The decision made by this commission shall be regarded as final and binding upon both parties. Arbitration fees shall be borne by the losing party, unless otherwise awarded.

备注：

Remark：Shipment terms will be fulfilled according to the L/C finally.

上海兴盛贸易公司 123456789

卖方：	买方：
The Sellers：陈辰	The Buyers：FRANK MOK
SHANGHAI XINGSHENG TRADING CORPORATION	GOLDEN MOUNTAIN TRADING CO.,LTD

任务完成心得

从事国际贸易业务的人员，必须熟练掌握国际贸易业务的流程，以确保国际贸易的顺利开展。国际贸易业务具有线长、面广、环节多、难度大、变化快等特点，其交易过程、交易条件、贸易习惯及所涉及的法律问题，都远比国内贸易复杂，进出口双方只有按照正确的国际贸易流程进行实务操作，才能确保在将来获得预期的利润，任何一个程序中的偏差或失误都可能导致巨大的损失。

在国际贸易实际业务中，不同的交易、不同的贸易条件，其业务环节也不尽相同。在具体工作方面，各个环节又常先后交叉进行或者出现齐头并进的情形。但是，无论是出口贸易还是进口贸易，就它们的基本业务程序而言，主要包括交易前的准备、国际贸易合同的磋商订立以及合同的履行3个阶段。具体国际贸易流程如图3.1所示。

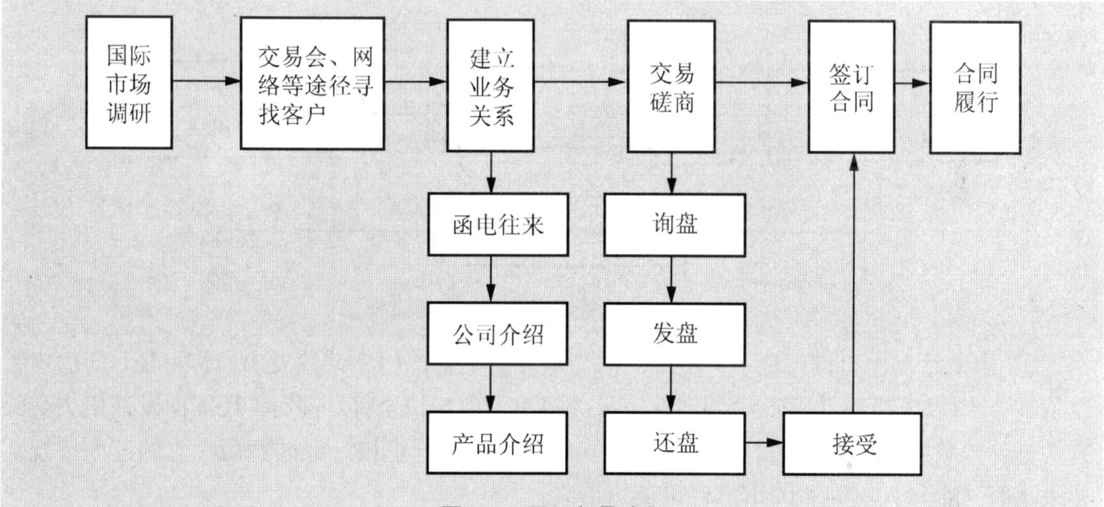

图3.1　国际贸易流程

任务二　出口商申领出口货物许可证书

任务引入

出口许可证是由国家对外经贸行政管理部门代表国家统一签发的、批准某项商品出口的具有法律效力的证明文件，也是海关查验放行出口货物和银行办理结汇的依据。出口许可证通常适用于出口国或地区有配额限制的商品；出口国政府部门明文规定限制出口的商品；由于国际市场的变化或国别政策需要，出口国政府部门规定阶段性适当控制出口的商品；为防止盲目出口竞争，有必要进行数量控制和价格管理的出口商品。

根据我国《出口商品许可证管理商品目录》①的规定，上海兴盛贸易公司出口的普洱茶

---

① 任务二只是以“茶叶”为例说明出口许可证的缮制方法。目前，茶叶不属于《出口商品许可证管理商品目录》范围内的商品。

(H.S.编码：09024020.00)属于许可证管理范围内的商品。因此，王华小姐及时向上海市商务委员会主管部门申请签发出口货物许可证。

一、申请签发出口货物许可证业务流程

根据国家规定，凡是国家宣布实行出口许可证管理的商品，不管任何单位或个人，也不分任何贸易方式(对外加工装配方式，按有关规定办理)，出口前均须申领出口许可证；非外贸经营单位或个人运往国外的货物，不论该商品是否实行出口许可证管理，价值在人民币1000元以上的，一律须申领出口许可证；属于个人随身携带出境或邮寄出境的商品，除符合海关规定自用、合理数量范围外，也都应申领出口许可证。申请签发出口货物许可证业务流程如图3.2表示。

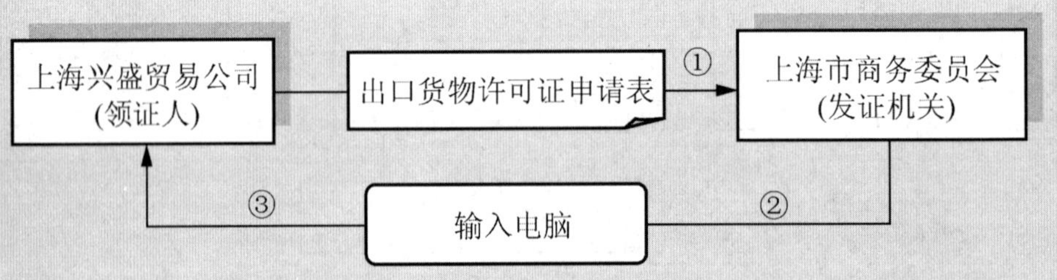

图3.2　申请签发出口货物业务流程

① 申请签发出口许可证书。出口商向当地经贸主管部门申请签发出口许可证，即由申领单位或个人(以下简称“领证人”)向发证机关提出书面申请函件。同时，还需向发证机关交验有关证件或材料。发证机关收到上述有关申请材料后进行审核。经同意后，由领证人按规定要求填写《中华人民共和国出口许可证申请表》。

② 输入电脑。填好的出口许可证申请表，由申请单位加盖公章后送交发证机关，经审核符合要求的，由发证机关将申请表各项内容输入电脑。

③ 发证。发证机关在申请表送交后的3个工作日内，签发《中华人民共和国出口许可证》，一式四联，将第一、二、三联交领证人，凭以向海关办理货物出口报关和银行结汇手续。同时，收取一定的办证费用。

二、出口许可证申请表的内容与缮制方法

出口货物许可证申请表(Export License Application)由出口商缮制，其主要内容与缮制方法如下。

1. 出口商及代码

填写有出口经营权的各类进出口企业的全称或有出口经营权的代理公司全称；若为非外贸单位经批准出口货物，此栏应填写该单位全称。编码按发证机关编定的电脑代码填写，共8位，无电脑数码的，填8个“0”。

2. 发货人及代码

发货人一般与出口商是一致的，此栏一般填写出口公司的全称及统一编制的编码，与第一栏内容基本相同，并与运输单据中显示的托运人相符。

3. 出口许可证号

本栏留空，由签证机关填制。

4. 出口许可证有效截止日期

本栏填写出口许可证的到期日。对实行“一批一证”制的商品，许可证有效期从发证之日起算起，最长不超过 3 个月，供港澳(不包括转口)鲜活冷冻商品的许可证有效期为一个月；对不实行“一批一证”制的商品、外商投资企业和补偿贸易项下的出口商品，许可证有效期从发证之日起算起，最长不超过 6 个月。出口许可证需要跨年度使用时，有效期不得超过次年 2 月底。出口许可证应在有效期内使用，逾期自行失效，海关不予放行。

5. 贸易方式

本栏填写范围包括：一般贸易、边境贸易、协定贸易、易货贸易、补偿贸易、进料加工、来料加工、转口贸易、期货贸易、工程承包、外资企业进口、非贸易和租赁出口。出口单位根据实际情况，选填其中一种方式，不得使用非规范术语。

6. 合同号

合同号是指申领许可证、报关及结汇时所用出口合同的编码。该栏应填写当次出口所凭借的成交合同号码，号码长度在 20 个(含 20 个)英文字母或阿拉伯数字之内。

7. 报关口岸

本栏应填写海关验放货物允许出口的边境口岸，即装运港或出境口岸。此栏填写应明确、具体，且最多填写 3 个口岸。

8. 进口国(地区)

本栏填写货物实际运达的目的国家(地区)，即最终目的地，一般指合同目的地。本栏只能填写一个具体国家(地区)的准确全称，不能填写抵达的具体城市或港口全称，更不能填写途经的中间国家、地区、港口及城市的名称。

9. 付款方式

按合同支付条款的规定填写，如 L/C、T/T 等。

10. 运输方式

运输方式即货物通关外运的方式，可填写海上运输、铁路运输、公路运输、航空运输、邮政运输、自带等。

11. 商品名称及商品编码

根据《中华人民共和国海关统计商品目录》规定的商品标准名称和统一编码填写。

12. 规格、型号

本栏用于对出口商品作具体说明，包括具体品种、规格、等级等，出口货物必须与此栏说明的品种、规格或等级相一致。不同规格应分行表示，一份许可证该栏的填写数量最多不能超过 4 个，否则应另行填写出口许可证申请表。

13. 单位

填写与合同规定一致的计量单位名称。通常一次外运的货物作为一批，因此商品计量单位栏常填写为“批”。

14. 数量

本栏填写出口许可证允许出口商品的多少，应填写实际出运数量，并与发票的相关内容一致。此栏允许保留一位小数，超出一位的应四舍五入。计量单位为“批”的，数量填为“1”。

15. 单价

本栏按合同成交单价填写，是与计量单位相一致的单位价格。计量单位为“批”的，此栏应填写商品价值的总金额，整体上将该商品作为单位商品对待。

16. 总值

按合同成交的总额填写，并与发票总金额相同，小数部分应四舍五入取整。

17. 总值折美元

本栏填写由签证机关根据国家公布的外汇牌价将商品总值折算为美元的金额。

18. 总计

将各项目的合计数分别填入对应栏目，以便从总体上把握出口业务状况。

19. 备注

本栏为补充说明栏，填写以上各栏未尽事宜、需特别说明内容或需强调内容。

20. 签证机构审批(初审)

发证机关审核无误后盖章，由授权人签名，并注明签证日期。

应用实例

上海兴盛贸易公司与 GOLDEN MOUNTAIN TRADING CO.,LTD 签订贸易合同后，缮制出口许可证书申请表，随同商业发票、装箱单等单据，申领出口许可证书。

1. 商业发票

Commercial　Invoice

Export SHANGHAI XINGSHENG TRADING CORPORATION 8003 CHANGLE ROAD SHANGHAI CHINA		**Invoice Date and No.** JUN.25,2011 TXT06522		
		Contract No. WBTD0825	**L/C No.**	
Import GOLDEN MOUNTAIN TRADING CO.,LTD NO.36 THE FIRST LYON STREET,PARIS, FRANCE		**Country/region of origin** CHINA		
		Trade mode		
Transport details FROM SHANGHAI TO PARIS BY AIR		**Terms of delivery and payment** D/P　AT SIGHT		
Shipping marks	**Number and kind of packages; Commodity description;**	**Quantity**	**Unit price**	**Amount**
G.M.T. WBTD0825 PARIS C/NO.1-50	50 CARTONS OF PUER TEA MS266 MS566	200 KGS 300 KGS	CIP PARIS USD 200/KG USD 150/KG	USD 40 000 USD 45 000
	TOTAL	500 KGS		USD85000
Total amount SAY U.S.DOLLARS EIGHTY FIVE THOUSAND ONLY.				
SHANGHAI XINGSHENG TRADING CORPORATION Exporter stamp and signature　王华				

2. 缮制装箱单

ISSUER SHANGHAI XINGSHENG TRADING CORPORATION 8003 CHANGLE ROAD SHANGHAI CHINA	**装箱单** **PACKING LIST**	
TO GOLDEN MOUNTAIN TRADING CO.,LTD NO.36 THE FIRST LYON STREET,PARIS,FRANCE	**INVOICE NO.** TXT06522	**DATE** JUN.25,2011
	S/C NO. WBTD0825	**L/C NO.**
TRANSPORT DETAILS FROM SHANGHAI TO PARIS BY AIR	**TERMS OF PAYMENT** D/P AT SIGHT	

Marks and Numbers	**Number and kind of packages;Commodity name**		**G.W. (KGS)**	**N.W. (KGS)**	**Meas. (CBM)**
G.M.T. WBTD0825 PARIS C/NO.1-50	PUER TEA				
	MS266	20CARTONS	12/240	10/200	0.3/6
	MS566	30CARTONS	12/360	10/300	0.3/9
	TOTAL	50 CARTONS	600	500	15

SAY TOTAL: FIFTY CARTONS ONLY

SHANGHAI XINGSHENG TRADING CORPORATION

上海兴盛贸易公司
王华
123456789

3．缮制出口许可证书申请表

中华人民共和国出口许可证申请表

(1) 出口商：上海兴盛贸易公司　代码：34001489 领证人姓名：王华　　电话：(021) 64809898			(3) 出口许可证号：		
(2) 发货人：上海兴盛贸易公司　代码：34001489			(4) 出口许可证有效截止日期： 2011 年 9 月 30 日		
(5) 贸易方式： 一般贸易			(8) 进口国(地区)： 法国		
(6) 合同号： WBTD0825			(9) 付款方式： D/P AT SIGHT		
(7) 报关口岸： 上海			(10) 运输方式： 航空		
(11) 商品名称：　普洱茶　　　商品编码：09024020.00					
(12) 规格、等级	(13) 单位	(14) 数量	(15) 单价 (USD)	(16) 总值 (USD)	(17) 总值折美元
MS266	千克	200	200.00	40 000.00	40 000.00
MS566	千克	300	150.00	45 000.00	45 000.00
(18) 总　计	千克	500		85 000.00	85 000.00
(19) 备　注 申领日期：2011 年 6 月 30 日			(20)签证机构审批(初审)： 经办人： 终审：		

填表说明：1．本表应用正楷逐项填写清楚，不得涂改、遗漏，否则无效。

2．本表内容需打印多份许可证的，请在备注栏内注明。

任务完成心得

出口许可证是由国家对外经贸行政管理部门代表国家统一签发的、批准某项商品出口的具有法律效力的证明文件，也是海关查验放行出口货物和银行办理结汇的依据。在办理出口许可证业务时，应注意以下事项。

(1) 目前，我国商务部配额许可证事务局统一管理、指导全国各发证机构的出口许可证签发工作，许可证事务局对商务部负责。许可证事务局及商务部驻各地特派员办事处和各省、自治区、直辖市、计划单列市以及商务部授权的其他省会城市商务厅(局)、外经贸委(厅、局)为出口许可证发证机构，在许可证事务局的统一管理下，负责授权范围内的发证工作。

(2) 出口商品价格必须符合商会协调的出口价格。发证机构在审查出口合同时，应重点审核出口商品的价格，签发的出口许可证上的商品价格应与出口合同中的价格一致；但当出口合同中的价格低于有关进出口商会制定的出口协调价格时，发证机构应拒发出口许可证。

(3) 出口许可证管理实行“一证一关”制、“一批一证”制和“非一批一证”制。实行“非一批一证”制的，应当在出口许可证备注栏内打印“非一批一证”字样。对于实行“一批一证”的商品，出口许可证自签发之日起有效期最长不超过3个月，在有效期内只能使用一次，经海关签章后，领证单位退回原发证单位审核。对于实行“非一批一证”管理的出口货物，其出口许可证可在同一口岸多次报关，但不得超过12次。完成12次报关后，即使出口许可证尚有余额，海关也会拒绝接受报关。

(4) 出口许可证不得擅自更改证面内容，如需更改，经营者应当在信用证有效期内提出更改申请，并将许可证交回原发证机构，由发证机构重新换发许可证。

(5) 报关出口的大宗、散装货物，溢短装数量不得超过出口许可证所列出口数量的5%。不实行“一批一证”制的大宗、散装货物，每批货物出口时，按其实际出口数量进行核扣，最后一批出口货物出口时，其溢短装数量按许可证实际剩余数量并在规定的溢短装上限5%内计算。

任务三　出口商申领普惠制产地证明书

任务引入

普惠制产地证明书(Generalized system of preferences certificate of origin)，简称“GSP”产地证，又称为“FORM A (格式A)”，是发达国家(给惠国)给予发展中国家(受惠国)出口制成品和半制成品(包括某些初级产品)普遍的、非歧视的、非互惠的一种关税优惠制度。普惠制产地证是一种受惠国有关机构就本国出口商品向给惠国出口受惠商品而签发的用以证明原产地的证明文件。截至2010年，给予我国出口产品普惠制待遇的国家共有44个。

在我国，普惠制产地证由各口岸的检验检疫机构办理签证、发证和管理工作，由出口公司购买并缮制。上海兴盛贸易公司根据法国GOLDEN MOUNTAIN TRADING CO.,LTD的要求申请签发普惠制产地证书，才能享受关税优惠。王华小姐需要缮制普惠制产地证明书申请书和普惠制产地证明书，并随附商业发票向上海出入境检验检疫局办理申请手续。

一、申请签发普惠制产地证明书业务流程

凡享受普惠制规定的关税减免者，必须提供普惠制产地证明书。普惠制产地证明书可由受惠国的商检机构或权威机构签发，我国政府授权国家质量监督检验检疫总局(原国家进出口商品检验检疫局)全面负责普惠制的签证管理工作，由其设在各地的派出机构具体负责普惠制产地证明书的签发和统计工作。申请签发普惠制产地证明书业务流程如图3.3所示。

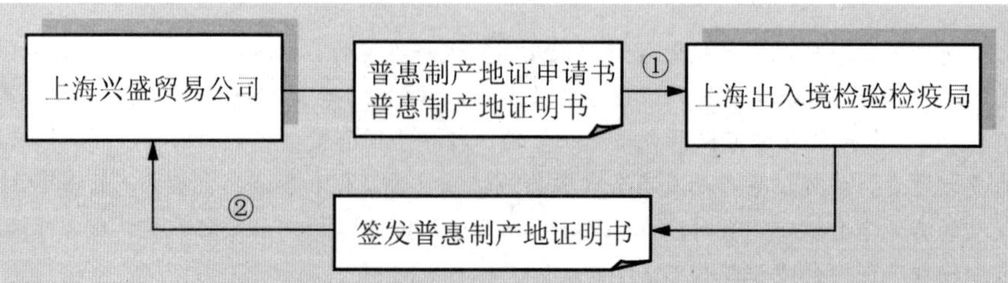

图3.3　签发普惠制产地证明书业务流程

① 根据我国检验检疫局有关规定，出口企业最迟于货物出运 5 天前，持签证机构规定的正本文件，向签证机构申请办理普惠制产地证书。

申领所需要的文件有：规定格式并已缮制的《普惠制产地证明书申请书》一份；缮制完毕的《普惠制产地证明书 FORM A》一套(一正两副)；出口商《商业发票》正本一份；发证机构所需的其他证明文件，如《加工工序清单》等；如果商品含有进口成分，还应交纳《含进口成分受惠商品成本明细单》一式两份。

② 检验检疫机构接受申请时，要查看单证资料是否齐全、正确，如审核无误后，则签发普惠制产地证明书，交申请单位。

【练习 3-1】(多项选择题，2011 年试题)

信用证要求提交由有资格机构签发的产地证，下列符合要求的单据是(　　)。

A. 出入境检验检疫局签发的产地证　　B. 贸促会签发的产地证

C. 生产厂家签发的产地证　　D. 受益人签发的产地证

E. 以上都对

二、办理普惠制产地证明书业务

(一) 普惠制产地证明书申请书的内容与缮制方法

1. 申请单位(盖章)栏

填写申请原产地证的出口企业全称并加盖申请单位公章。

2. 注册号

填写申请单位在检验检疫局产地证签证部门注册的注册号。

3. 证书号

企业应根据检验检疫局的编号规则，按顺序编号，不得重号或跳号。证书号编号规则：G×/申请单位注册号/0001，×代表年份，后 4 位代表流水号。例如：编号 G083333331210001，G 为普惠制原产地证明书，08 为 2008 年，333333121 为公司注册号，0001 为企业流水号。

4. 生产单位

填写该批出口商品的生产企业的名称。

5. 生产单位联系人电话

填写该批出口商品的生产企业的联系电话。

6. 商品名称(中英文)

填写出口商品品名的中英文，并且与发票证书的商品名称一致。

7. H.S.税目号(以 6 位数码计)

填写海关《商品编码协调制度》商品的前 6 位数编码即商品 H.S.税目号(6 位数)。

8. 商品(FOB)总值(以美元计)

根据申报的出口货物出口发票上所列的金额以 FOB 价格填写(以美元计)，如出口货物不是以 FOB 价格成交的，应换算成 FOB 价格。

9. 发票号

填写正式出口发票的号码，并与随附发票相一致 。

10. 最终销售国

填写出口商品即将运抵的最终销售国家。

11. 证书种类

根据需要在此证书种类(加急证书、普通证书)栏画“ √ ”。出入境检验检疫局签发加急证书一般为 1 天，普通证书为 3～5 天。

12. 货物拟出运日期

如实准确填写货物离开起运口岸的当天日期(年、月、日)。

13. 贸易方式和企业性质

根据实际情况在对应的位置选择画“ √ ”。

14. 包装数量或毛重或其他数量

填写包装数量，通常填写该批出口货物的箱数，如货物无包装，填写总毛重或其他数量。

15. 原产地标准

根据提示及货物实际情况从(1)、(2)、(3)条中选择其中一条如实填写。

16. 本批商品系

根据货物运输路线的起运港、中转港及目的港填写本批商品运输路线，无转运港的填写“***”。

17. 申请人说明

填写具体说明，如果没有则填“***”

18. 领证人签名

此栏由领证人手签，加盖申请单位公章，并写明领证人姓名、电话及日期。

(二) 普惠制产地证明书的内容与缮制方法

普惠制产地证明书共有 12 项内容，用英文填写，其中证书右上角标题栏已显示签证机构所编制的证书号(Certificate No.)，在标题横线上方必须填上中华人民共和国签发的英文字样，即“Issued in The People's Republic of China”。其他缮制要点如下。

1. Goods consigned from(Exporter's business name, address, country)(发货人<出口商名称、地址、国家>)

此栏是带有强制性的，应填报在中国境内的出口商详细地址，包括街道名、门牌号、邮政编码、城市、国家(注意本栏目的最后一个单词必须是国家名)。若信用证项下，一般按信用证规定的受益人名称、地址、国别填制；若托收或汇付项下，一般按合同的卖方名称、地址、国别填制。

【练习 3-2】(判断题，2010 年试题)

普惠制产地证中“发货人”一栏可以填写受惠国的出口商或中间商。 (　　)

2. Goods consigned to(Consignee's name, address, country)(收货人<收货人名称、地址、国家>)

本栏显示本批货物最终目的地给惠国收货人的名称、地址和国别。若信用证项下一般为开证申请人；若托收或汇付项下，一般为合同的买方。如果其不是实际收货人，又不知最终收货人，可填发票抬头人。除欧盟 27 国及挪威外，本栏不可将中间商的名称填入此栏。欧盟 27 国及挪威对此栏是非强制性要求，若第 2 栏进口商国家和第 12 栏最终目的国都是欧盟国家，则可以与第 12 栏国家不同，也可以不填详细地址，只填 To order。

3. Means of transport and route(as far as known)(运输方式和路线<就所知而言>)

填本批货物最终装运港、目的港或到货地点的名称，并说明运输方式。信用证项下，应按信用证规定填运输路线和运输方式，例如 BY STEAMER(海运)、BY TRAIN(陆运)、BY AIR(空运)。如中途转运应注明转达运地，例如 FROM QINGDAO TO HAMBURG VIA HONGKONG BY SEA。不知转达运地则用 W/T 表示。

4. For official use(供官方使用)

此栏由签证当局填写，正常情况下此栏留空不填。特殊情况下，签证当局在此栏加注。例如：货物已出口，签证日期迟于出货日期，签发“后发”证书时，此栏会自动显示“ISSUED RETROSPECTIVELY”。证书遗失、被盗或者损毁，签发“复本”证书时盖上“DUPLICATE”红色印章，并在此栏注明原证书的编号和签证日期，并声明原发证书作废，其文字是“THIS CERTIFICATE IS IN REPLACEMENT OF CERTIFICATE OF ORIGIN NO...DATE...WHICH IS CANCELLED”。

5. Item number(项目号)

如果同一批出口货物有不同种类的商品，则按每一项商品归类后，用阿拉伯数字“1”、“2”、“3”编一个顺序编号填入此栏，单项商品用“1”表示或省略不填。

6. Marks and numbers of packages(唛头及包装件数)

填写的唛头应与货物外包装上的唛头及发票的唛头一致；唛头不得出现中国以外的地区或国家制造字样，也不能出现香港、澳门、台湾原产地字样(例如：MADE IN TAIWAN、HONG KONG PRODUCTS 等)；如货物无唛头应填“N/M”。若唛头过多，此栏不够填，可填打在第 7、8、9、10 栏的空白处。如还不够，可另加附页，用附页填写所有唛头(附页的纸张要与原证书一样大小)，在右上角打上证书号，并由申请单位和签证当局授权签字人分别在附页末页的右下角和左下角手签、盖印。附页手签的笔迹、地点、日期均与证书第 11、12 栏相一致。

7. Number and kind of packages, description of goods(包装件数、种类和商品名称)

本栏与一般原产地证相应栏目填法相同，填出口货物最大包装件数和商品名称，填写的商品名称应为商业发票所描述的货物，但可以采用与其他单据无矛盾的统称。若信用证项下，信用证规定单据要加注信用证编号或合同号码等内容，可在此显示。包装件数和包装种类必须用英文大写和阿拉伯数字同时表示，在包装件数的阿拉伯数字后面用括号加上大写的英文数字。商品名称等项列完后，应在末行加上表示结束的符号“*****”或“××××”，以防伪造内容。

8. Origin criterion(原产地标准)

此栏文字最少，但却是国外海关审核的核心项目。对含有进口成分的商品，国外要求严格而且极容易退证，一般应根据货物原料进口成分的比例填写。

阅读资料

原产地标准怎么填写？

(1) 完全原产品，不含任何非原产成分，出口到所有给惠国家，填写“P”。

(2) 如果出口商品含有进口成分，出口到欧盟、挪威、瑞士、日本，填写“W”，其后加上出口产品的 HS 品目号(W+H.S.CODE)，如“W”42.02。条件：产品列入上述给惠国“加工清单”并符合其加工条件或产品未列入“加工清单”，但产品使用的进口原料或零部件经过充分加工，产品 HS 号不同于原材料或零部件的 HS 号。

(3) 含有进口成分的产品，出口到加拿大，填写“F”。条件为进口成分价值未超过产品出厂价的 40%。

(4) 含有进口成分的产品，出口到波兰，填写“W”,其后加上出口产品的 HS 品目号。条件为进口成分价值未超过离岸价(FOB 价)的 50%。

(5) 含有进口成分的产品，出口到俄罗斯、乌克兰、白俄罗斯、哈萨克斯坦、捷克、斯洛伐克 6 国，填写“Y”,其后加上非原产成分价值占该产品离岸价格的百分比，如“Y38%”。条件为进口成分价值未超过离岸价的 50%。

(6) 输往澳大利亚、新西兰的货物，此栏可以留空。

9. Gross weight or other quantity(毛重或其他数量)

按发票和装箱单显示的商品的正常计量单位填写，如“件(PIECES/PCS)”、“打(DOZEN/DOZ)”等，以重量表示的商品，此栏填写毛重数量，或再加注件数。散装货物填写净重数量，但注明“N.W.”。

10. Number and date of invoice(发票号码及日期)

此栏必须按照正式商业发票填写，不得留空。为了避免月份、日期的误解，月份一律用英文(可用缩写)表示，日期和年用数字，按月、日、年的顺序填写。填写完毕，从第 5 项开始用“*”符号打成横线示意完毕。

11. Certification(签证当局证明)

签证当局证明已印制，内容为“兹证明出口商的声明是正确无误的，本批货物已由承运人运出(It is hereby certified , on the basis of control carried out ,that the declaration by the exporter is correct)”。此栏由签证当局签章，由其授权人手签，手签与公章不得重叠。出证日期和地点由申报单位填写。签证当局(检验检疫总局)只签发一份正本，副本不予盖章。本栏日期不得早于发票日期和申报日期，但应早于货物出运日期。

【练习 3-3】(判断题，2009 年试题)

普惠制产地证的签证日期不得早于发票日期和申报日期，而应早于货物的出运日期。(　　)

12. Declaration by the exporter(出口商声明)

出口商声明已事先印制，内容大意为“兹由出口商声明以上所列内容正确无误”。需要在相应位置用英文填写生产国国名、进口国国名，且进口国必须与第三栏目的港的国别一致。

本栏有以下 3 个内容。

(1) 生产国别：“China”已事先印妥。

(2) 进口国别：填给惠国的国名(即进口国)。

(3) 出口商申请日期、地点及签章：申请单位应授权专人在此栏手签，标上申报地点、日期，并加盖单位章，盖章时应避免覆盖进口国名称和手签人姓名。

阅读资料

普惠制产地规则

根据大多数给惠国的规定，享受普惠制必须持凭受惠国政府指定的机构签署的普惠制原产地证书。享受普惠制待遇商品必须符合下列条件。

(1) 原产地标准。一切商品均可分为两类：一类为“完全原产地”，即商品完全是受惠国出产或制造，没有使用任何进口原料或零部件；另一类为全部或部分使用了进口原料或零部件(包括来源不明的原料和零部件)生产的产品。从普惠制的角度来说，受惠国出口的商品要获得享受普惠制关税的待遇，该出口商品必须在受惠国进行生产和制造，其中所使用的进口原料或零部件必须经过充分的加工，使这些进口原料或零部件有了实质性的改变，或者符合给惠国提出的其他条件。

(2) 商品要符合直接运输的原则。就是说出口商品不但要在受惠国生产或制造，而且必须直接从受惠国家运往给惠国。通过过境国的，必须在过境国海关监管之下，没有投入当地市场销售或交付当地使用，更不能在那里进行其他再加工。

(3) 必须提供有效的证明文件。即普惠制原产地证明书(申报和证明联合)格式 A，简称 GSP FORM A，及其他有关的单证。FORM A 产地证书是受惠国的原产品出口到给惠国时享受减、免关税优惠待遇的法律凭证。FORM A 产地证书不同于一般产地证书。一般产地证简称 C/O 是享受最惠国待遇的有效证件，普惠制 FORM A 产地证，则是享受普惠制减、免税待遇的有效证件。

【练习 3-4】(单项选择题，2011 试题)

Generalized System of Preferences Certificate of Origin 就是(　　)。

A. 中新自贸区原产地证书　　　B. 普惠制产地证 FORM A

C. 亚太贸易协定原产地证书　　D. FORM F

相关知识

信用证中有关普惠制产地证条款的示例

Generalized system of preference certificate of origin form A...

普惠制产地证格式 A……

Certificates of origin FORM A certifying goods of origin in China issued by competent authority.

由授权机构签发的普惠制产地证格式 A 需注明货物原产地是中国。

Photocopy of original certificate of Chinese origin or GSP Form A required and such Certificate combined with or referring to other documents not acceptable.

提供中国产地证或普惠制产地证格式 A 正本的影印本，该产地证是独立的，不依赖于其他单证格式。

For imports from the People's Republic of China a separated Certificate of origin is required along with the advising therein of name and address of the manufacturers.This Certificate must be legalized by chamber of commerce.

从中国进口货物应单独缮制产地证，并注明厂家名称、地址，由商会签证。

应用实例

根据买方要求，本业务需要提供普惠制产地证明，上海兴盛贸易公司办理完出口许可证书业务后，王华小姐缮制普惠制产地证明书申请表，于 2011 年 7 月 1 日向上海市出入境检验检疫局申领普惠制产地证明书。实务中可通过九城软件或榕基软件填写原产地证明书申请书及普惠制原产地证明，并向上海出入境检验检疫局申领。

普惠制产地证明书申请书

申请单位(加盖公章)：上海兴盛贸易公司　　　　证书号：G113305012000010

申请人郑重申明：　　　　　　　　　　　　　　注册号：666984121

本人被正式授权代表出口单位办理原产地证明书和签署本申请书的。

本申请书及普惠制产地证明书格式 A 所列内容正确无误，如发现弄虚作假，冒充格式 A 所列货物，擅改证书，自愿接受签发机构的处罚并承担法律责任。现将有关情况申报如下：

<table>
<tr><td colspan="2">生产单位</td><td colspan="2">上海兴华茶叶有限公司</td><td colspan="3">生产单位联系人电话</td><td>65807798</td></tr>
<tr><td colspan="2">商品名称
(中英文)</td><td colspan="2">普洱茶
PUER TEA</td><td colspan="3">H.S. 税目号
(以六位数码计)</td><td>090240</td></tr>
<tr><td colspan="2">商品 FOB 总值(以美元计)</td><td colspan="2">85 000.00 美元</td><td colspan="3">发票号</td><td>07131V8</td></tr>
<tr><td colspan="2">最终销售国</td><td colspan="2">法国</td><td>证书种类“√”</td><td colspan="3">加急证书　普通证书√</td></tr>
<tr><td colspan="4">货物拟出运日期</td><td colspan="4">2011.07.15</td></tr>
<tr><td colspan="8">贸易方式和企业性质(请在适用处划“√”)</td></tr>
<tr><td>正常贸易
C</td><td>来进料加工
L</td><td>补偿贸易
B</td><td>中外合资
H</td><td>中外合作
Z</td><td>外商独资
D</td><td>零售
Y</td><td>展卖
M</td></tr>
<tr><td>√</td><td></td><td></td><td></td><td></td><td></td><td></td><td></td></tr>
<tr><td colspan="4">包装数量或毛重或其他数量</td><td colspan="4">50 箱</td></tr>
<tr><td colspan="8">原产地标准:
本项商品系在中国生产，完全符合该给惠国给惠方案规定，其原产地情况符合以下第(1) 条:
(1)“P”(完全国产，未使用任何进口原材料)。
(2)“W”其 H. S. 税目号为______________(含进口成分)。
(3)“F”(对加拿大出口产品，其进口成分不超过产品出厂价值的 40%)。
本批产品系：1. 直接运输从___上海___到___巴　黎___。
2. 转口运输从__________中转国(地区)__________到__________。</td></tr>
<tr><td colspan="8">申请人说明　　　　　　　　　　　　领证人(签名)王华
电话：64809898
日期：　2011　年 7　月 1 日</td></tr>
</table>

现提交中国出口商业发票副本一份，普惠制产地证明书格式 A (FORM A)一正二副，以及其他附件 3 份，请予审核签证。

商　检　局　联　系　记　录

注：凡有进口成分的商品，必须要求提交《含进口成分受惠商品成本明细单》。

1. Goods consigned from (Exporter's business name, address, country)

SHANGHAI XINGSHENG TRADING CORPORATION
8003 CHANGLE ROAD SHANGHAI CHINA

Reference No.: G1133050120000010

GENERALIZED SYSTEM OF PREFERENCE
CERTIFICATE OF ORIGIN
(COMBINED DECLARATION AND CERTIFICATE)

FORM A

ISSUED IN THE PEOPLE'S REPUBLIC OF CHINA
(COUNTRY)

SEE NOTES OVERLEAF

2. Goods consigned to (Consignee's name, address, country)

GOLDEN MOUNTAIN TRADING CO.,LTD
NO.36 THE FIRST LYON STREET,PARIS,FRANCE

3. Means of transport and route (as far as known)

FROM SHANGHAI TO PARIS BY AIR

4. For official use

5.Item number	6.Marks and numbers of packages	7.Number and kind of packages; description of goods	8.Origin criterion (see notes overleaf)	9.Gross weight or other quantity	10.Number and date of invoices
1	G.M.T. WBTD0825 PARIS C/NO.1-50	PUER TEA SAY TOTAL FIFTY(50) CARTONS ONLY ****************************	" P"	600KGS (G.W.)	TXT06522 JUN.25,2011

11.Certification

It is hereby certified , on the basis of control carried out ,that the declaration by the exporter is correct

国家质量监督检验检疫总局
上海出入境检验检疫局
专用章

SHANGHAI,CHINA JULY 2,2011

Place and date, signature and stamp of certifying authority

12.Declaration by the exporter

The undersigned hereby declares that the above details and statements are correct; that all the goods were produced in

CHINA

(country)

and that they comply with the origin requirements specified for those goods in the Generalized System of Preference for goods exported to **FRANCE**

(importing country)

SHANGHAI,CHINA JULY 1, 2011 王华

Place and date , signature of authorized signatory

任务完成心得

普惠制产地证明书(Generalized system of preferences certificate of origin)，简称“GSP”产地证，又称为“FORM A (格式 A)”，是发达国家(给惠国)给予发展中国家(受惠国)出口制成品和半制成品(包括某些初级产品)普遍的、非歧视的、非互惠的一种关税优惠制度。普惠制产地证是将出口方的声明和官方机构的证明合二为一的联合单证。联合国贸发会议优惠问题特别委员会规定，仅证书的正本有效，证书正本必须印有绿色纽索底纹，以便于识别任何机械或化学方法进行涂改或伪造，其规格为 297mm × 210mm，与国际通用规格 A4 的文件相同，证书只能使用英文或法文填制。

(1) 普惠制产地证明书的申请日不能早于发票日期，但可以是同日，晚于提单日期。

(2) 第 7 栏内容的包装件数分别以阿拉伯数字和英文大写同时表示；商品名称必须具体填写，不能笼统填写“MACHINE”(机器)、“GARMENT”(服装)等，商品的商标、牌名(BRAND)及货号(ART NO.)因与关税无关，可不填。商品名称填完后，用“*”符号填满，以防添加其他内容。

(3) 第 11 栏签证日期不得早于第 10 栏的发票日期和第 12 栏的申请日期，也不得晚于提单的装运日期。盖章与手签两者不得重叠。本证书只在正本上签章。

(4) 原产地标准是国外海关审核的重点项目，必须按规定如实填写。

任务四　出口商办理航空货物运输业务

任务引入

航空运单(Airway Bill，AWB)是航空公司收到货物后出具的货物收据和运输凭证。航空运单与海运提单性质不同，它只能表示承运人已收到货物，起到货物收据的作用，但不具有物权凭证的性质。货到目的地后，收货人不是凭航空货运单提货而是凭航空公司发出的“到货通知单”提取货物。

在法国，中国的普洱茶已经和法国的葡萄酒齐名，销路很好，应客户 GOLDEN MOUNTAIN TRADING CO.,LTD 要求，上海兴盛贸易公司办理好普惠制产地证书手续后，为了能在合同规定的装运期内交货，王华小姐填写国际货物托运书，及时向上海航空国际货物运输服务有限公司办理出口货物航空运输手续。

一、办理出口货物航空运输业务流程

国际货物运输方式有多种，但在实务中以海运和空运为主，海运订舱业务在项目二中已介绍，下面着重介绍空运的托运操作。出口货物航空运输业务流程如图 3.4 所示。

① 委托运输。由托运人自己填写货运托运书，随附发票与装箱单向货代公司办理航空货运。

② 预配舱。货代公司汇总所接受的委托和客户的预报，并输入电脑，计算出各航线的件数、重量、体积，按照客户的要求和货物重、泡情况，根据各航空公司不同机型对不同板箱的重量和高度要求，制定预配舱方案，并对每票货配上运单号。

③ 预订舱。货代公司根据所指定的预配舱方案，按航班、日期打印出总运单号、件数、重量、体积，向航空公司预订舱，并通知货主交货。

④ 出口商办理报检、报关或委托货代公司代办，并将货物送达指定地点。报关单据一般为商业发票、装箱单、商检证、出口货物报关单，有的商品则需要动植物检疫证书或产地证、出口外汇核销单、外销合同等。

⑤ 海关放行。在海关验收完货物，报关单上盖验收章后，航空公司按照国际货物托运书缮制航空运单，持缮制完的航空运单到海关报关放行。

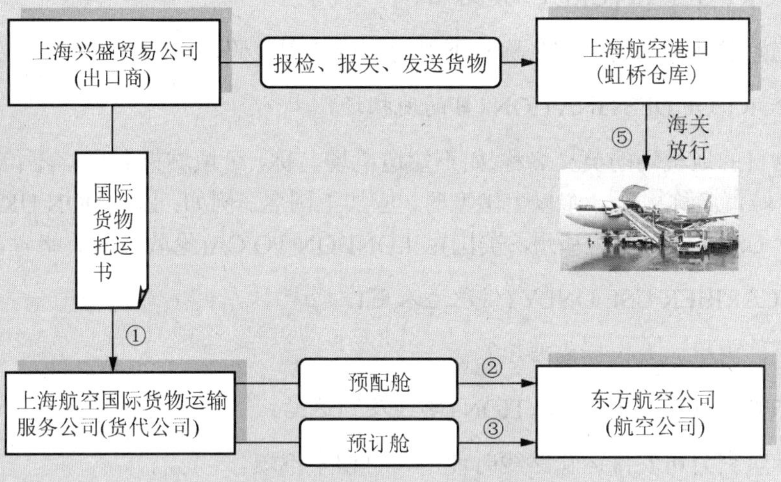

图 3.4　货物航空运输业务流程

阅读资料

航空运单种类

由于航空运输的承运人有两类：航空运输公司和航空货运代理公司，因此航空运单主要分为两类：一是由航空运输公司签发的航空运单，又叫主运单(MAWB，Master Airway bill)，如中国民航签发的空运单；另一种是由航空货运代理公司签发的航空运单，又称分运单(HAWB，house airway bill)，如中国对外贸易运输总公司签发的航空运单。两类运单的内容基本相同，法律效力相当，对于托运人或发货人而言，只是承担货物运输的当事人不同。

航空运单正本一式三份，分 3 种不同颜色：蓝色的交托运人；绿色的承运人留存；粉红色的随货通行，在目的地交收货人。副本至少 6 份，有需要还可增加份数，分别发给代理人、目的港、第一、第二、第三承运人和用作提货收据。副本除提货收据为黄色，其余均为白色。

【练习 3-5】(多项选择题，2011 年试题)

关于航空运单，叙述不正确的是(　　)。

A. 是货物运输契约　　B. 可凭此提取货物

C. 是出口商结汇单据之一　　D. 是运费结算凭证和运费收据

E. 是物权证明

二、办理航空货物运输业务

(一) 国际货物托运书的内容与缮制方法

国际货物托运书是托运人用于委托承运人或其代理人填开航空货运单的一种表单，表单上列有填制货运单所需各项内容，并应印有授权于承运人或其代理人代其在货运单上签字的文字说明。根据“华沙公约”第 5 条第(1) 和(5) 款规定，货运单应由托运人填写，也可由承运人或其代理人代为填写。实际上，目前货运单均由承运人或其代理人填制，为此，作为填开货运单的依据的托运书，应由托运人自己填写，而且托运人必须在上面签字。国际货物托运书的主要内容和缮制方法如下。

1. AIRPORT DEPARTURE (始发站机场)

填写货物始发站机场的英文名称，不得简写或使用代码。

2. AIRPORT OF DESTINATION (目的地机场)

填写货物目的地机场的英文名称(如不知道机场名称，可填城市名称)，不得简写或使用代码。如果某一城市名称用于一个以上国家时，应加上国名。例如：LONDON UK(伦敦，英国)；LONDON KY US(伦敦，肯达基州，美国)；LONDON TO CA(伦敦，安大略省，加拿大)。

3. FOR CARRIER USE ONLY (供承运人用)

此栏留空，由承运人根据需要填写。

4. ROUTING AND DESTINATION (路线及到达站)

本栏用于航空公司安排运输路线时使用，可留空不填。

5. FLIGHT/DAY(航班/日期)

填写托运人事先预订的航班/日期。

6. CONSIGNEE'S ACCOUNT NUMBER(收货人账号)

本栏只在必要时填写，可留空不填。

7. CONSIGNEE'S NAME AND ADDRESS (收货人姓名及地址)

填写收货人的全称、街名、城市名称、国名，(特别是在不同国家内有相同城市名称时，必须要填上国名)以及电话号、电传号或传真号，本栏内不得填写“order”或“to order of the shipper”(按托运人的指示)等字样，因为航空货运单不能转让。

8. ALSO NOTIFY (另请通知)

此栏一般填写 SAME AS CONSIGNEE。

9. CHARGES (运费)

填写托运人支付货物运费的方式等项内容，如 FREIGHT PREPAID 或 FREIGHT COLLECT。

10. SHIPPER'S ACCOUNT NUMBER (托运人账号)

本栏只在必要时填写，可留空不填。如果承运人需要，可填写托运人账号。

11. SHIPPER'S NAME & ADDRESS (托运人姓名及地址)

填写托运人的全称、地址，包括邮政编码和电话号码。

12. SHIPPER'S DECLARED VALUE /FOR CARRIAGE(托运人声明的价值/供运输使用)

填写供运输用的声明价值金额，该价值即为承运人负赔偿责任的限额。承运人按有关规定向托运人收取声明价值费，但如果所交运的货物毛重每公斤不超过 20 美元(或其等值货币)，无须填写声明价值金额，可在本栏内填入“NVD”(NO Value Declared 未声明价值)，如本栏空着未填写时，承运人或其代理人可视为货物未声明价值。

13. SHIPPER'S DECLARED VALUE /FOR CUSTOMS(托运人声明的价值/供海关使用)

国际货物通常要受到目的站海关的检查，海关根据此栏所填数额征税。发货人在此填入对海关的声明价值或者填入“NCV”(No Customs Valuation)，表明没有声明价值。

14. AMOUNT OF INSURANCE (保险金额)

由于中国民航各空运企业暂未开展国际航空运输代保险业务，因此此栏不填。

15. DOCUMENTS TO ACCOMPANY AIR WAYBIL (所附文件)

填写随附在货运单上往目的地的文件，应填上所附文件的名称，例如，托运人所托运的动物证明书(SHIPPER'S CERTIFICATION FOR LIVE ANIMALS)。

16. NO.OF PACKAGES (件数)

填写该批货物的总件数，如果所适用的货物运价种类不同时，应分别填写，并将总件数填入此，并注明其包装方法，例如，包裹(Package)、纸板盒(Carton)、盒(Case)、板条箱(Crate)、袋(Bag)等，如货物没有包装时，就注明为散装(Loose)。

17. ACTUAL GROSS WEIGHT (实际毛重)

填写货物的总毛重。本栏内的重量应由承运人或其代理人在称重后填入，如托运人已经填上重量，承运人或其代理人必须进行复核。

18. RATE CLASS(运价类别)

填写所使用的货物运价种类代号，如“M”代表起码运费；“N”代表 45 千克以下普通货物运价；“Q”代表 45 千克以上普通货物运价。本栏也可留空不填，由承运人或其代理人填写。

阅读资料

运 价 类 别

(1) 普通货物运价。

① 基础运价(代号 N):民航总局统一规定各航段货物基础运价,基础运价为 45 千克以下普通货物运价,金额以角为单位。

② 重量分界点运价(代号 Q):国内航空货物运输建立 45 千克以上、100 千克以上、300 千克以上 3 级重量分界点及运价。

(2) 等级货物运价(代号 S)。

急件、生物制品、珍贵植物和植物制品、活体动物、骨灰、灵柩、鲜活易腐物品、贵重物品、枪械、弹药、押运货物等特种货物实行等级货物运价，按照基础运价的 150%计收。

(3) 指定商品运价(代号 C)。

对于一些批量大、季节性强、单位价值低的货物，航空公司可申请建立指定商品运价。

(4) 最低运费(代号 M)。

每票国内航空货物最低运费为人民币 80 元。

19. CHARGEABLE WEIGHT (收费重量)

本栏内的计费重量应由承运人或其代理人在量过货物的尺寸(以厘米为单位)由承运人或其代理人算出计费重量后填入，如托运人已经填上时，承运人或其代理人必须进行复核。

20. RATE /CHARGE(费率)

此栏留空不填。

21. NATURE AND QUANTITY OF GOODS (INCL. DIMENSIONS OR VOLUME) (货物名称及重量<包括体积或尺寸>)

填写具体货名与数量。货名不得用统称，危险物品应填写其标准学术名称；外包装要注明尺寸或体积，按长×宽×高×件数的顺序填写。本栏所属填写内容应与出口报关发票和进口许可证上所列明的相符。

22. SHIPPER'S INSTRUCTIONS IN CASE OF INABILITY TO DELIVER SHIPMENT AS CONSIGNED (在货物不能交于收货人时，托运人指示的处理方法)

托运人根据需要做出指示。

23. HANDLING INFORMATION (INCL. METHOD OF PACKING, IDENTIFYING MARKS AND NUMBERS ETC.) (处理情况<包括包装方式、货物标志及号码等>)

填写货物在运输、中转、装卸和仓储时需要注意的事项，如货物的包装形式、标志、名称、货物外包装所用的材料，并注明数量和包装种类。

24. SIGNATURE OF SHIPPER, DATE (托运人签字、日期)

由托运人或其代理人签字或盖章，并填写托运人或其代理人交货的日期。

25. AGENT,DATE (经办人、日期)

由承运人或其代理人的经办人签字，并填写日期。

(二) 航空公司签发航空运单

航空运单与海运提单类似也有正面、背面条款之分，不同的航空公司也会有自己独特的航空运单格式。但各航空公司所使用的航空运单大多数借鉴 IATA[1]所推荐的标准格式，差别并不大，在此介绍一下主要栏目内容。

1. 货运单号码(The Airway Bill Number)

货运单号码应清晰地印在货运单的左右上角及右下角。编号由 11 位数字组成，前 3 位一

① IATA 系“International Air Transport Association”(国际航空运输协会)的缩写。

般是 IATA 统一编制的航空公司代码，如我国的国际航空公司的代码就是 999，日本航空公司的代号为 131 等。后面的数码是由航空公司填入的货运单序号及检验号。

2. 始发站机场(Airport of Departure)

需要填写 IATA 统一制定的始发站机场或城市的三字代码(如果始发地机场名称不明确，可填制机场所在地 IATA 三字代码)。

3. 托运人(发货人)名称和地址(Shipper's Name and Address)

填写托运人姓名(名称)、地址、国家(或国家两字代码)以及托运人的电话、传真、电传号码等联络方法。信用证方式下必须与受益人名称地址一致。在托收方式下，一般填合同中卖方相应的信息。

阅读资料

托运人

(1) 托运人可以是货主，也可是货运代理人。如采用的是集中托运，则通常托运人是货运代理人；如采用的是直接托运，托运人是货主。

(2) 当托运的是危险货物时，必须由货主直接托运，因而托运人填写的是货主，航空公司不接受货运代理人的托运。

(3) 在信用证结汇方式下，托运人一般填受益人相应的信息；在托收方式下，一般填合同中卖方相应的信息。

4. 托运人(发货人)账号(Shipper's Account No.)

只在必要时填写，以便承运人在收货人拒付运费时向托运人索偿，可留空不填。

5. 收货人名称和地址(Consignee's Name and Address)

此栏为航空运单的抬头，应填写收货人名称、住址、所在国家(或国家两字代码)以及收货人的电话、传真、电传号码等联络方法。信用证结算方式下，应按信用证规定填写，有的是以开证申请人为收货人，有的以开证行为收货人。如果信用证没有特殊规定，空运单必须做成记名抬头，不能做成指示抬头。托收结算方式下一般填写合同中的买方。

阅读资料

收货人

(1) 与海运提单不同，因为空运单不可转让，所以航空运单必须是记名抬头，不得填写“To order”或“To order of shipper”字样。

(2) 收货人可以是实际收货人，也可是货运代理人。集中托运时收货人通常是货代，直接托运时为实际收货人。

(3) 承运人一般不接受一票货物有两个及以上的收货人。若在实际业务中有，则在该栏内填写第一收货人，同时在通知栏内填写第二收货人。

6. 收货人账号(Consignee's account No.)

同第 4 栏一样，只在必要时填写。

7. 承运人代理人的名称和所在城市(Issuing Carrier's Agent Name and City)

若运单由承运人的代理人签发时，本栏填写实际代理人的名称及城市名或所在机场名称；如果运单直接由承运人本人签发时，此栏可空白不填。

8. 代理人的 IATA 代码(Agent's IATA Code)

本栏由承运人填写代理人的国际航空运输协会代码，规范填写方式为“代理人代码/城市代码”。如 JHJ/SHA 表示由上海锦海捷亚货运代理公司填开货运单。但若信用证或合同无特殊规定，一般可不填。

9. 代理人账号(Account No.)

此栏填写代理人账号，供承运人结算时使用，一般不填。

10. 始发站机场及所要求的航线(Airport of Departure and Requested Routing)

填写第一承运人地址和所要求的运输路线。此栏填写与第 2 栏中一致的始发站机场或所在城市的名称即可，以及所要求的运输路线，不得简写或使用代码。

11. 运输路线和目的站(Routing and Destination)

(1) 至(第一承运人)To (by first carrier)。

如无转运，填写目的站机场名称；如需转运，填第一个转运点的 IATA 三字代码(当该城市有多个机场，不知道机场名称时，可用城市代号)。

by first carrier，填写第一承运人的名称或 IATA 代码。

(2) 至(第二承运人)To (by second carrier)。

填写目的地机场或第二个转运点的 IATA 三字代码(当该城市有多个机场，不知道机场名称时，可用城市代号)。

by second carrier，填写第二承运人的全称或代码，以此类推。

12. 会计事项(Accounting Information)

本栏填写与费用结算有关的事项。如运费预付、到付或发货人结算使用信用卡号、账号以及其他必要的情况。货物到达目的站无法交付收货人而需退运的，应将原始货运单号码填入新货运单的本栏内。

13. 货币(Currency)

填写始发国的 ISO(国际标准组织)的货币代码，如 USD、HKD。

14. 收费代号(CHGS Code)

本栏表明支付方式，一般不需填写，仅供电子传送货运单信息时使用。

15. 航空运费及声明的价值费(WT/VAL)

航空运费 WT(Weight Charge)是指根据货物计费重量乘以适宜的运价收取的运费。声明价值费 VAL(Valuation Charge)是指下面 17 栏向承运人声明了价值时，必须与运费一起交付声明价值费。若该栏费用是预付，则在 PPD(PREPAID)中打“×”表示预付；若是到付，则在 COLL(COLLECT)中打“×”表示到付。

16. 其他费用(Other)

其他费用，Other (charges at origin)是指在始发站的其他费用预付和到付。在 PPD 中打“×”表示预付，在 COLL 中打“×”表示到付。

17. 供运输用声明价值(Declared Value for Carriage)

在此栏填入发货人要求的用于运输的声明价值，一般可按发票金额填写。如果发货人没有声明价值，此栏必须填制“NVD”(No Value Declared)字样，即没有申报价值。

18. 供海关用声明价值(Declared Value for Customs)

此栏所填价值是提供给海关的征税依据。当以出口货物报关单或商业发票作为征税标准时，本栏可空白不填或填“AS PER INV.”；如果货物系样品等数量少且无商业价值，可填“NCV”(No Customs Valuation)，表明没有商业价值。

19. 目的地机场(Airport of Destination)

填写最后承运人的目的地机场全称。

20. 航班及日期(仅供承运人使用)(Flight/Date for Carrier's Use only)

本栏一般不需要填写，除非参加运输各有关承运人需要。

21. 保险的金额(Amount of Insurance)

如果承运人向托运人提供代办货物保险业务时，此栏填制托运人货物投保的金额。如果承运人不提供此项服务或托运人不要求投保时此栏内必须填制“×××”符号。

22. 运输处理注意事项(Handing Information)

可利用本栏填写需要注明的内容，例如：被通知人；飞机随带的有关商业单据名称；包装情况；发货人对货物在途时的某些特别指示；对第二承运人的要求；等等。

23. 货物件数和运价组合点(No. of Pieces,RCP,Rate Combination Point)

填入货物包装件数。如 10 包即填“10”。当需要组成比例运价或分段相加运价时，在此栏填入运价组成点机场的 IATA 三字代码。

24. 毛重(Gross Weight)

填入适用于运价的货物实际毛重(以千克为单位时可保留至小数后一位)。

25. 重量单位(kg/Lb)

以千克为单位用代号“kg”；以磅为单位用代号“Lb”。

26. 运价等级(Rate Class)

填写所采用的货物运价等级代码。针对不同的航空运价共有 10 种代码(见表 3-1) 。

表 3-1　航空货运的运价等级

代码	运价英文名称	运价中文名称
M	Minimum Charge	起码运费，也称最低运费
N	Normal Rate	45 千克以下货物适用的普通货物运价
Q	Quantity Rate	45 千克以上货物适用的普通货物运价
C	Specific Commodity Rates	特种商品运价
R	Class Rate Reduction(Reduced Rate)	等级货物附减运价即低于普通货物运价的等级货物运价
S	Class Rate Surcharge	等级货物附加运价即高于普通货物运价的等级货物运价
U	Unit Load Device Basic Charge or Rate	集装化设备基本运费或运价
E	Unit Load Device Additional Rate	集装化设备附加运价
X	Unit Load Device Additional Information	集装化设备附加说明
Y	Unit Load Device Discount	集装化设备折扣

【练习 3-6】(单项选择题，2008 年试题)

航空公司的运价通常以“S”表示(　　)运价。

A．最低运价　　B．附减运价　　C．附加运价　　D．普通运价

27. 商品代码(Commodity Item No.)

在使用特种运价时需要在此栏填写商品代码，通常情况下可以不填。使用指定商品运价时，此栏打印指定商品品名代号；使用等级货物运价时，此栏打印附加或附减的比例(百分比)；如果是集装货物，打印集装货物运价等级。

28. 计费重量(Chargeable Weight)

此栏填入航空公司据以计算运费的计费重量，一般按毛重计费，如果按体积计算的重量大于实际毛重，则将体积重量填入。若属于“M”运价等级或以尺码计费者，则此栏可留空不填。

【练习 3-7】(多项选择题，2008 年试题)

空运货物的计费重量可按如下计算(　　)。

A．按实际毛重　　B．按体积重量

C．按较高重量分界点的重量　　D．按较低重量分界点的重量

阅读资料

计费重量

所谓计费重量就是据以计算运费的货物的数量。

(1) 重货(High density cargo)。重货是指那些每 6000 立方厘米或每 366 立方英寸重量超过 1 千克或者每 166 立方英寸重量超过一磅的货物。重货的计费重量就是它的毛重。

如果货物的毛重以千克表示，计费重量的最小单位是 0.5 千克。当重量不足 0.5 千克时，按 0.5 千克

计算；超过0.5千克不足一千克时按一千克计算。如果货物的毛重以磅表示，当货物不足一磅时，按一磅计算。

(2) 轻货(Low density cargo)。轻货或轻泡货物是指那些每6000立方厘米或每366立方英寸重量不足1千克或者每166立方英寸重量不足1磅的货物。

轻泡货物以它的体积重量(Volume Weight)作为计费重量，计算方法如下。

① 不考虑货物的几何形状分别量出货物的最长、最宽、最高的部分，单位为厘米或英寸，测量数值的尾数四舍五入。

② 将货物的长、宽、高相乘得出货物的体积。

③ 将体积折合成千克或磅，即根据所使用不同的度量单位分别用体积值除以6000立方厘米或366立方英寸或166立方英寸。体积重量尾数的处理方法与毛重尾数的处理方法相同。即以0.5千克为最小单位。根据国际航协规定，将货物的体积按一定比例折合成的重量，称为体积重量。其计算规则为：以0.006立方米作为1千克来计算。

(3) 多件货物。在集中托运的情况下，同一运单项下会有多件货物，其中有重货也有轻货，此时货物的计费重量就按照该批货物的总毛重或总体积重量中较高的一个计算。也就是首先，计算这一整批货物总的实际毛重；其次，计算该批货物的总体积，并求出体积重量；最后，比较两个数值，并以高的作为该批货物的计费重量。

【练习3-8】(判断题，2010年试题)

根据国际航协规定，体积重量是以0.008立方米作为1千克来计算的。(　　)

29. 运价或运费(Rate/Charge)

填写该货物适用的费率。当使用最低运费时，此栏与运价代号“M”对应填制最低运费。当货物为等级货物时，此栏与运价代号“S”、“R”对应填制附加或附减后的运价。

30. 运费总额(Total)

填写计收运费总额，即计费重量与适用费率相乘后的运费金额，如果是最低运费或集装货物基本运费时，本栏与“运价与运费(rate/charge)”填写的金额相同。

31. 货物品名、数量，含尺码或体积(Nature and Quantity of Goods incl. Dimensions or volume)

填写合同或信用证中规定的货物名称和数量(数量指尺码或体积)。尺码应以厘米或英寸为单位，尺寸分别以货物最长、最宽、最高边为基础；体积则是上述3边的乘积，单位为立方厘米或立方英寸。

32. 计重运费，预付或到付(Weight Charge,Prepaid/ Collect)

在对应的“预付”或“到付”栏内填写按重量计算的运费额。

33. 声明价值费、税费(Valuation Charge,Tax)

声明价值费和适用的税款与货物计重运费一起必须全部预付或到付。

34. 其他费用(Other Charges)

其他费用是指除运费和声明价值附加费以外的其他费用。根据IATA规则各项费用分别用 3 个英文字母表示。其中前两个字母是某项费用的代码，如运单费就表示为 AW(Air Waybill Fee)。第 3 个字母是 C 或 A，分别表示费用应支付给承运人(Carrier)或货运代理人(Agent)。

35. 由代理人收取的其他费用总额(Total Other Charges Due Agent)

对应在“预付”或“到付”栏内填入由代理人收取的其他费用总额。

36. 由承运人收取的其他费用(Total Other Charges due Carrier)

对应在“预付”或“到付”栏内填入由承运人收取的其他费用总额。一般填写“AS ARRANGED”。

37. 预付费用总额、到付费用总额(Total Prepaid/Total Collect)

填写预付或到付的运费及其他费用总额，也可填写“AS ARRANGED”。

38. 托运人签字栏(Signature of Shipper or his Agent)

打印托运人名称并令其在本栏内签字或盖章。

39. 承运人填写栏

(1) 签发运单日期(Executed on Date)。

签单以后正本航空运单方能生效。本栏表示日期为签发日期，也就是本批货物的装运日期。本栏的日期不得晚于信用证规定的装运日期或合同规定的最迟装运日期。

(2) 签发运单地点(At Place)。

填写航空运单的签发地点。

(3) 承运人或其代理人签字(Signature of Issuing Carrier or as Agent)。

由运单的承运人或其代理人在本栏内签字。如果是代理人签字，需要加注“AS AGENT”；如果是承运人签字，需加注“AS CARRIER”。

以上所有内容不一定要全部填入空运单，IATA 也并未反对在运单中写入其他所需的内容。但这种标准化的单证对航空货运经营人提高工作效率，促进航空货运业向电子商务的方向迈进有着积极的意义。

应用实例

本批出口商品系采用航空运输方式运输，在工厂进行备货时，上海兴盛贸易公司向各家货运代理公司询价，最终确定委托上海航空国际货物运输服务有限公司代为订舱，以便及时履行合同项下的交货和交单的义务。2011 年 7 月 3 日，王华小姐在办理完普惠制产地证明书业务后，根据合同和实际出货信息，填写国际货物托运书，按要求办理出口货物航空业务手续。

中国民用航空总局

GENERAL ADMINISTRATION OF CIVIL AVIATION OF CHINA

国际货物托运书

SHIPPER'S LETTER OF INSTRUCTION

货运单号码

NO. OF AIR WAYBILL:JH-FLSINV06

始发站 AIRPORT DEPARTURE SHANGHAI	到达站 AIRPORT OF DESTINATION PARIS	供承运人用 FOR CARRIER USE ONLY

路线及到达站 ROUTING AND DESTINATION	航班/日期 FLIGHT/DAY	航班/日期 FLIGHT/DAY

至 TO	第一承运人 BY FIRST CARRIER	至 TO	承运人 BY	至 TO	承运人 BY	至 TO	承运人 BY	已预留吨位 BOOKED

收货人帐号 CONSIGNEE'S ACCOUNT NUMBER	收货人姓名及地址 CONSIGNEE'S NAME AND ADDRESS GOLDEN MOUNTAIN TRADING CO.,LTD NO.36 THE FIRST LYON STREET,PARIS, FRANCE	运费： CHARGES: FREIGHT PREPAID

另行通知 ALSO NOTIFY　　SAME AS CONSIGNEE

托运人账号 SHIPPER'S ACCOUNT NUMBER	托运人姓名及地址 SHIPPER'S NAME & ADDRESS SHANGHAI XINGSHENG TRADING CORPORATION 8003 CHANGLE ROAD SHANGHAI CHINA

托运人声明的价值 SHIPPER'S DECLARED VALUE		保险金额 AMOUNT OF INSURANCE	所附文件 DOCUMENTS TO ACCOMPANY AIR WAYBIL
供运输用 FOR CARRIAGE NVD	供海关用 FOR CUSTOMS NCV		

件数 NO.OF PACKAGES	实际毛重 ACTUAL GROSS WEIGHT(KGS)	运价类别 RATE CLASS	收费重量 CHARGE ABLE WEIGHT	费率 RATE /CHARGE	货物名称及重量 (包括体积或尺寸) NATURE AND QUANTITY OF GOODS (INCL. DIMENSIONS OR VOLUME)
50CTNS	600				GOODS:PUER TEA QUANTITY:50CARTONS VOLUME: 15CBM

在货物不能交于收货人时，托运人指示的处理方法 SHIPPER'S INSTRUCTIONS IN CASE OF INABILITY TO DELIVER SHIPMENT AS CONSIGNED
处理情况(包括包装方式、货物标志及号码等) HANDLING INFORMATION (INCL. METHOD OF PACKING, IDENTIFYING MARKS AND NUMBERS ETC.)

托运人证实以上所填全部属实并愿遵守托运人的一切载运章程

THE SHIPPER CERTIFIES THAT THE PARTICULARS ON THE FACE ARE CORRECT AND AGREES TO THE CONDITIONS OF CARRIAGE OF THE CARRIER.

托运人签字 王华　　日期 2011.07.03　　经收人 李明　　日期 2011.07.03

SIGNATURE OF SHIPPER　　DATE　　AGENT　　DATE

Shipper' Name and Address	Shipper's Account Number	Not negotiable
SHANGHAI XINGSHENG TRADING CORPORATION 8003 CHANGLE ROAD SHANGHAI CHINA		**Air Waybill** **中国东方航空公司** Issued by CHINA EASTERN AIRLINES 2250 HONGQIAO ROADSHANGHAI CHINA
Consignee's Name and Address	Consignee's Account Number	Copies 1,2 and 3 this Air Waybill are originals and have the same validity
GOLDEN MOUNTAIN TRADING CO.,LTD NO.36 THE FIRST LYON STREET,PARIS, FRANCE		It is agreed that goods described herein are accepted in apparent good order and condition (except as noted) for carriage SUBJECT TO THE CONDITIONS OF CONTRACT ON THE REVESE HEREOF. ALL GOODS MAY BE CARRIED BY ANY OTHER MEANS INCLUDING ROAD OR ANY OTHER CARRIER UNLESS SPECIFIC CONTRARY INSRUCTIONS ARE GIVEN HEREON BY THE SHIPPER, AND SHIPPER AGREES THAT THE SHIPPMENT MAY BE CARRIED VIA INTERMEDIATE STOPPING PLACES WHICH THE CARRIER DEEMS APPROPRIATE. THE SHIPPER'S ATTENTION IS DRAWN TO THE NOTICE CONCERNING CARRIER'S LIMIATION OF LIABILITY. Shipper may increase such limitation of limitation of liability by declaring a higher value for carriage and paying a supplemental charge if required.
Issuing Carrier's Agent Name and City		
Agents IATA Code	Account No.	Accounting Information FREIGHT PREPAID
Airport of Departure (Addr. Of First Carrier) and Requested Routing SHANGHAI AIRPORT		

To	By First Carrier	Routingand Destination	To	By	To	By	Currency USD	Chgs Code	WT/VAL PPD	WT/VAL COLL	Other PPD	Other COLL	Declared Value for Carrier	Declared Value for Customs
									xx		xx		N.V.D	

Airport of Destination	Requested Flight/Date	Amount of Insurance	If shipper requests insurance in accordance with the conditions thereof indicate amount to be insures in figures in box marked "Amount of Insurance".
PARIS AIRPORT	OZ389 JULY 20,2011		

Handing Information

No. of Place RCP	Gross Weight	Kg lb		Rate Class Commodity Item No.	Chargeable Weight	Rate Charge		Total	Nature and Quantity of Goods (Incl. Dimensions or Volume)
50	600	K	Q		600	1.00		600.00	GOODS:PUER TEA QUANTITY:50CARTONS VOLUME:15CBM

Prepaid	Weight Charge	Collect	
600			Other Charges AWB FEE : 30.00
Valuation Charge			
Tax			
Total other Charges Due Agent 30.00			Shipper certifies that particular's on the face hereof are correct and agrees THE CONDITIONS ON REVERSE HEREOF: SHANGHAI / AIR EXPORT 王华 Signature Shipper or his Agent
Total other Charges Due Carrier			
Total Prepaid		Total Collect	Carrier certifies that the goods described here on are accepted for carriage subject to THE CONDITION OF · CONTRACT ON THE REVERSE HEREOF. The goods then being in apparent good order and condition except as noted hereon. JULY. 04,2011 SHANGHAI,CHINA CHINA EASTERN AIRLINES 中国东方航空公司 印章 Executed on (date) at (place) Signature of issuing Carrier
630.00			
Currency Conversion Rate in Dest.. Currency		CC Charges	
For Carriers Use only at Destination		Charges at Destination	Total Collect Charges 021-56882888

任务完成心得

航空运单是指托运人委托承运人或其代理填制的，托运人和承运人之间为在承运人航线上承运托运人货物所订立运输契约的凭证，是办理货物运输的依据，是计收货物运费的财务票证，也是货主银行结汇文件之一。

航空货运单的作用主要包括：航空货物运输条件和合同证明；货物交付后的收据，银行结汇单据之一；运费结算凭证和运费收据；承运人接收货物的初步证据和货物运输全过程中作出运程及路线安排的依据；货物保险证明；是进口方办理货物清关和提货的证明文件。

航空运单使用时的注意事项包括：空运单不可转让；一份空运单可用于不同种类货物的运输；一份空运单可用于全程运输；一份空运单只能用于一个托运人；航空货运单由航空公司注册印制；托运人对填写的货物说明或声明的正确性负责；货运单的法律有效期为两年；提交开给发货人或托运人的正本(蓝色正本 3)；空运单的更正处必须有承运人或其代理人的证实或小签。

任务五　出口商办理交单结汇业务

任务引入

王华小姐从上海航空国际货物运输服务有限公司取得航空运单，从保险公司取得保险单，从检验检疫局取得品质证书、产地证等，按照要求缮制商业汇票和托收委托书，经过仔细审核持全套托收单据向中国银行上海分行办理委托收款业务。

一、委托收款业务流程

委托收款是指出口商在按合同规定的装运期限发货，凭全套托收单据委托托收行收取货款。具体业务流程如图 3.5 所示。

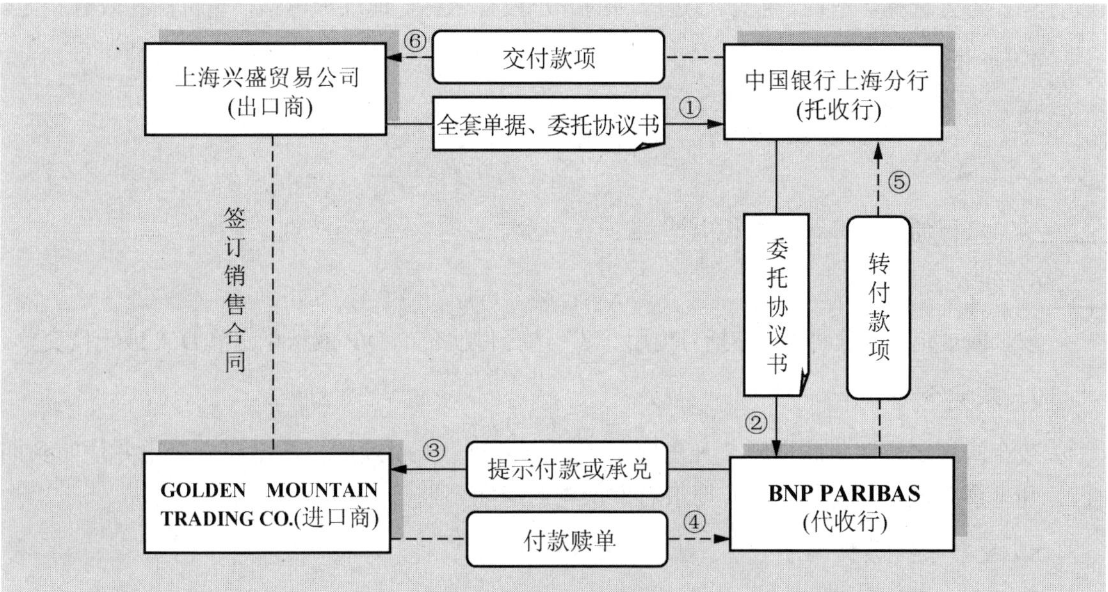

图 3.5　委托收款业务流程

① 出口商(委托人)应按合同的规定缮制各种单据以及委托协议书委托托收行收款。
② 托收行认真审核委托协议书，审核无误后向代收行(指示行)发出托收指示。
③ 代收行向进口商(付款人)提示，要求对汇票付款或承兑。
④ 进口商(付款人)审单无误后付款赎单，并办理进口货物报检和报关手续。
⑤ 代收行收妥货款后将款项转付给托收行。
⑥ 托收行将款项交给委托人。

【练习 3-9】(单项选择题，2011 年试题)

接受汇出行的委托将款项解付给收款人的银行是(　　)。

A．托收行　　B．汇入行　　C．代收行　　D．通知行

二、办理托收业务

(一) 托收委托书的内容与缮制方法

托收委托书一式三份，一份于交单时银行签收后退给公司，一份于结汇时作回单退给公司，一份交由银行留底。其缮制方法如下。

1．委托日期

填写实际委托日期。

2．托收行

此栏银行事先已印制好。

3．代收行名称、地址

代收行即收单行，应选择进口地的联行、账户行或代理行，如进口商所在地没有，可就近选择。如委托人指定代收行，则指定的代收行是托收行的联行或代理行的可接受，否则托收行有权自行选择。本栏一般填写进口商的开户银行名称、地址和电话，也可由托收行指定。

4．委托人

填写出口商的名称。

5．付款人

填写进口商的名称、地址和电话。

6．托收类别

按合同规定的托收种类，在括号内用“√”选择付款交单 D/P 或承兑交单 D/A 或无偿交单。

7．期限/到期日

按合同规定注明付款期限，凡出票后或装船后若干天付款的，应由我方算出并注明到期日。凡见票后若干天付款的，应要求对方承兑后通知到期日。

8．发票号码/票据编号

填写本笔业务的发票号码。

9. 金额

填写发票总金额。

10. 国外费用承担人

在括号内用“√”选择实际承担国外费用者，通常是付款人。

11. 国内费用承担人

在括号内用“√”选择实际承担国内费用者，并注明该单据的份数。

12. 单据种类与份数

填写委托托收业务时向托收银行提交的单据，并注明该单据份数。

13. 特别指示

根据本笔业务实际需要，用“√”选择相应要求。

14. 付款指示

根据要求用“√”选择原币或人民币，并填写开户行的名称和账号。

15. 核销单编号

填写本笔业务核销单号码。

16. 联系人姓名、电话和传真号码

填写本笔业务联系人的姓名、电话和传真号码。

17. 公司签章

该公司公章。

(二) 商业汇票的内容与缮制方法

托收支付方式下的汇票可根据合同或其他有关要求缮制，一般以出票人的业务往来银行作为抬头人，即把单据交给哪家银行，汇票的抬头人就填这家银行的名称。托收汇票的表面格式与信用证支付方式的汇票相似，但其主要内容的缮制有较大区别。

1. 支付方式和付款期限(…At…Sight)

支付方式一般为D/P或者D/A，付款期限必须按合同规定填制，应填写在At与Sight的中间。即期付款交单在At和sight之间打“* * *”号，在At Sight前加“D/P”；远期付款交单是在“D/P at 与 days after Sight”之间填入付款的天数，如D/P at 90 days after Sight；承兑交单在At前加D/A，在At和Sight之间打上付款天数，如“D/A At 60 days after Sight”。

【练习3-10】(单项选择题，2011年试题)

某公司签发一张汇票，上面注明“AT 90 DAYS AFTER SIGHT”，这张汇票是(　　)。

A．即期汇票　　B．银行汇票　　C．远期汇票　　D．无效汇票

2. 受款人(Payee)

受款人也称抬头人或抬头，填写在汇票Pay to the order of一栏，托收方式下通常是托收行自己的分行或其代理行。

3. 出票依据(Drawn Under)

应写上合同号(或发票号)、商品件数、商品的总称，以便于查找核对，并打上“For Collection”字样，例如“Shipment of 100 cartons shoes as per Invoice No. CD96-130 For Collection.”，它标明发票号为“CD96-130”，商品名称“鞋”，商品的成交数量为“100箱”，支付方式为“Collection”。也可以在“Draw under”后面只填写“For Collection”。

4. 付款人(To)

在汇票的左下角有一英文单词“To”，汇票的付款人应填写在此栏。在托收中，汇票的付款人一栏一般填写合同中的买方的名称和地址。

应用实例

2011 年 7 月 20 日，王华小姐制作托收委托书和汇票并连同其他单据一起到银行办理托收。

中国银行 BANK OF CHINA

托收委托书
COLLECTION ORDER

致：中国银行上海市分行　　　　日期：2011-07-20

托收行（Remitting Bank）： **BANK OF CHINA SHANGHAI BRANCH**	**代收行（Collecting Bank）：** 名称：BNP PARIBAS 地址：22, avenue George V,75008 PARIS
委托人（Principal）： SHANG HAI　XINGSHENG TRADING CORPORATION	**付款人（Drawee）：** 名称：GOLDEN MOUNTAIN TRADING CO.,LTD 地址：NO.36 THE FIRST LYON STREET,PARIS 电话：0019-33-44-66

付款交单 D/P (√)承兑交单 D/A (　　) 无偿交单 FREE OF PAYMENT(　　)	期限/到期日：即期
发票号码/票据编号：TXT06522	国外费用承担人：☑ 付款人　☐ 委托人
金额：USD 85 000.00	国内费用承担人：☐ 付款人　☑ 委托人

单据种类	汇票√	发票√	提单	保险单√	装箱单√	重量单	产地证	FORM A√	检验证	公司证明	船证明	联运单据	空运单√		
份数	2	3		1	3			1					6		

特别指示：

1．邮寄方式：☑ 快邮　☐ 普邮　☐ 指定快邮 ________

2．托收如遇拒付，是否须代收行作成拒绝证书(PROTEST)：☑ 是　☐ 否

3．货物抵港时是否代办存仓保险：☑ 是　☐ 否

4．如付款人拒付费用及/或利息，是否可以放弃：☑ 是　☐ 否

5．________________________________

6．________________________________

付款指示：　　　　**核销单编号：** 3567482101

请将收汇款原币(√)人民币( )划入我司下列帐上：

开户行：中国银行上海分行　　账号：CN190292231387442

联系人姓名： 王华

电话： **(021)** 64809898　**传真：** **(021)** 64809899

上海兴盛贸易公司 公司签章 123456789

BILL OF EXCHANGE

凭　　　　　　　　　　　　　　　　　　　　　不可撤销信用证号码

Drawn under 50 CTNS OF PUER TEA AS PER S/C NO. WBTD0825 For Collection　Irrevocable L/C No.______

Date______________支取 Payable With interest @ ____%____按______息______付款

号码　　　　汇票金额　　　　上海

No. TXT06522　　Exchange for　　USD 85 000.00　　SHANGHAI JULY,20.2011

见票____________________日后　　(本汇票之副本未付)

D/P AT **** sight of this **FIRST** of Exchange (Second of Exchange being unpaid)

付交

Pay to the order of　BANK OF CHINA SHANGHAI BRANCH

金额

the sum of SAY U.S. DOLLARS EIGHTY FIVE THOUSAND ONLY

此致：

To　GOLDEN MOUNTAIN TRADING CO.,LTD

NO.36 THE FIRST LYON STREET,PARIS,FRANCE

上海兴盛贸易公司 陈辰 123456789

任务完成心得

非信用证结算方式下(汇付和托收)的出口主要单据基本相似，本任务主要以托收结算方式为主线来介绍相关单据的缮制，汇付方式下不再讲解。托收结汇是指出口商按照合同的规定发运货物后，填写托收委托书，并根据发票金额开出以进口方为付款人的汇票，随附全套托收单据向托收行提出委托申请，委托其通过它在进口地的代理银行向进口商收取货款。选择托收结算方式时，出口商装运货物后，应及时将有关托收单据交托收行办理托收。办理托收应注意以下事项。

(1) 调查进口人的资信情况，经营能力和经营作风。根据情况确定授信额度、成交金额与交货进度，避免买方借故资金紧张延期付款。国外代收行的选择要经过托收行的同意，才能利用，尽量不使用承兑交单。

(2) 争取使用 CIF 或 CIP 价格成交。采用 CIF 或 CIP 术语，提货前货物如果受损，买方拒付，我方可凭保险单向保险公司索赔；如果必须由买方保险，则出口商除应在货物装运后及时通知对方投保外，还可以投保“卖方利益险”，以防货物遇险，买方未投保又不付款赎单时，可由我方向保险公司索赔。

(3) 明确付款到期日。北欧和拉美许多国家习惯把“单到”付款或承兑，视为“货到”付款或承兑，这样会拖延付款时间，对我方不利，因此要明确规定。

(4) 了解进口国有关规定。欧洲有些国家不做远期 D/P，拉美国家则把远期 D/P 当成 D/A 处理。另外，有时货到单据未到，需要存仓、保险。有些国家海关规定货进仓 60 天内无人提货即公开拍卖。因此，应了解是否做远期 D/P 业务及货物存仓管理办法等。

(5) 代收行费用。如无特殊要求，应注明代收行费用由付款人负担，如“Your charges are to be borne by the drawee”。

(6) 关于拒绝付款或承兑。除非另有规定，如付款人拒绝付款或承兑，应请其通知拒绝付款或承兑的理由，并说明要或不要作成拒绝证书。

综合技能实训

基本要求：

根据提供的资料及外销合同制作 D/P 项下相关单据(发票、装箱单、出口报检单、汇票)。

业务资料：

(1) 卖方：ZHONGCHENG INTERNATIONAL TRADE CO., LTD
20，HANZHONG RD., NANJING, CHINA

(2) 买方：GREEN TRADE CO.
22 MARK STREET,OSLO,NORWAY

(3) 货名：HAND TOOLS

(4) 原产国：中国

(5) 单价： ART NO. 1018 USD4.00/SET、ART NO. 1019 USD3.00/SET CIF OSLO

(6) 数量：ART NO. 1018 500SETS、ART NO. 1019 500SETS

(7) 装运期限：NOT LATER THAN APRIL 30,2012 BY AIR.

(8) 装运港：南京(NANJING AIRPORT) 目的港：奥斯陆(OSLO AIRPORT)

(9) 付款方式：BY D/P AT 30 DAYS AFTER B/L DATE

(10) 保险：TO BE EFFECTED BY THE SELLER AT 110% OF THE INVOICE VALUE COVERING ALL RISKS AND WAR RISK AS PER PICC CLAUSES.

(11) 合同号：05SUG0012 合同日期：FEB.6,2012 发票号：ET335

(12) 制作发票和装箱单的日期：12.04.10

(13) 报检单位联系人：张敏 电话：67678333

(14) 航班号：SP6664441R 开航日：12.04.15 航空运费：1000 美元

(15) 商品编码：8204.1100

(16) 包装情况：ART NO. 1018 10 套装一纸箱 每箱毛重 12 千克 净重 10 千克 体积 0.2 立方米/箱

ART NO. 1019 8 套装一纸箱 每箱毛重 10 千克 净重 8 千克 体积 0.1 立方米/箱

(17) 假定此货物属法定检验范围

(18) 报检随附单据为合同、发票、装箱单

(19) 托收银行：中国银行江苏分行

(20) 船唛：自编一个标准化唛头

项目四　出口收汇核销与出口退税单证的缮制

项目学习目标

- 了解出口核销及退税的相关政策和法律知识
- 明确出口收汇核销及退税的意义和作用
- 熟悉出口收汇核销及退税单的内容及特点
- 掌握出口收汇核销单的填制方法
- 能够独立办理外汇核销与出口退税的手续

项目导入

出口收汇核销制度，是外汇管理局对出口单位的出口货物实施跟踪监管，直到货款收回进行核销的一种事后监督制度。由国家职能部门对出口企业的出口货物进行“跟单”核销、逐笔管理，其目的是为了督促企业安全、及时收汇。出口企业办理好出口收汇核销后，按有关规定向出境地国税局主管退税的机关办理退税手续。

上海兴盛贸易公司获知出口货款已到账，应根据我国国家外汇管制等有关规定办理出口收汇核销，并将外汇按当日的牌价兑换成人民币。然后持该笔出口业务的商业发票、增值税专用发票、出口货物报关单(出口退税专用)、核销单(出口退税专用)等全套出口退税单证到国家税务局办理出口退税申报手续。

任务一　出口商办理出口收汇核销业务

任务引入

货物出口后，出口商必须在规定期限内将货款收回，并向外汇管理局核销，此即出口收汇核销制度。王华小姐获知货款已到账，于是向国家外汇管理局领取出口收汇核销单，按照合同、发票的有关内容进行缮制，并持该笔业务的有关单据向国家外汇管理局办理核销手续。

一、办理出口收汇核销业务流程

出口收汇核销是以外汇管理局为主体，出口收汇核销单为连线，把出口收汇的各个环节串联起来，一切工作都围绕着核销单进行。出口收汇核销单制度将外汇管理局、银行、税务、海关及出口企业有机结合起来，采取的是事后监督与事前监督并举的方式，并充分考虑到银行间和贸易上的国际惯例及我国的有关规定。除少数几种方式的出口(如捐赠、暂时出口等)外，其他一切贸易方式下的出口，出口企业都必须事先从外汇管理部门领取有顺序编号的核销单，并如实填写。出口收汇核销业务流程如图 4.1 所示。

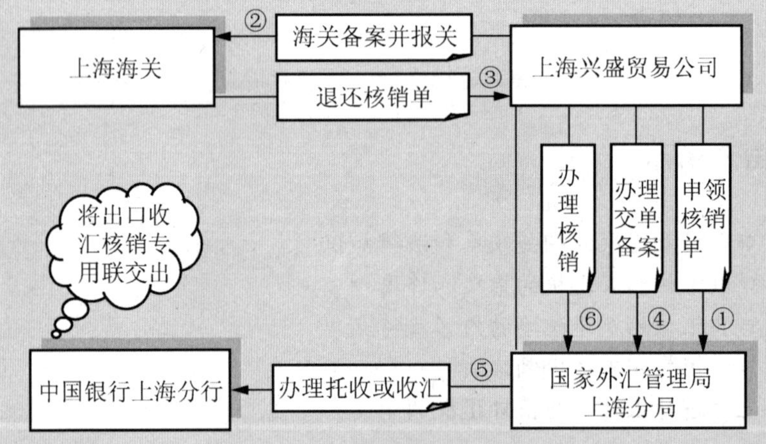

图 4.1　出口收汇核销业务流程

① 出口企业通过“中国电子口岸出口收汇系统”在网上向外汇管理局申领出口收汇核销单，核销单仅用于领单企业报关出口，不得借用、冒用、转让和买卖。

② 出口企业到海关报关前，必须上网向报关地海关进行核销单的口岸备案，然后凭已填写的核销单、出口报关单和其他有关单据向海关报关。

③ 海关核准无误后，在核销单“海关签注栏”处加盖“验讫章”，并对电子口岸上的核销单电子底账进行已用的核注。然后海关将报关单电子底账和核销单核注情况通过电子口岸传给外汇管理部门，结关后将核销单退还出口企业。

④ 出口企业在在货物出口后不需再到外汇管理局进行手工交单，但必须上网将已用于出口报关的核销单向外汇管理局交单备案。

⑤ 出口企业通过指定外汇银行收汇，向银行提供核销单号。银行办理结汇或直接入账出口企业原币外汇之后，通过国际收支申报系统，向外汇管理部门申报，并将出口收汇核销专用联交出口企业(出口企业申报外汇收入以后，银行才能从系统中打出此专用联)。

⑥ 出口企业持经海关签章的出口收汇核销单及其他有关文件，到外汇管理局办理核销。

阅读资料

出口收汇核销的当事人及其职责

(1) 出口收汇核销的当事人。出口收汇核销工作所涉及的当事人主要有出口单位、外汇管理部门、海关、银行。

(2) 出口收汇核销当事人的职责。

① 出口单位的职责。出口单位在货物出口报关以前，需向所在地的外汇管理局申领出口收汇核销单，如实填写核销单及有关的出口报关单据，并凭以向海关办理有关报关或退关手续。

在信用证或托收项下，出口单位向受托行交单，在货款结汇后，凭银行的结汇水单和经海关验讫的核销单，及时到外汇管理局办理核销；在汇付方式下，出口单位在货款结汇后，凭银行的收账通知单供核销专用联，并由银行在核销单上盖章以表明该核销单项下的货物出口已办理结汇和收账的情况，及时到外汇管理局办理核销。

如果发生了核销单遗失、出口货物退关的情况，要及时向外汇管理局申报，办理作废和注销手续。同时，出口单位也要积极向外商催收出口逾期未收款，按期向外汇管理局通报逾期未交单、逾期未收款以及其他支付贸易从属费用的情况。

② 外汇管理部门的职责。

第一，制定完善的出口收汇核销管理的法规，并组织具体实施；统一印刷、核发出口收汇核销单；办理所在地的出口单位已使用的核销单的收回、核销以及异地原币划入的核销和异地原币划出的通知手续。

第二，定期办理核销单作废、报关后核销单遗失以及退关后核销单注销等手续。

第三，定期处理逾期未交单、逾期未收款的情况，并审核各项出口收汇贸易的应收款项、实收款项和已扣款项以及其他支付贸易从属费用的情况。

第四，统计分析出口收汇核销情况、动态和趋势，查处违反出口收汇核销法规的行为。

③ 海关的职责。对出口收汇核销手续范围内的货物报关，海关必须要求出口单位附核销单，经审核无误后，在核销单和有核销单编号的出口货物报关单上加盖验讫章，并签注日期。实际出口货物总价发生变动时，应在更改单上签注意见并加盖专用章。

④ 银行(受托行/解付行)的职责。受托行是指经国家外汇管理局批准，有权接受出口单位委托对外办理交单索汇的金融机构(包括中国境内的外资银行、中外合资银行、中资银行和非银行金融机构)；解付行是指经国家外汇管理局批准，有权接受出口单位委托对外办理交单索汇，对内办理货款收妥即向出口单位出具结汇水单或收账通知的金融机构。

在信用证项下结汇的，银行需提供结汇水单，以供出口单位核销用；采用汇付方式结汇的，在进账通知单的基础上，再补加一联收账通知单，注明有关核销单号码等，并加盖出口核销结汇章。同时，银行要加强对出口单位逾期未收汇的监督，及时向国外银行办理催收，向各出口单位通报逾期未收汇的情况。

【练习 4-1】(判断题，2007 年试题)

出口收汇核销单由国家外汇管理局统一印制，通常为出口商办理完出口退税后，才能办理出口收汇的核销。(　　)

二、出口收汇核销单的内容与缮制方法

出口收汇核销单是由国家外汇管理局统一印制，由出口企业和银行缮制，海关凭其受理报关，各级外汇管理部门凭以核销外汇的凭证。它一式三联，第一联为核销单存根联，由出口企业留存，第二联为出口收汇核销单，由外汇管理局留存，第三联为核销单出口退税专用联。出口企业应该按照栏目要求，如实正确填写。

(一) 核销单(存根联)的内容与缮制方法

核销单存根联的填制应以本套结汇单据的发票和出口报关单为依据，在出口报关后交当地外汇管理局备案。

1. 编号

编号事先已由国家外汇管理局统一印就，无须出口商填写。

2. 出口单位名称

出口单位名称一栏注明合同的出口商全称，并加盖公章，同时它应与出口货物报关单、发票同项内容一致。

3. 单位代码

单位代码一栏填写领取核销单的单位的组织机构代码，由9位数代码组成。

4. 出口币种总价

出口币种总价一栏填写出口成交货物总价及使用币种，按收汇的原币种和收汇总额填写，通常与商业发票总金额相同。

5. 收汇方式

收汇方式一栏根据合同的规定填制，如L/C、D/P、D/A或T/T 等。如远期收汇，还需列明相应的远期收汇天数。

6. 预计收款日期

预计收款日期一栏根据具体的收汇方式，推算出可能收汇的日期。本栏也可不填。具体的推算方法如下。

(1) 即期信用证或托收项下的货款，近洋地区为寄单日后第25天，远洋地区则为35天。

(2) 远期信用证或托收项下的货款，近洋地区为付款日后第35天，远洋地区则为45天。

(3) 分期付款要注明每次收款日期和金额;寄售项下的货款最迟在报关日起360天之内结汇，自寄单据项下的货款，自报关日起50天内结算。

7. 报关日期

报关日期一栏按海关放行日期填写。

8. 备注

备注一栏填写出口单位就该核销单项下需要说明的事项。例如：委托代理方式下，代理出口企业必须注明委托单位名称，并加盖代理出口企业的公章；属联合对外出口的，应注明其他单位名称及出口金额，并加盖报关单位公章；原出口商品如发生变更的，要填原核销单的编号等。

9. 此单报关有效期截止到

通常填写出口货物的装运日期。

(二) **出口收汇核销单(正联)的内容与缮制方法**

1. 编号

编号已由外汇管理部门预先编印，同存根部分(第一联)。

2. 出口单位

填写企业名称和单位代码，参照存根同名栏目的填写方法。

3. 银行签注栏

由银行填写商品的类别号、货币名称和金额，注明日期，并加盖银行公章，现在一般不填。

4. 海关签注栏

海关验放该核销单项下的出口货物后，在该栏目内加盖“放行”或“验讫”章，并填写放行日期。

5. 外汇局签注栏

由外汇管理部门将该核销单、报关单、发票等审核无误后，在该栏内签注，并由核销人员签字，加盖“已核销”章。

(三) **出口收汇核销单(出口退税专用联)的内容与缮制方法**

出口收汇核销单(出口退税专用联)的栏目除具有上述两联同项内容以外，还有如下内容：

1. 货物名称

货物名称一栏填写实际出口货物名称，并与发票、出口货物报关单中的品名相一致。

2. 数量

数量一栏按包装方式的件数填写，应与报关单同项内容相符。

3. 币种总价

币种总价一栏按发票或报关单的总金额和币种填写，同存根联。

4. 报关单编号

报关单编号一栏按出口货物报关单的实际编号填写。

另外，需要注意的是：在存根联与正文连接处、正文与出口退税专用联连接处需要分别加盖出口企业公章(用于报关时)；在正文与出口退税专用联连接处需要盖海关验讫章(报关后)。

【练习 4-2】(判断题，2011 年试题)

出口收汇核销单存根联、正文联、退税专用联中的相同栏目必须一致。(　　)

应用实例

该批货物于 2011 年 7 月 17 日报关，7 月 18 日结关。8 月 2 日，上海兴盛贸易公司王华小姐根据要求缮制出口收汇核销单，向有关单位办理出口收汇核销手续。

出口收汇核销单

存根

(沪)编号：210000732

出口单位：
上海兴盛贸易公司

单位编码：042348561

出口币种总价：
USD 85 000.00

收汇方式：D/P

约计收款日期：

报关日期：2011.07.17

备注：

此单报关有效截止到
2011.07.18

出口单位盖章

出口收汇核销单

(沪)编号：210000732

出口单位：
上海兴盛贸易公司

单位编码：042348561

银行签注栏	类别	币种金额	盖章
	普洱茶	USD 85 000.00	

海关签注栏：
该票货物已于 2011.07.18
结关

外汇局签注栏：

2011 年 8 月 2 日(盖章)

出口单位盖章

海关盖章

出口收汇核销单

出口退税专用

(沪)编号：210000732

出口单位：
上海兴盛贸易公司

单位编码：042348561

货物名称	数量	币种总价
普洱茶	500KGS	USD 85 000.00

报关单编号：834764312

外汇局签注栏：

2011 年 8 月 2 日(盖章)

任务完成心得

我国自 1991 年起，为加强出口收汇管理，实施了出口收汇核销制度，由国家职能部门对出口企业的出口货物进行了“跟单”核销逐笔管理。办理出口收汇核销应注意以下事项。

(1) 空白核销单长期有效，使用前应当加盖单位名称及组织机构代码条形章，在骑缝处加盖单位公章。核销单发生全额退关、填错等情况的，出口单位应当在 3 个月内到外汇局办理核销单注销手续。

(2) 未进行口岸备案的核销单不能用于出口报关。

(3) 已进行口岸备案的核销单在未被用于出口报关的情况下，如果出口口岸发生变化，应当上网变更并重新设置出口口岸。

(4) 核销单发生全额退关、填错等情况的，出口单位应当在 3 个月内到外汇局办理核销单注销手续。

(5) 出口单位如不再经营出口业务，应当在一个月内将未使用的核销单退回外汇局注销，对已经报关出口的核销单应当按规定继续办理核销手续。

一般情况下，大部分由财务部门负责办理外汇核销和出口退税手续，但外贸业务人员应该及时提供相关单证，配合财务部门做好此项工作。

任务二　出口商办理出口退税业务

任务引入

出口退税(Export Rebates)，是指在国际贸易中，对已报关离境的产品，由税务机关将其出口前在生产和流通环节中已征收的增值税和消费税返还给出口企业的一种制度。

上海兴盛贸易公司向国家外汇管理局办理出口收汇核销后，王华小姐持该笔出口业务的外销发票、结汇水单或收汇通知书、增值税专用发票、海关完税凭证、出口货物报关单(出口退税专用联)、出口收汇核销单(出口退税专用联)等出口退税所需要的单据去国家税务局办理出口退税手续。

一、办理出口退税业务流程

出口退税是一项国际惯例，主要通过退还出口货物的国内已纳税款来平衡国内产品的税收负担，使本国产品以不含税成本进入国际市场，与国外产品在同等条件下进行竞争，从而增强竞争力，扩大出口创汇。办理出口退税业务流程如图 4.2 所示。

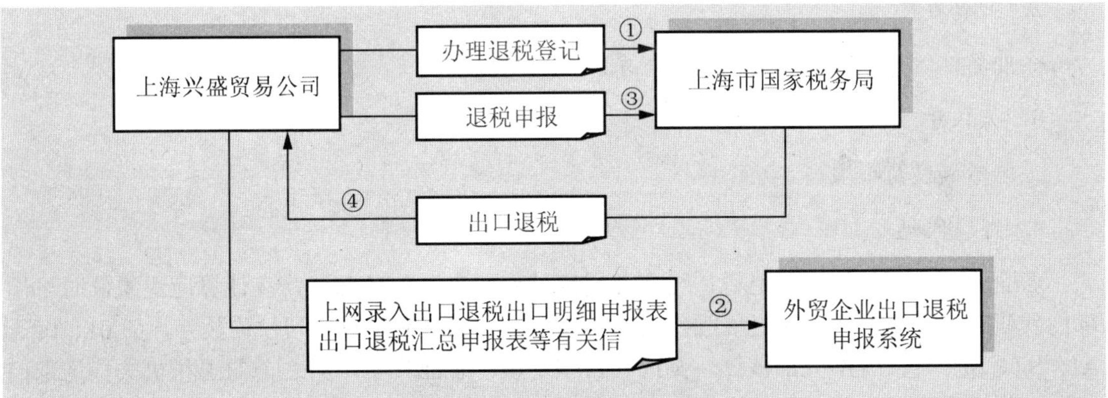

图 4.2　办理出口退税业务程序

① 退税登记。企业在取得有关部门批准其经营出口产品业务的文件和工商行政管理部门核发的工商登记证明后，应在 30 日内持已办理备案登记并加盖备案登记专用章的《对外贸易经营者备案登记表》、工商营业执照及其复印件和海关进出口企业代码等文件，填写由主管出口退税的税务机关统一印制的《出口货物退税认定表》，到所在地主管出口退税的税务机关办理出口货物退税的认定手续。税务机关接到企业的正式申请，经审核无误并按规定的程序批准后，核发给企业“出口退税登记”。

② 网上填报。出口企业网上填报出口货物退税申报明细表、出口货物退税进货凭证申报明细表、出口货物退税汇总申请表，向所在地主管退税业务的税务机关办理出口企业退税登记，否则不予以退税。

③ 退税申报。出口企业向主管出口退税的国税机关申请退税，提交购进出口货物的专用发票(税款抵扣联)、经银行签章的税收(出口货物专用)缴款书、盖有海关验讫章的出口货物报关单、盖有外汇管理机关核销章的出口收汇核销单、出口销售发票和出口货物销售明细账等，并申报出口退税的有关凭证按照顺序装订成册，以便于审核。

④ 审核。单证审核人员将外贸企业的退税申报表与企业的原始凭证进行对照审核。审核结束后，审核人员打印出退税明细表和退税汇总表。国家税务机关核准无误后向出口企业实施退税。

【练习 4-3】(判断题，2011 年试题)

只有办妥出口收汇核销手续后才能办理出口退税。(　　)

二、退税申报单据的填写要求

(一) 增值税发票的录入要求

退增值税使用软盘数据库申报时，一般出口业务的增值税进货凭证的录入单证为增值税专用缴款书(增值税专用税票)，增值税发票作为辅助审核凭证随单据申报，其录入要求如下。

1. 企业代码

企业代码一栏填写出口企业在海关注册备案的编号，一般为 10 位，如 4601910001。

2. 企业名称

企业名称一栏在输入企业代码后，系统会自动显示。

3. 关联号

关联号一栏暂不填写。

4. 部门代码

若企业需分部核算申报退税，可在此用部门代码来区分各部门，在计算应退税额时可用部门代码来细分各部门的应退税额；其编码规则为两位英文字母或阿拉伯数字，如 01、02、AI、SZ、SH 等；若不分部核算，则此栏留空不填；企业应于申报之前向退税机关报送部门代码，报送后不能撤销，但可增加。

5. 申报年月

本次申报退税的所属年月，如 2011 年 10 月为 201110，年度内退税率的更改识别根据此栏来判断。

6. 序号

序号是指用于区分同一关联号内申报数据的顺序，编码规则为 4 位，不足 4 位，前面补零，如 0001。

7. 进货凭证号

进货凭证号一栏填写购进出口货物取得的进货凭证的号码，应录入增值税专用发票号码，增值税专用发票号码为 18 位，由 10 位发票代码(发票左上角号码)和 8 位发票号码(发票右上角号码)构成，如 130003114001800716。发票上所列各行应逐行录入对应内容，不可合并录入，也不可省略，有多行内容的，进货凭证号同为所属发票号码。若取得的专用发票是税务机关代开的或出口货物有应退消费税的，在录入增值税发票号同时，还要录入“税收(出口货物专用)缴款书号”。 部分特殊进货凭证的编码规则为“2 位分类字母+相关编号”，如：退运复出口，TY+编号；分批申报单，FP+编号；普通发票，PT+编号。

阅读资料

“税收(出口货物专用)缴款书”的编码

“税收(出口货物专用)缴款书”的编码为 13 位。

第 1 位：0 表示专用税票，1 表示分割单。

第 2～3 位：缴款书的印刷年份，用两位表示，如：2011 用 11，2012 用 12。

第 4 位：本年度中的印刷批次。

第 5～11 位：缴款书的 7 位流水号。

第 12～13 位：缴款书上开具的项号，第一行用 01 表示，第二行用 02，第三行用 03，不能省略。如缴款书上编号为(020012) 0123456，该缴款书共 3 行内容，税收(出口货物专用)缴款书号则应分别录入 0+012+0123456+01、02、03；如分割单上编号为(020012) 0456789，该分割单共 3 行内容，税收(出口货物专用)缴款书号则应分别录入 1+012+0456789+01、02、03。

8. 开票日期

按“yy+mm+dd”的格式输入，如 2011 年 12 月 20 日应表示为“111220”。

9. 商品代码

出口报关单上列明的出口货物海关税则号码，一般为 8 位和 10 位，部分代码由税务总局根据不同的征退税率扩展为 9 位和 11 位，是核定出口货物退税率的标志。

10. 商品名称

商品名称一栏系统自动显示。

11. 数量

填写购进货物的数量。若计量单位与海关计量单位不一致应换算成海关计量单位的数量，企业申报时应以货物实际出口的数量为准。

12. 单价

单价一栏由系统自动根据数量和计税金额计算生成。

13. 计税金额

填写购进货物的增值税进项金额或消费税计税金额。

14. 法定征税税率

填写税法规定的出口货物的增值税征税率或消费税的单位税额(税率)，按百分比格式输入，如征税税率为 17%，应输入 17.00。

15. 征收率

专用缴款书应按列明的征收率填写，非专用缴款书的按征税税率填写。通常由系统自动生成。

16. 实缴税额

实缴税额一栏由系统自动计算，若与纸介质不符，经确定单据有效，则以单据所列数据为准，可人工修改。

17. 退税率

系统自动查找该商品代码所对应的退税率。

18. 可退税额

可退税额=“计税金额”×“退税率”，此栏由系统自动生成。

其余字段忽略不填。

(二)《外贸企业出口货物退税汇总申报表》的填报内容和要求

《外贸企业出口货物退税汇总申报表》填写依据是出口发票、收汇核销单、报关单、代理出口证明、远期收汇证明等，具体内容如下。

关联号(6 位数字年月+2 位批次+2 位部门+5 位流水号)、申报年月(填出口货物申报的 4 位年份和 2 位月份)、申报批次(根据申报的批次填报)、申报序号(按同一关联号下的记录条数系统自动产生 4 位序号)、部门代码(企业若分部核算，则有此项目，否则此栏为空)、税种(出口数据的税种系统自动默认是 V，且不能修改)、出口发票(出口货物外销的发票号码录入)、出口日期(填报关单上“出口日期”或代理出口证明上的“离境日期”)、报关单号(填写报关单上“9 位海关编号+0+2 位项号”)、代理出口证明号(根据委托出口时取得对方税务机关开具的“代理出口货物证明”上的编号录入，录入代理出口证明的“证明编号+0+2 位项号”)、商品代码(填报关单所列的商品代码)、商品名称(代码录入后申报系统自动录入)、计量单位(申报系统自动录入)、出口数量(填写报关单或代理出口证明上所列的出口数量)、美元离岸价(按报关单或代理出口证明上所列的“美元离岸价”或“总价”填写，采用其他外币应换算成美元)、美元汇率(按出口企业财务入账汇率填写)、人民币金额(计算机自动生成)、核销单号(按外汇管理局统一的核销单编号填写)、远期收汇证明(根据外贸主管部门出具的远期收汇证明的证明编号录入)。

《外贸企业出口货物退税汇总申报表》可以通过“外贸企业出口货物退税申报系统”录入、打印并生成电子数据。

软盘中的其他单据的录入略。不同地区由于计算机操作系统平台的不同，软件申报要求可能会有所区别。

【练习 4-4】(单项选择题，2011 年试题)

办理出口退税的重要凭据是“两单两票”，即出口货物报关单(退税联)、出口收汇核销单(退税联)、出口发票和(　　)。

A. 厂商发票　　B. 海关发票　　C. 形式发票　　D. 增值税专用发票

阅读资料

办理退税的几个重要时间

出口产品要办理退税还需要经过单证审核、记账、结账和申报等一系列手续。为此，国家税务总局规定，办理退税的时间可根据实际情况，经出口企业所在地的税务机关批准，按月、旬，或按期办理退税。出口企业在办理出口退税时，应注意以下4个时限。

(1) “30天”。企业购货后应在开立增值税专用发票或普通发票之日起30天内办理认证手续。

(2) “90天”。企业在货物报关出口之日起90天内办理出口退税申报手续。

(3) “180天”。除远期收汇外，企业应在货物报关出口之日起180天内向所在地主管退税部门提供出口收汇核销单。

(4) “3个月”。企业出口货物纸质退税凭证丢失或内容填写有误，按有关规定可以补办或更改的，可在申报期限内向退税部门提出延期办理出口货物退税申报的申请，经批准后，可延期3个月申报；主管出口退税业务的税务机关在年终后3个月内，应对出口企业的退税进行一次全面清算，多退的收回，少退的补足。清算后，税务机关不再受理上年税款的退税申请。

应用实例

上海兴盛贸易公司王华小姐准备好核销单据到外汇管理局办理外汇核销后，带齐出口退税所需要的单据去上海市国家税务局办理出口退税手续。

上海市增值税专用发票

抵扣联

开票日期：2011年8月3日　　　　NO. 52368874

购货单位	名称	上海兴盛贸易公司	密码区
	纳税人识别号	3710838712052	
	地址、电话	上海市昌乐路8003号 64809898	
	开户银行及账号	中国银行上海分行 704990121400088669	

货物或应税劳务名称	规格型号	单位/	数量	单价	金额	税率	税　额
普洱茶	MS266 MS566	千克	200 300	￥1 000.00 ￥700.00	￥20 000.00 ￥21 000.00	17%	￥3 400.00 ￥3 570.00
合　计					￥41 000.00		￥6 970.00

价税合计(大写)		陆仟玖佰柒拾元整	
销货单位	名称	上海兴华茶业有限公司	备注
	纳税人识别码	3710998425119	
	地址、电话	上海市文化路121号 66988712	
	开户银行及账号	中 国 交 通 银 行 上 海 分 行 170294440142576523	

外贸企业出口货物退税汇总申报表

(适用于增值税一般纳税人)

申报年月：2011 年 8 月　　　　申报批次：1

纳税人识别号：3710838712052

海关代码：5641227151

纳税人名称(公章)：上海兴盛贸易公司　申报日期：2011 年 8 月 4 日　金额单位：元至角分、美元

出口企业申报	主管退税机关审核	
出口退税出口明细申报表　1 份，记录 25 条	审单情况	机审情况
出口发票　1 张，出口额 85 000.00 美元		
出口报关单　1 张		
代理出口货物证明　张		本次机审通过退增值税额　元
收汇核销单　1 张，收汇额 85 000.00 美元		其中：上期结转疑点退增值税　元
远期收汇证明　张，其他凭证　张		本期申报数据退增值税　元
出口退税进货明细申报表　1 份，记录 24 条		本次机审通过退消费税额　元
增值税专用发票　1 张，其中非税控专用发票　张		其中：上期结转疑点退消费税　元
普通发票　1 张，专用税票　张		本期申报数据退消费税　元
其他凭证　张，总进货金额　元		本次机审通过退消费税额　元
总进货税额　9 600.00 元		结余疑点数据退增值税　元
其中：增值税　6 970.00 元，消费税　元		结余疑点数据退消费税　元
本月申报退税额　6 970.00 元		
其中：增值税　69 700.00 元，消费税　元		
进料应抵扣税额　元，		授权人申明
申请开具单证		
代理出口货物证明　份，记录　条		
代理进口货物证明　份，记录　条		(如果你已委托代理申报人，请填写以下资料)
进料加工免税证明　份，记录　条		为代理出口货物退税申报事宜，现授权为本纳税人的代理申报人，任何与本申报表有关的往来文件都可寄与此人。
来料加工免税证明　份，记录　条		
出口货物转内销证明　份，记录　条		
补办报关单证明　份，记录　条		授权人签字(盖章)
补办收汇核销单证明　份，记录　条		
补办代理出口证明　份，记录　条		
内销抵扣专用发票　1 张，其他非退税专用发票　张	审单人：	审核人：
申报人声明		年　月　日
此表各栏目填报内容是真实、合法的，与实际出口货物情况相符。此次申报的出口业务不属于“四自三不见”等违背正常出口经营程序的出口业务。否则，本企业愿承担由此产生的相关责任。 企业填表人：王华 财务负责人：张燕　(公章) 企业负责人：陈晓莉　2011 年 8 月 4 日	签批人：王琳娜 (公章) 年　月　日	

任务完成心得

出口退税是一种国际惯例，是一个国家或地区对已报送离境的部分出口货物，由税务机关将其在出口前的生产和流通的各环节已经缴纳的国内增值税或消费税等间接税税款退还给出口企业的一项税收制度。办理出口货物退税应注意以下事项。

(1) 企业要想出口后能尽早拿到出口退税，不仅要早申报，还应早开发票、早认证。在相关原始退税单证及申报资料收集、填写齐全后，必须先查询相关电子信息和进行增值税专用发票认证后，方可办理申报。未经认证或认证不符及密文有误的增值税专用发票不能申报出口退税。

(2) 不要忽略出口报关单电子数据的提交。企业在货物报关出口后，须通过"口岸电子执法系统"的"出口退税"子系统提交报关单电子数据，否则就会导致企业申报退税时信息不齐、不一致而迟延退税。

(3) 深入、透彻、及时了解和掌握出口退税政策。如《国家税务总局关于出口货物退税管理有关问题的补充通知》中规定：因改制、改组以及合并、分立等原因新设立并重新办理出口退税登记的出口企业，如原出口企业符合相关要求，经省级税务机关批准，在申报退税时可以不提供出口收汇核销单，按有关规定可采取事后审核。也就是说，因改制、改组以及合并、分立等原因新设立并重新办理出口退税登记的出口企业如果能充分利用此文件精神，完全可比照原企业退税待遇退税。

(4) 在电子申报软件中，将进货明细及申报退税明细逐条录入。录入时须注意：需要办税票函调的应集中在一块申报，不能与正常的申报混在一起，影响退税；申报前应与退税处核对是否有海关信息，无信息者不报，且录入应规范，以免撤单反复而延误时间；远期收汇应单独申报；报关单上的品名与增值税票的品名、商品数量、计量单位应严格一致，若有出入按计算机中揭示的计量单位录入。企业办税人员根据关单经常上退税处核对海关信息，避免申报后因信息原因撤单，耽误时间，实际业务避免上述情况出现不一致的做法是先报关，后开发票。

(5) 为了有效掌握退税单证的回收情况，防止单证丢失，做好退税前期的单据准备工作，主管会计对主要退税单据、退税额、发票号逐笔追单(特别是即将到达清算期限的单证)，发现问题及时处理。

(6) 出口企业若是委托外地报关行或航运公司代理报关和运输，一般不要拖欠运、保费，以免核销单、关单被扣压，影响核销和退税。

(7) 企业各有关部门在取得退税原始单证时要认真、细致、逐一审核检查。例如：报关单退税联必须具有报关单号，批准文号应与所配套核销单号一致，填写齐全正确，完整无损，并有口岸海关的验讫章和经办人员章；核销单退税联应有核销单号、报关单号、出口情况并盖有外汇管理局已核销章。

综合技能实训

基本要求：

根据要求填写出口收汇核销单(编号：72C173229)

业务资料：

(1) 出口单位：苏州毛织品进出口贸易公司

(2) 单位编码：195762654

(3) 商品中文名称：全棉抹布

(4) 商品总包装数量：367 捆

(5) 出口币种总价：USD 89 705.50

(6) 收汇方式：D/P

(7) 本批货物于 2012 年 9 月 18 日报关，报关单编号为 DS9110006，预计 20 天收汇。

项目五　进口单证的缮制

项目学习目标

- 了解进口业务流程
- 熟悉开立信用证的程序及其内容
- 熟悉进口贸易合同的主要内容
- 熟悉进口业务中惯常涉及的文件和单据
- 掌握开证申请书的缮制方法
- 会独立制作和审核进口业务中常用的文件和单据

项目导入

2011 年 9 月，大连梵天进出口贸易公司准备从荷兰进口一批硒鼓。于是李紫茜小姐根据公司具体要求，检索了有关荷兰生产该产品的主要厂商，搜集了大量信息，锁定了几家在价格和产品质量上都具优势的供货商，通过信函和电子邮件积极与实力相当的供货商进行磋商，准备合同订立的相关事宜。

签订合同后，大连梵天进出口贸易公司向中国银行大连分行购汇，并通过该银行及时向荷兰 Rotterdam Import&Export Co.,Ltd.开出本批交易的不可撤销跟单信用证。对此，李紫茜小姐填写开证申请书，并制单办理进口订舱和投保手续。当收到出口商的全套议付单据后，还要及时审单，审单无误后办理付款赎单、报检、报关和外汇核销手续。

任务一　进口贸易合同商订

任务引入

经过一段时间的筛选与信用咨询，大连梵天进出口贸易公司初步选定了荷兰 Rotterdam Import&Export Co.,Ltd.作为进口商进行接触。该公司主要经营电子产品和硒鼓的进出口业务，拥有 25 年的经营历史。大连梵天进出口贸易公司通过询问 ABN AMRO BANK(荷兰银行)以及与其有过经营往来的大连益丰外贸公司，普遍反映其信誉较好，公司产品质量有保障。双方通过信函和电子邮件积极进行交易磋商，双方签订了一份购买合同。现在大连梵天进出口贸易公司老总让李紫茜小姐负责该笔业务的进口工作。

应用实例

大连梵天进出口贸易公司对外交易磋商

大连梵天进出口贸易公司向 Rotterdam Import&Export Co.,Ltd.发出询盘。

收件人：JONES@YAHOO.CN

主 题：ENQUIRY

添加附件 | 超大附件 | 网盘附件 | 写信模板　　拼写检查 | 隐藏图文编辑

内 容：

Dear Sirs:

We learned from the www.cbg. org.cn Website that you are exporter of Toner cartridges. There is a ready demand for "PHILIPS" PAF820 and PAF920 at our end. We should appreciate your sending us your catalogue and full details of your export price and their terms of payment.

We look forward to hearing from you.

Yours faithfully,

DaLian Fantian Import&Export Trade Corporation

LiZiXi

☐紧急 ☐已读回执 ☐纯文本 ☐定时发信 ☐邮件加密

应用实例

Rotterdam Import&Export Co.,Ltd.根据询盘内容向大连梵天进出口贸易公司发盘。

收件人：FANTIAN@YAHOO.CN

主 题：OFFER

添加附件 | 超大附件 | 网盘附件 | 写信模板　　拼写检查 | 隐藏图文编辑

内 容：

Dear Ms.,

We were very pleased to receive your letter of October 6th,2011.

In reply,we would like to offer,subject to your reply reaching us before the end of this month,the following terms and conditions.

Commodity: Toner cartridges

Price: PAF820 USD100.00; PAF920 USD120.00

FOB Rotterdam　　Payment term:By L/C at sight

Shipment:During November 2011

We expect your early reply.

Yours truly,

Rotterdam Import&Export Co.,Ltd.

Jame Jones

☐紧急 ☐已读回执 ☐纯文本 ☐定时发信 ☐邮件加密

应用实例

大连梵天进出口贸易公司认真研究 Rotterdam Import&Export Co.,Ltd.的发盘，交易条件合理，决定接受发盘内容。

收件人：JONES@YAHOO.CN

主 题：ACCEPTANCE

添加附件 | 超大附件 | 网盘附件 | 写信模板　　拼写检查 | 隐藏图文编辑

内 容：

Dear Sirs,

We warmly welcome your quotation of October 7th,2011 and thank you for your interest.We would like to inform you that we accept your conditions. We will draw up purchase contract and send it to you as soon as possible.

Thank you for your cooperation.

Yours faithfully,

DaLian Fantian Import&Export Trade Corporation

LiZiXi

紧急　已读回执　纯文本　定时发信　邮件加密

应用实例

大连梵天进出口贸易公司与 Rotterdam Import&Export Co.,Ltd.经过一段时间的交易磋商，双方签订购货合同。

PURCHASE　CONTRACT

S/C No.:　NT20110508A　　　　S/C Date：OCT.15,2011

Signed at：DALIAN,CHINA

The Buyer: DALIAN FANTIAN IMPORT &EXPORT CORPORATION

2011 WEIHAI ROAD DALIAN CHINA

Postal Code：　116000　　Tel：(0411) 88603601　　Fax：(0411) 88603602

The Seller: ROTTERDAM IMPORT &EXPORT CO.,LTD

TUINERSWEG 352991 LR BARENDRECHT THE NETHERLANDS

Postal Code：1082　　Tel：+31-0180-643-683　　Fax：+31-0180-643-684

The seller agrees to sell and the buyer agrees to buy the undermentioned goods on the terms and conditions stated below:

SHIPPING MARK	COMMODITY AND SPECIFICATIONS, PACKING	QUANTITY	UNIT PRICE	TOTAL AMOUNT
				FOB ROTTERDAM
N/M	TONER CARTRIDGE OF PHILIPS BRAND PAF820 PAF920	300SETS 500SETS	USD 100.00 USD 120.00	USD 30 000.00 USD 60 000.00

Time of Shipment:: LATEST DATE OF SHIPMENT NOV.30, 2011 BY VESSEL

Port of Loading: ROTTERDAM PORT

Port of Destination: DALIAN PORT

Partial Shipment: ALLOWED

Transshipment: NOT ALLOWED

Insurance: AT BUYER'S OPTION

Payment: L/C AT SIGHT

In case of quality discrepancy, claim should be filed by the buyer within 30 days after the arrival of the goods at the port of destination, while for quantity discrepancy, claim should be filed by the buyer within 15 days after the arrival of the goods at the port of destination. It is understood that the seller shall not be liable for any discrepancy of the goods shipped due to the causes for which the Insurance Company, shipping company, other transportation organization/or Post Office are liable.

Either party shall not be held responsible for failure or delay to perform all or any part of this agreement due to flood, fire, earthquake, draught, war or any other events which could not be predicted, controlled, avoided or overcome by the relative party. However, the party affected by the event of Force Majeure shall inform the other party of its occurrence in writing as soon as possible and thereafter send a certificate of the event issued by the relevant authorities to the other party within 15 days after its occurrence.

All disputes arising from the execution of this agreement shall be settled through friendly consultations. In case no settlement can be reached, the case in dispute shall then be submitted to the Foreign Trade Arbitration Commission of the China Council for the Promotion of International Trade for Arbitration in accordance with its Provisional Rules of Procedure. The decision made by this commission shall be regarded as final and binding upon both parties. Arbitration fees shall be borne by the losing party, unless otherwise awarded. Remark: Shipment terms will be fulfilled according to the L/C finally.

The Buyer: 户淼 The Seller: Jame Jones

DALIAN FANTIAN IMPORT & EXPORT CORPORATION ROTTERDAM IMPORT & EXPORT CO.,LTD

任务完成心得

在进口贸易整个流程中，涉及多个单位协作。如进出口国家银行(中国银行大连分行和荷兰银行)、货运代理公司(翔宇国际货运代理有限公司)、保险公司(中国人民保险公司大连分公司)、检验检疫机构(大连出入境检验检疫局)、中华人民共和国海关(大连海关)等。还要涉及如信用证、租船订舱委托书、投保单、检验检疫申请单、报关单等多种单证。作为进口贸易业务的实际操作人员，必须了解和掌握整个国际贸易进口流程，把握进口的关键环节，正确填制进口贸易中各种单据。

任务二　进口商申请开立信用证

任务引入

大连梵天进出口贸易公司的李紫茜小姐与荷兰 Rotterdam Import & Export Co.,Ltd.公司 Jame Jones 先生签订了一份购货合同。该合同规定采用信用证方式付款，因此，进口商必须按照合同规定的开证时间，向出口商开出不可撤销跟单的信用证。李紫茜小姐首先需要熟悉合同条款内容，对开证申请书相关的各项内容要心中有数，对于一些特殊条款要引起注意，如两套货物的货箱内各附有整套操作说明。随后，根据实际需要，开始着手准备开证申请书所需资料，向中国银行大连分行进行购汇，并根据合同规定的开证时间向该行申请开立信用证。

一、申请开立信用证业务流程

以信用证方式支付的进口贸易实务中，开立信用证是履行进口合同的第一步，是进口业务的重要环节，进口方应根据合同规定的时间或在规定的装船前一定时间内申请开证，并填制开证申请书，开证行根据有关规定收取开证押金和开证费用后开出信用证。申请开立信用证业务的流程如图 5.1 所示。

图 5.1　申请开立信用证业务流程

① 填写开证申请书。开证申请人在办理开证手续时，除了需要提交有关开证申请资料(如进口许可证、进口配额证和某些部门的审批文件等)外，还应填写开证申请书。开证申请书是银行决定是否予以开证的依据。因此，开证申请书必须按照合同规定填写，所列内容必须与买卖合同条款完全一致。

② 开出信用证。在开证申请人向开证行支付开证费用后，开证行开出信用证。开证申请书是开证行开立信用证的依据，所以开证行应该严格按开证申请书开立信用证。开证行在开出信用证前，会对开证申请书和开证申请人进行严格审核，以降低自身的风险。

【练习 5-1】(判断题，2009 年试题)

开证行在接受开证申请书时，应查验申请人同时提供的有效文件，如进口许可证、贸易进口付汇核销单、有关部门的登记文件等。(　　)

【练习 5-2】(单项选择题，2011 年试题)

进口人申请开立信用证的程序不包括(　　)。

A．填写开证申请书　B．缴纳开证保证金　C．支付开证手续费　D．指定通知行

二、信用证开证申请书的内容与缮制方法

信用证开证申请书(APPLICATION FOR IRREVOCABLE DOCUMENTARY CREDIT)是银行决定是否接受进口商的申请开立信用证的依据。进口商要根据银行规定的统一开证申请书格式，一般填写一式三份，一份由银行结算部门留存，一份由银行信贷留存，一份由开证申请人留存。开证申请书的格式和内容各银行印制都差不多，大同小异，这里介绍中国银行的格式，并简单介绍申请人填制的内容、方法及注意的事项。

1. To (致_________行)

填写开证行的名称。一般银行在印制的申请书上会事先印就银行名称，所以无须填写。有些银行的 SWIFT CODE、TELEX NO.等也会同时显示。

2. L/C No. (信用证号码)

此栏由开证银行填写。

3. Date (申请开证日期)

在申请书右上角填写实际申请日期。申请开证日期应不迟于合同规定的最迟开证日期。

4. Applicant (申请人)

开证申请人又称开证人(Opener)，是指向银行提出申请开立信用证的人，一般为进口商，就是买卖合同的买方。此栏填写开证申请人名称及地址。

5. Beneficiary (受益人)

受益人是指信用证上所指定的有权使用该信用证的人。一般为出口商，也就是买卖合同的卖方。此栏填写受益人全称和详细地址，并注明联系电话、电传等号码。

6. Partial shipment (分批装运)

应根据合同的规定明确表示“允许”或“不允许”分批装运，在选择的项目前方框中打“×”。

7. Transshipment (转运)

应根据合同的规定明确表示“允许”或“不允许”转运，在选择的项目前方框中打“×”。

8. Establish by (信用证开立形式或传递方式)

信用证开立形式有以下 4 种，在选中的开立方式前的方框内打“×”。

(1) Issue by airmail。以信开的形式开立信用证。选择此种方式，开证行以航邮方式将信用证寄给通知行。

(2) With brief advice by teletransmission。以简电开的形式开立信用证。选择此种方式，开证行将信用证主要内容发电预先通知受益人，银行承担必须使其生效的责任，但简电本身并非信用证的有效文本，不能凭以议付或付款，银行随后寄出的“证实书”才是正式的信用证。

(3) Issue by express delivery。以信开的形式开立信用证。选择此种方式，开证行以快递(如DHL)的方式将信用证寄给通知行。

(4) Issue by teletransmission (which shall be the operative instrument)。以全电开的形式开立信用证。选择此种方式，开证行将信用证的全部内容加注密押后发出，该电讯文本为有效的信用证正本。如今大多用“全电开证”的方式开立信用证。

9. Loading on board/dispatch/taking in charge at/from(装运港)

根据合同规定填写装运港(地)。

10. No later than(不迟于…)

根据合同规定填写最迟装运日期。

11. For transportation to(目的港)

根据合同规定填写货物最终运达的目的港(地)。

12. Contract No.(合同号)

按规定填写合同号码。

13. Credit Amount (both in figures and words)(信用证大小写金额)

此栏分别用小写数字和大写文字两种形式填写合同规定的总值，并注明币种。信用证金额是开证行付款责任的最高限额。如果允许有一定比率的上下浮动，要在信用证中明确表示出来。

14. Trade Term(价格术语)

信用证开证申请书上有 FOB、CFR、CIF 和“or other terms”(其他条件) 4 个备选项目。合同以哪种价格术语成交，则在相应的价格术语前的方框内打“×”。如果是其他价格术语，则应先在“other terms”前的方框内打“×”，然后再找该栏的空白处打上有关的价格术语。

15. Description of goods (货物描述)

填写合同项下货物的品名、规格、包装、单价条款、数量、包装等。所有内容必须与合同规定完全一致，尤其是单价条款、数量条款不得有误。包装条款如有特殊要求，如规格、包装物等，应具体明确地表示清楚。

16. Date and place of expiry (信用证的到期日和到期地点)

填写信用证有效期及到期地点。信用证的到期日一般规定在最迟装运日后 10～15 天；到期地点一般规定在受益人所在国家，如“090815 IN THE BENEFICIARY’S COUNTRY”。

17. Credit available with(押汇方式)

填写此信用证可由________银行即期付款(by sight payment)、承兑(by acceptance)、议付(by negotiation)、延期付款(by deferred payment at)，即押汇银行(出口地银行)名称。如果信用证为自由议付信用证，银行可用“ANY BANK IN...(地名/国名)”表示。如果该信用证为自由议付信用证，而且对议付地点也无限制时，可用“ANY BANK”表示。根据合同规定在要选择的方式前的方框内打“×”。如果是延期付款信用证，还应在“at”之后加注延期付款的具体条件，如“收到单据××天后付款”等类似的语句。

阅读资料

付款方式

By sight payment：勾选此项，表示开具即期付款信用证。

即期付款信用证是指受益人(出口商)根据开证行的指示开立即期汇票，或无须汇票仅凭运输单据即可向指定银行提示请求付款的信用证。

By acceptance：勾选此项，表示开具承兑信用证。

承兑信用证是指信用证规定开证行对于受益人开立以开证行为付款人或以其他银行为付款人的远期汇票，在审单无误后，应承担承兑汇票并于到期日付款的信用证。

By negotiation：勾选此项，表示开具议付信用证。

议付信用证是指开证行承诺延伸至第三当事人，即议付行，其拥有议付或购买受益人提交信用证规定的汇票/单据权利行为的信用证。如果信用证不限制某银行议付，可由受益人(出口商)选择任何愿意议付的银行，提交汇票、单据给所选银行请求议付的信用证称为自由议付信用证，反之为限制性议付信用证。

By deferred payment at：勾选此项，表示开具延期付款信用证。

如果开具这类信用证，需要写明延期多少天付款，例如：at 60 days from payment confirmation (60 天承兑付款)、at 60 days from B/L date (提单日期后 60 天付款)等。延期付款信用证是指不需汇票，仅凭受益人交来单据，审核相符，指定银行承担延期付款责任起，延长直至到期日付款。该信用证能够为欧洲地区进口商避免向政府交纳印花税而免开具汇票外，其他都类似于远期信用证。

18. Draft requirement (汇票要求)

against the documents detailed herein and beneficiary's draft(s) for______% of invoice value at______sight drawn on______

连同下列单据：受益人按发票金额______ %，作成限制为______天，付款人为______的汇票。注意延期付款信用证不需要选择连同此单据。

“for______%”为汇票金额，根据合同规定填写信用证项下应支付发票金额的百分之几。

“at______”为付款期限。

“drawn on______”为指定付款人。注意汇票的付款人应为开证行或指定的付款行。

例如：against the documents detailed herein and beneficiary's draft(s) for 100% of invoice value at　****　days after sight drawn on THE CHARTERED BANK。

阅读资料

汇 票 要 求

汇票要求应根据合同的规定，填写信用证项下应支付发票金额的百分之几。如合同规定所有货款都用信用证支付，则应填写信用证项下汇票金额是发票金额的 100%；如合同规定该笔货款由信用证和托收两种方式支付，各支付 50%，则应填写信用证项下汇票金额是全部发票金额的 50%；以此类推。“at____sight”为付款期限。如果是即期，需要在“at____sight”之间填“****”或“----”，不能留空。远期有几种情况：at ××days after date (出票后××天)，at ××days after sight (见票后××天) 或 at ×× days after date of B/L (提单日后××天)等。如果是远期，要注意两种表达方式的不同：一种是见票后××天 (at ×× days after sight)，一种是提单日后××天 (at ×× days after B/L date)。这两种表达方式在付款时间上是不同的，“见票后××天”是指银行见到申请人提示的单据时间算起，而“提单日后××天”是指从提单上的出具日开始计算的××天，所以如果能尽量争取到以“见票后××天”的条件成交，等于又争取了几天迟付款的时间。

19. Documents required(单据条款)

各银行提供的申请书中已印就的单据条款共 12 条，从上至下一般为发票、运输单据(提单、空运单、铁路运输单据及运输备忘录等)、保险单、装箱单、质量证书、装运通知和受益人证明等，第 12 条是 OTHER DOCUMENTS,IF ANY(其他单据)，如要求提交超过上述所列范围的单据就可以在此栏填写。填制单据条款时应注意以下几点。

(1) 在所需单据前的括号里打“×”。

(2) 然后在该单据条款后填上具体的要求，如一式几份，应包括什么内容等，印制好的要求不完整，可在该单据条款后面填写清楚。

(3) 申请人必须根据合同规定填写单据条款，既不可随意提出超出合同规定的要求，也不能降低或减少合同规定的要求。

如果是以 CFR 或 CIF 成交，就要要求对方出具的提单为“运费已付”(Freight Prepaid)，如果是以 FOB 成交，就要要求对方出具的提单为“运费到付”(Freight Collect)。如果按 CIF 成交，申请人应要求受益人提供保险单，且注意保险险别，赔付地应要求在到货港，以便一旦出现问题，方便解决。汇票的付款人应为开证行或指定的付款行，不可规定为开证申请人，否则会被视作额外单据。

Signed commercial invoice in___copies indicating L/ C No. ____and Contract No._____

经签字的商业发票一式______份，标明信用证号______和合同号______。

Full set of Clean On board ocean Bills of Lading made out [ ] to order/ [ ] to the order of _______and blank endorsed，marked “ freight [ ] to collect / [ ] prepaid [ ] showing freight amount” notifying the applicant______.

全套清洁已装船海运提单，作成空白抬头、空白背书，注明“运费[ ]待付/[ ]已付”，[ ]标明运费金额，并通知______。

Air Waybills showing “freight[ ] to collect/ [ ] prepaid [ ] indicating freight amount” and consigned to______。

空运提单收货人为______，注明“运费[ ]待付/[ ]已付”，[ ]标明运费金额，并通知______。

Memorandum issued by______Consigned to______。

备忘录由　　　　　　，做成　　　　　　。

Insurance Policy/Certificate in______copies for______of the invoice value showing claims payable in______in currency of the draft,blank endorsed, covering [ ] Ocean Marine Transportation / [ ] Air Transportation / [ ] Over Land Transportaion)[ ] All Risks, War Risks.

保险单/保险凭证一式___份，按发票金额的____%投保，注明赔付地在________，以汇票同种货币支付，空白背书，投保([ ] 海洋货物运输险/[ ] 航空货运险/[ ] 陆运险)/[ ] 一切险、战争险。

Packing List / Weight Memo in___copies indicating quantity/gross and net weights of each package and packing conditions as called for by the L/C.

装箱单/重量证明一式____份，注明每一包装的数量、毛重和净重。

Certificate of Quantity/ Weight in___copies issued by an independent surveyor at the loading port, indicating the actual surveyed quantity / weight of shipped goods as well as the packing condition.

由装运港的公证行签发的数量/重量证明一式_____份，注明装船时实际的数量/重量和包装条件。

Certificate of Quality in___copies issued by [ ] manufacturer / [ ] public recognized surveyor.

品质检验证书一式____份，由[ ]制造商/[ ]公众认可的检验机构__________出具。

Beneficiary's Certified copy of cable/telex dispatched to the accountee within___hours after shipment advising [ ]name of vessel/[ ]flight No./[ ]wagon No.,date,quantity, weight and value of shipment.

受益人以传真/电传方式通知申请人装船证明副本，该证明须在装船后_____小时内发出，并通知[ ]船名/[ ]航班号/[ ]车厢号、装运日以及货物的名称、数量、重量和金额。

Beneficiary's Certificate certifying that extra copies of the documents have been dispatched according to the contract terms.

证明按照合同条款的外加的单据已寄出的受益人证明。

Shipping Co's certificate attesting that the carrying vessel is chartered or booked by accountee or their shipping agents.

证明载货船只是由开证申请人或其代理人租赁或订位的船公司证明。

Other documents, if any:

其他单据：

20. Additional instructions(附加条款)

附加条款，是对以上各条款未述之情况的补充和说明，且包括对银行的要求等。此栏已印就 7 个条款，其中第 1 条至第 6 条是具体的条款要求，如需要可在前面括号里打“×”。第 7 条是“其他条款”，即以上几条以外还有不完整的，可根据合同规定和买方的需要填在该条款中，有几条可顺序添加几条。

All banking charges outside the opening bank are for beneficiary's account.

开证行以外的所有银行费用由受益人担保。

Documents must be presented within__days after the date of issuance of the transport documents but within the validity of this credit.

单据必须在提单日后______天内送达银行并且在信用证有效期内。

Third party as shipper is not acceptable, Short Form / Blank back B/L is not acceptable.

第三方作为托运人是不能接受的，简式/背面空白提单不能接受。

Both quantity and amount______% more or less are allowed.

每项数量及信用证金额允许有____%的增减。

Prepaid freight drawn in excess of L/C amount is acceptable against presentation of original charges voucher issued by [ ]Shipping Co./[ ] Air Line / or it's agent.

预付运费若超过信用证金额，但有[ ]承运人/[ ] 航空公司/或其代理人签署的正本运费单，可以接受。

All documents to be forwarded in one cover, unless otherwise stated above.

所有单据一次寄给我行(开证行)。

Other terms, if any:

其他指示：

21. Account No.(账号); Transacted by (经办人); Telephone No.(电话号码); with × ×(name of bank)(申请人的开户银行); Applicant: name, signature of authorized person(with seal) (开证申请人签字盖章)

申请书下面是有关申请人的开户银行(填银行名称)、账户号码、执行人、联系电话、申请人(法人代表)签字等内容。

应用实例

李紫茜小姐收到了 NT20110508A 号合同，由于原来价格波动比较大，经理要求尽快开证。李紫茜小姐熟悉合同内容后，按照合同条款向开证行申请开立信用证。

APPLICATION FOR IRREVOCABLE DOCUMENTARY CREDIT

TO：BANK OF CHINA.　　L/C No. LC84E0081/06　　Date: OCT.20, 2011

<table>
<tr><td colspan="2">Applicant
DALIAN FANTIAN IMPORT &EXPORT CORPORATION
2011 WEIHAI ROAD DALIAN CHINA
Tel：(0411) 88603601　　Fax：(0411) 88603602</td><td>Beneficiary(full neame, address and tel etc.)
ROTTERDAM IMPORT &EXPORT CO.,LTD
TUINERSWEG 352991 LR BARENDRECHT
THE NETHERLANDS
TEL: +31-0180-643-683
FAX: +31-0180-643-684</td></tr>
<tr><td>Partial shipments
☒ allowed
☐ not allowed</td><td>Transshipment
☐ allowed
☒ not allowed</td><td>☐ issued by airmail with
☐ brief advice by teletransmission
☐ issued by express delivery
☒ issued by teletransmission (which shall be the operative instrument)</td></tr>
<tr><td colspan="2">Loading on board/dispatch/ taking in charge at/from
ROTTERDAM
No later than NOV.30., 2011
For transportation to DALIAN, CHINA</td><td>Contract No.: NT20110508A
Credit Amount (both in figures and words):
USD90000.00
SAY U.S. DOLLARS NINETY THOUSAND ONLY.
Trade Term: ☒ FOB ☐ CFR ☐ CIF☐ Others:</td></tr>
</table>

Description of goods: TONER CARTRIDGE OF PHILIPS BRAND PAF820 PAF920	Date and place of expiry: NOV.25.2011　NETHERLANDS Credit available with ☒ by sight payment ☐ by acceptance ☐ by negotiation ☐ by deferred payment at against the documents detailed herein ☒ and beneficiary's draft for __100__% of invoice value At ***** days after sight drawn on issuing bank

Documents required: (marked with ×)
1. (×)Signed commercial invoice in__3_copies indicating L/C No. and Contract No.SMST/24116
2. (×) Full set of Clean On board ocean Bills of Lading made out [×] to order/[ ] to the order of _______and blank endorsed,marked " freight [ ] to collect / [×] prepaid [ ] showing freight amount" notifying the applicant.
3. ( ) Air Waybills showing "freight[ ] to collect/ [ ] prepaid [ ] indicating freight amount" and consigned to__________.
4. ( ) Memorandum issued by________Consigned to__________.
5. ( )Insurance Policy/Certificate in______copies for______of the invoice value showing claims payable in in currency of the draft, blank endorsed, covering ([ ] Ocean Marine Transportation / [ ] Air Transportation / [ ] Over Land Transportaion)[ ] All Risks, War Risks.
6. (×)Packing List / Weight Memo in_3_copies indicating quantity/gross and net weights of each package and packing conditions as called for by the L/C.
7. ( )Certificate of Quantity/ Weight in___copies issued by an independent surveyor at the loading port, indicating the actual surveyed quantity/weight of shipped goods as well as the packing condition.
8. (×) Certificate of Quality in__3_copies issued by [×] manufacturer/[ ] public recognized surveyor.
9. ( )Beneficiary's Certified copy of cable/telex dispatched to the accountee within___hours after shipment advising [ ]name of vessel/[ ]flight No./[ ]wagon No., date, quantity, weight and value of shipment.
10. ( )Beneficiary's Certificate certifying that extra copies of the documents have been dispatched according to the contract terms.
11. ( )Shipping Co's certificate attesting that the carrying vessel is chartered or booked by accountee or their shipping agents.
12. ( )Other documents, if any:

Additional instruction: (marked with×)
1. (×)All banking charges outside the opening bank are for beneficiary's account.
2. (×)Documents must be presented within_21_days after the date of issuance of the transport documents but within the validity of this credit.
3. ( )Third party as shipper is not acceptable, Short Form/Blank back B/L is not acceptable.
4. ( )Both quantity and amount______% more or less are allowed.
5. (×) All documents to be forwarded in one cover unless otherwise stated.
6. ( ) Prepaid freight drawn in excess of L/C amount is acceptable against presentation of original charges voucher issued by [ ]Shipping Co./[ ] Air Line/or it's agent.
7. ( )Other terms,if any:

Account No.　5625222111　　　　With　BANK OF CHINA　　　　(name of bank)

Transacted by: DALIAN FANTIAN IMPORT &EXPORT CORPORATION
Telephone No. 88603601　　　　(Applicant :name signature of authorized person)
李紫茜　(with seal)

This L/C is subject to the Uniform Customs and Practice for Documentary Credit (2007 Revision)
ICC Publication No. 600.

任务完成心得

以信用证方式支付的进口贸易实务中，开立信用证是履行进口合同的第一步，是进口业务的重要环节，进口方必须按合同规定开立信用证。进口商申请开证时应注意以下问题。

(1) 开证时间。如合同规定开证日期，就必须在规定期限内开立信用证；如合同有装运期的起止日期，那么最迟必须让卖方在装运期开始前的最后一天收到信用证；如合同只规定最后装运期，那么买方应在合理的时间内开证，一般掌握在合同规定的交货期前半个月或一个月开到卖方。总之，要让卖方收到信用证后能在合同规定的装运期内出运为原则。

(2) 申请开立信用证前，一定要落实进口批准手续及外汇来源。

(3) 开证时要注意“证同一致”，必须以对外签订的正本合同为依据，合同中规定要在信用证上明确的条款都必须列明，一般不能使用“参阅××号合同”或“第××号合同项下货物”等条款，也不能将有关合同附件附在信用证后，因为信用证是一个独立的文件，不依附于任何贸易合同。

(4) 如合同规定为远期付款时，要明确汇票期限，价格条款必须与相应的单据要求以及费用负担、表示方法等相吻合。如在CIF价格条件下，开证申请书应表明要求卖方提交“运费已付”的提单，要求卖方提交保险单据，表明保险内容、保险范围及投保金额。

(5) 由于银行是凭单付款，不管货物质量如何，也不受合同约束，所以为使货物质量符合规定，买方可在合同中并相应的在信用证中要求卖方提供商品检验机构出立的装船前检验证明，并明确规定货物的规格品质，指定检验机构，这样，交单时如发现检验结果与证内规定不一致，可拒付货款。

(6) 信用证内容必须明确无误，应明确规定各种单据的出单人(商业发票、保险单和运输单据除外)，明确规定各单据应表述的内容。

任务三　进口商申领进口许可证书

任务引入

大连梵天进出口贸易公司进口的硒鼓(海关商品编码为8443999010)属于我国《2011年进口许可证管理货物目录》中的商品，因此，大连梵天进出口贸易公司收到ROTTERDAM IMPORT &EXPORT CO.,LTD的形式发票后，李紫茜小姐按照要求向辽宁省商务厅申请签发进口许可证。

一、申领进口许可证业务流程

进口许可证(Import License)是国家主管机关签发的准许货物进口的证件，是海关监管验放进口货物的法律依据。凡属于进口许可证管理的货物，除国家另有规定之外，进口商必须在货物进口前按规定向指定的发证机关申领进口许可证，否则一律不准进口。申领进口许可证业务流程如图5.2所示。

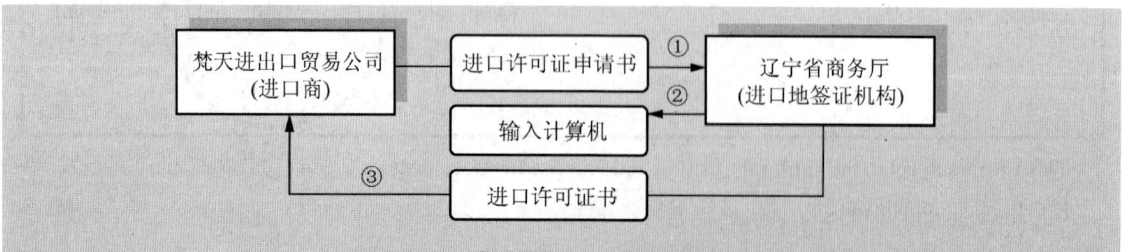

图5.2　申领进口许可证业务流程

① 提交申请和文件、材料，即由申领许可证的单位在对外订货之前向发证机关提交厅、局级以上或相当于厅、局级部门出具的申领进口许可证的正式函件。发证机关在收到有关申请材料后，需要进行审核。审核完毕并同意后，由领证人按规定填写《进口货物许可证申请表》。凡申领进口许可证的单位，应按规范填写《中华人民共和国进口许可证申请表》。

② 输入计算机。申请表经申领单位加盖公章后，送交发证机关。经审核符合规定要求的，由发证机关将申请表的各项内容输入计算机。

③ 发证。发证机关在申请表送交后 3 个工作日内，签发《中华人民共和国进口货物许可证》；特殊情况下，最多不超过 10 个工作日。《中华人民共和国进口货物许可证》一式四联，第一、第二联交领证单位，凭以办理对外订货及向海关办理货物进口报关和银行议付。同时，领证单位向发证机关支付办证费用。

二、申领进口许可证

(一) 进口货物许可证申请表的内容与缮制方法

进口许可证的缮制以进口许可证申请书的内容为依据，进口货物许可证申请表一式两联，由进口商填写。下面以《中华人民共和国进口许可证申请表》为例，说明其填写内容。

1. 进口商及代码

应填写商务部批准或核定的进口企业的名称及编码。

2. 收货人

应填写实际批准的进口用货的单位，并应与批准的配额证明和批件一致。

3. 进口许可证号

此栏留空，由发证机关填写。

4. 进口许可证有效截止日期

一般为 1 年(另有规定者除外)，由发证机关填写。

5. 贸易方式

根据实际情况填写。该项进口货物的贸易性质，包括一般贸易、易货贸易、补偿贸易、协定贸易、进料加工、来料加工、外商投资企业进口、国际租赁、国际贷款进口、国际援助、国际招标、国际展销、国际拍卖、捐赠、赠送、边境贸易、许可贸易等。

6. 外汇来源

根据实际情况填写，包括银行购汇、外资、贷款、赠送、索赔、无偿援助和劳务等，通常为银行购汇。

7. 报关口岸

应填写进口到货口岸(实际目的地口岸)的全称。

8. 出口国(地区)

填写装运港(地)国家或地区的全称。

9. 原产地国(地区)

应填写商品进行实质性加工的国别或地区全称。

10. 商品用途

根据实际情况从“自用、生产用、内销、维修和样品”中选择一种填写。

11. 商品名称和编码

应按商务部公布的实行进口许可证管理商品目录填写，每份许可证只准填写同一种商品的名称和编码。

12. 规格、型号

填写实际规格、型号，不同规格应分行表示。此栏只能填写同一编码商品不同规格型号的 4 种，多于 4 种型号应另行填写许可证申请表。

13. 单位

计量单位，如台、套、辆、条、毫升、千克等。各商品使用的计量单位由商务部统一规定，不得任意变动。合同中使用的计量单位与规定的计量单位不一致时，应换算成统一的计量单位。非限制进口商品，此栏以“套”为计量单位。

14. 数量

填写实际出运的数量，并与发票的相关内容一致，允许保留 1 位小数。

15. 单价(币别)

按合同成交的单价(货币)填制。

16. 总值(币别)

按合同成交的总额填写，即数量与单价的乘积。

17. 总值折美元

由签证机关根据国家定期公布的汇率和统计方法，将商品金额折算成美元金额。

18. 总计

将各栏的合计数分别填入本栏内，即进口商品的总数量、金额以及总金额折美元值。

19. 领证人资料

填写领证人姓名、联系电话、申请进口许可证日期和下次联系日期。

20. 签证机构审批

发证机关审核无误后盖章，由授权人签名，并注明签证日期。

(二) 进口许可证的内容与缮制方法

《中华人民共和国进口许可证》与《中华人民共和国进口许可证申请表》的内容基本一致，下面主要介绍不同内容的缮制。

1. 备注

签证机关作出的必要说明或其他事项。《自动进口许可证》备注栏内可填写“非一批一证”或“整车特征”(进口具有整车特征的汽车产品应填写 “整车特征”)。

2. 发证机关签章

用于签证机关签字盖章。

3. 发证日期

填写签发进口许可证的日期。

【练习 5-3】(判断题，2010 年试题)

对外已签合同的进口货物，在进口许可证有效期限内尚未进口的，则可到原发证机构申请进口许可证的展延。(　　)

阅读资料

进口许可证的签发

进口许可证管理实行“一证一关”管理。一般情况下，进口许可证为“一批一证”，如要实行“非一批一证”，应当同时在进口许可证备注栏内打印“非一批一证”字样。

“一证一关”是指进口许可证只能在一个海关报关；“一批一证”是指进口许可证在有效期内 1 次报关使用；“非一批一证”是指进口许可证在有效期内可多次报关使用，但最多不超过 12 次，由海关在许可证背面“海关验放签注”栏内逐批签注核减进口数量。

对进口实行许可证管理的大宗、散装货物，溢装数量按照国际贸易管理办理，即报关进口的大宗、散装货物的溢装数量不得超过进口许可证所列进口数量的 5%。不实行“一批一证”制的大宗、散装货物，每批货物进口时，按其实际进口数量进行核扣，最后一批进口货物进口时，其溢装数量按该许可证实际剩余数量并在规定的溢装上限 5%内计算。

发证机构在签发此类进口货物许可证时，应当严格按照进口配额数量及批准文件核定的数量签发，并按许可证实际签发数量核扣配额数量，不在进口配额数量或者批准文件核定的数量基础上按国际贸易惯例允许的溢装数量签发许可证。

应用实例

大连梵天进出口贸易公司开立信用证后，收到 Rotterdam Import&Export Co.,Ltd 开立的形式发票后，按照合同和信用证要求缮制进口许可证申请表申领进口许可证。

ROTTERDAM IMPORT &EXPORT CO.,LTD

TUINERSWEG 352991 LR BARENDRECHT THE NETHERLANDS

PROFORMA　INVOICE

Tel：+31-0180-643-683　　　　Fax：+31-0180-643-684

PROFORMA INVOICE No.:JL-2007-8221

DATE : OCT.22,2011

NOTE:　THIS PROFORMA INVOICE IS VALID UP TO OCT.30,2011

Marks	Commodities & Specifications	Quantity	Unit Price	Amount
FOB ROTTERDAM				
N/M	TONER CARTRIDGE OF PHILIPS BRAND PAF820 PAF920	300SETS 500SETS	USD 100.00 USD 120.00	USD 30 000.00 USD 60 000.00
	Total	800SETS		USD 90 000.00

1. PAYMENT: L/C AT SIGHT
2. PACKING: EACH PACKED IN BOX, THEN 10SETS IN CARTON.
3. PORT OF LOADING: ROTTERDAM, NETHERLANDS
4. PORT OF DISPATCHING: DALIAN,CHINA
5. DELIVERY: ON/BEFORE NOV.30, 2011
6. OTHERS:

阅读资料

形式发票

形式发票也称预开发票或估价发票(P/I)，是指在货物未成交前，买方要求出口商(卖方)将拟出售成交的商品名称、单价、规格等条件开立的一份参考性发票。卖方凭此预先让买方知晓如果双方将来以某数量成交之后，卖方要开给买方的商业发票大致的形式及内容。形式发票是一种试算性质的货运清单。

形式发票在某些国家也可以供买方作为申请进口许可证或申请外汇额度的证件，也作为买方向银行申请向卖方支付货款，开立信用证等的依据。

中华人民共和国进口许可证申请表

(1) 进口商：大连梵天进出口贸易 公司代码 200121162	(3) 进口许可证号：
(2) 收货人：大连梵天进出口贸易公司	(4) 进口许可证有效截止日期： 年 月 日
(5) 贸易方式：一般贸易	(8) 出口国(地区)：荷兰
(6) 外汇来源：银行购汇	(9) 原产地国(地区)：荷兰
(7) 报关口岸：大连海关	(10) 商品用途：自营内销

(11) 商品名称： 飞利浦牌硒鼓					商品编码：8443999010
(12) 规格、型号	(13) 单位	(14) 数 量	(15) 单价(币别)	(16) 总值(币别)	(17) 总值折美元
PAF820	套	300	USD 100.00	USD 30 000.00	USD 30 000.00
PAF920	套	500	USD 120.00	USD 60 000.00	USD 60 000.00
(18) 总 计：	套	800		USD 90 000.00	USD 90 000.00

(19) 领证人姓名：李紫茜	不能获准原因：
	(1) 公司无权经营； (8) 第( )项须补充说明函；
	(2) 公司编码有误； (9) 第( )项与批件不符；
联系电话：88603601	(3) 到港不妥善； (10) 其他。
	(4) 品名与编码不符；
	(5) 单价(高)低；
申请日期：2011 年 10 月 25 日	(6) 币别有误；
下次联系日期：	(7) 漏填第( )项；

(印章：大连梵天进出口贸易公司 123456789)

中华人民共和国商务部监制 第二联(副本)取证凭证

任务完成心得

进口许可证制度是进口国采用的行政管理手续，它要求进口商向有关行政管理机构呈交申请书或其他文件作为货物进口至进口国关境的先决条件。在申领进口许可证时，应注意以下事项。

(1) 进口许可证的有效期为 1 年。进口许可证应当在进口管理部门批准文件规定的有效期内签发。进口许可证当年有效。特殊情况需要跨年度使用时，有效期最长不得超过次年 3 月 31 日。

(2) 进口许可证因故在有效期内未使用和未使用完的，经营者应当在进口许可证有效期内向原发证机构提出延期申请。进口许可证只能延期 1 次，延期最长不能超过 3 个月。未在进口许可证有效期内提出延期申请的，进口许可证自动失效，发证机关不再受理延证手续，该进口许可证则被视为持有者自动放弃。

(3) 进口许可证申请表必须盖章，否则无效。正本由领证人填写，两联均需交给发证机关。

任务四　进口商办理货物运输与保险业务

任务引入

信用证由开证行发出，通过通知行到达卖方 ROTTERDAM IMPORT & EXPORT CO.,LTD 手里。卖方收到信用证后，需要一段时间备货。在本业务中，由于贸易术语是 FOB ROTTERDAM，所以买方需要自己办理运输和保险。卖方备好货后交货前跟大连梵天进出口贸易公司联系运输的相关事宜。梵天进出口贸易公司根据合同和信用证的相关内容，安排运输和保险。

一、办理货物运输与保险业务流程

根据合同中贸易术语的不同，买方可能会涉及自己办理运输和保险的相关事宜。办理货物运输与保险业务流程如图 5.3 所示。

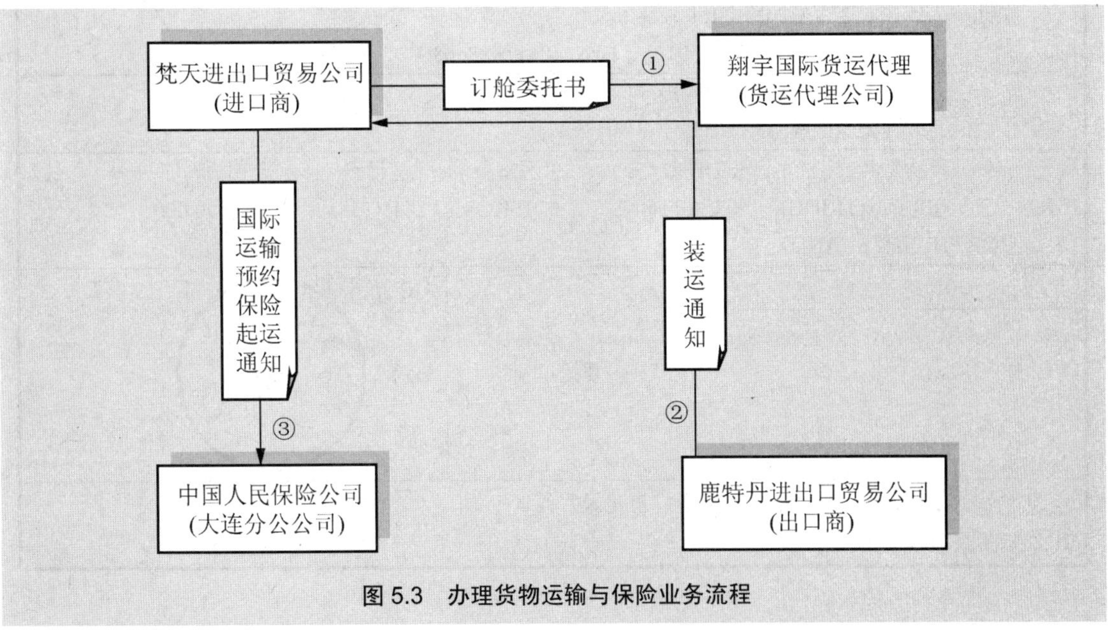

图 5.3　办理货物运输与保险业务流程

① 如果采用 FOB 贸易术语，在办妥银行开证申请手续后，进口商应立即联系货运代理

公司，填写订舱委托书，委托货代公司办理进口货物运输。货代公司在收到托运单后，审核托运单，确定装运船舶后，安排运输。进口商随后通知出口商预期装船船名和装船时间。

② 出口商按照合同或信用证的要求将货物装船以后，向进口商发送装船通知书。

③ 进口商收到装船通知后，填写国际运输预约保险起运通知书，办理货物运输保险。

应用实例

该批货物总毛重为1010KGS，总体积为45CBM。在办妥银行开立信用证申请手续后，李紫茜小姐随即联系翔宇国际货运代理有限公司，填写订舱委托书，委托该公司办理进口货物的运输。

进口订舱委托书

编号:	CT8514895	日期:	2011	年	10	月	30	日

货　名 (英 文)	TONER CARTRIDGE OF PHILIPS BRAND 飞利浦牌硒鼓		
合 同 号	NT20110508A	信用证号码	LC84E0081/06
装 卸 港	鹿特丹	交 货 期	2011 年 11 月 20 日
订妥船名	KINSTAND.0608	预抵港口	大连
运费		成交条件	FOB ROTTERDAM
公司开户行	中国银行大连分行	银行账户	F2333444718089000
装运条款	从鹿特丹运至大连，2011 年 11 月 30 日前，允许分批装运，禁止转运		
发 货 人 名称地址	ROTTERDAM IMPORT &EXPORT CO.,LTD TUINERSWEG 352991 LR BARENDRECHT THE NETHERLANDS Tel：+31-0180-643-683		
收货人	大连梵天进出口贸易公司 大连市威海路 2011 号 Tel：(0411) 88603601　　Fax：(0411) 88603602		
通知人	大连梵天进出口贸易公司 大连市威海路 2011 号		

标记	货物品名	总件数	总毛重	总尺码	总价
N/M	TONER CARTRIDGE OF PHILIPS BRAND	80 CARTONS	1 010KGS	45CBM	USD 90 000

备　注	委托单位	大连梵天进出口贸易公司 李紫茜 （印章：大连梵天进出口贸易公司 123456789）

① 危险品须注明性能，重大物件注明每件重量及尺码。

② 装货条款须详细注明。

翔宇国际货运代理有限公司在收到托运单后，审核托运单，确定装运船舶后，安排运输。大连梵天进出口贸易公司随后通知 ROTTERDAM IMPORT & EXPORT CO.,LTD 预期装船的港口、船名和时间：2011 年 11 月 20 日鹿特丹港口，KINSTAND.0608 号货轮。11 月 16 日，ROTTERDAM IMPORT &EXPORT CO.,LTD 给梵天进出口贸易公司发来了货物已备妥通知。双方再次核准了装船时间、港口和地点等。

2011 年 11 月 19 日，李紫茜小姐收到了 ROTTERDAM IMPORT & EXPORT CO.,LTD 的已装船通知单(传真)。告知该批货物已经于当日装载至 KINSTAND.0608，预计开航日期为 2011 年 11 月 20 日。其装船通知如下。

Shipping Advice

ROTTERDAM,NOV.19th,2011

Messer,

Dear Sir,

L/C No.: LC84E0081/06

Cover Note(or open policy)No.AD562

Under the captioned Credit and Cover Note(or open policy), Please insure the goods as detailed in our Invoice No.IN/0608.908 Enclosed, other particulars being given below:

Carry Vessel's Name:KINSTAND.0608

Shipment Date: on or about NOV. 20th,2011

Covering Risks(as arranged)

Kindly forward directly to the insured your Insurance Acknowledgment.

Jame Jones

据此通知，李紫茜小姐立即向中国人民保险公司大连分公司发出了一份《国际运输预约保险起运通知书》。

国际运输预约保险起运通知书

被保险人：大连梵天进出口贸易公司　　　　编号：SK030412

<table>
<tr><td>唛头</td><td>包装及数量</td><td colspan="2">保险货物项目</td><td>价格条款</td><td>货价(原币)</td></tr>
<tr><td>N/M</td><td>80CARTONS</td><td colspan="2">TONER CARTRIDGE OF PHILIPS BRAND
飞利浦牌硒鼓</td><td>FOB ROTTERDAM</td><td>USD 90 000</td></tr>
<tr><td colspan="2">合同号：NT20110508A</td><td colspan="2">发票号：IN/0608.908</td><td colspan="2">提单号：KLUAA6502069</td></tr>
<tr><td colspan="2">运输方式：
水路</td><td colspan="2">运输工具名称：
KINSTAND.0608</td><td colspan="2">运费：
FREIGHT COLLECT</td></tr>
<tr><td colspan="3">开行日期：　2011 年 11 月 20 日</td><td colspan="3">运输路线：自　鹿特丹　至　大连</td></tr>
<tr><td>投保险别</td><td>一切险</td><td>费率：3.5‰</td><td colspan="2">保险金额：USD 99 000.00</td><td>保险费：USD 315.00</td></tr>
<tr><td colspan="2">中国人民保险公司
2011 年 11 月 19 日</td><td colspan="2">大连梵天进出口贸易公司
被保险人签章
2011 年 11 月 19 日</td><td colspan="2">备注</td></tr>
</table>

本通知书填写一式五份送保险公司。保险公司签章后退回被保险人一份。

任务完成心得

FOB是国际贸易中常用的贸易术语之一，FOB的全文是Free On Board，即船上交货(指定装运港)，习惯称为装运港船上交货。一些国家鼓励出口使用CIF术语，进口使用FOB术语，由本国保险公司和承运人保险或承运。在本项目中，使用FOB贸易术语应注意以下事项。

(1) 通知问题。FOB术语中涉及两个充分通知。一个是买方租船后，应将船名、装货时间、地点给予卖方以充分通知；另一个是卖方在货物装船后要给买方以充分通知。在第一种情况下，如买方未给予充分通知，指定的船舶未按时到达或未能按时受载货物，或比规定的时间提前停止装货，由此产生的货物灭失或损失应由买方承担。在第二种情况下，由于货物风险是在装船后由卖方转移给买方，因此卖方在货物装船时必须通知买方，以便买方投保，否则由此给买方造成的损失，卖方应当负责。

(2) 关于船货衔接问题。由于FOB条件下是由买方负责安排运输工具，即租船订舱，所以这就存在一个船货衔接问题。根据有关法律和惯例，如果买方未能按时派船，这包括未经对方同意提前将船派到或延迟派到装运港，卖方都有权拒绝交货，而且由此产生的各种损失，如空船费、滞期费以及仓储费等，均由买方负责。如果买方指派的船只按时到达装运港，而卖方却未能备妥货物，那么，由此产生的上述费用则由卖方承担。有时双方按FOB价格成交，但买方又委托卖方办理租船订舱，卖方也可酌情接受，但这属于代办性质，其风险和费用仍由买方负责。总之，买卖双方要加强联系、密切配合，保证船货衔接。

(3) 进口商要选择保险规模较大、信誉良好、国外网络覆盖面广的保险公司办理保险业务。

任务五　进口商审核单据与付汇

任务引入

受益人ROTTERDAM IMPORT & EXPORT CO.,LTD办理好运输事宜，并于2011年11月20日获得海运提单。按照信用证规定，将全套结汇单据交到议付行(荷兰银行，ABN AMRO BANK)，并通过议付行寄到开证行(中国银行大连分行)。中国银行大连分行收到单据后，一方面独立审单，一方面将单据复印给大连梵天进出口贸易公司(开证申请人)供其审单之用。大连梵天进出口贸易公司应认真审核单据是否符合信用证以及合同的要求。

一、审核进口单据业务流程

受益人根据信用证，制作全套单据，并在信用证规定的时间内把单据提交给开证行。开证申请人履行付款赎单时，应认真审核单据是否符合信用证以及合同要求。审核进口单据业务程序流程5.4所示。

① 出口商按照合同或信用证要求办理货物运输，取得海运提单。

② 货物装运完后，出口商按照要求将全套结汇单据交到议付行，议付行收到全套单据审核无误后，扣除利息和银行手续费，贴现垫支款项给出口商。

③ 议付行将全套单据寄交给开证行，进行索偿；开证行审核单据无误后，向议付行付款。

④ 开证行通知进口商付款赎单。

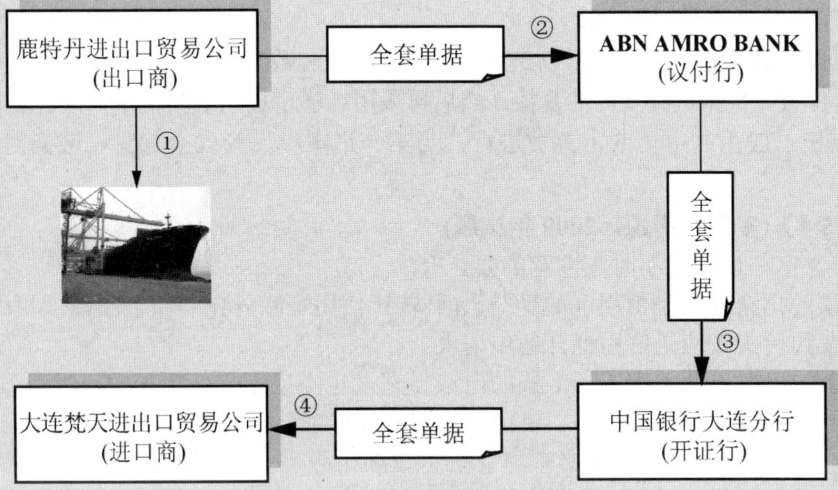

图 5.4　审核进口单据业务流程

阅读资料

按照相关的惯例，开证行承担独立审单的义务，不以开证申请人(买方)的意见为转移。但在实际操作中，银行为了降低风险，或更好地服务于企业，在将款项付给议付行前，常会充分考虑开证申请人的意见，将单据复印给买方，供他们审核。

二、审核进口单据的方法

企业审单的方法包括纵向审核法和横向审核法两种方法，实际操作中通常会两种方法结合使用。

1. 纵向审核法

纵向审核法是指以信用证条款为基础，对规定的各项单据进行逐字逐句的审核，要求有关单据的内容严格符合信用证的规定，做到“单证相符”。

在进行纵向审核时，应注意以下两点。

(1) 仔细分析信用证。信用证中每涉及一种单据，即按单据条款核对相应的单据，以达到单证一致。如果发现有与信用证不一致之处，应做好记录，以免遗漏。

(2) 按信用证审核完所有的单据后，剩下的则属于交单人交来的信用证未规定的单据，应选择退还交单人。

2. 横向审核法

横向审核法是在纵向审核的基础上，以商业发票为中心审核其他规定的单据，使单据与单据之间所有的项目相互一致，做到“单单相符”。

在进行横向审核时，要注意以发票为中心，将其他单据与发票的相同资料(如发票、装箱单和运输单据上共有的货物的标志、包装和件数等)及有关的项目(如发票的金额与保险单的保险金额)予以核对。

3. 先数字后文字审核法

在单据的数量比较集中时，可以先将各种单据的所有数字，如单价、总价、数量、毛净重、尺码、包装件数等数据进行全面的复核，然后再采用纵横审核法对其他单据内容进行审核。

上述审核一般由制单员或审单员进行，为第一道审核，为安全起见，应当对有关单据进行复审。

【练习 5-4】(多项选择题，2009 年试题)

进口商在审核商业发票时应注意的要点有(　　)。

A. 发票的出票人应是信用证的受益人(可转让信用证除外)，与汇票出票人应为同一人

B. 发票的抬头人应是信用证开证申请人

C. 发票的出票日期不应迟于汇票的出票日期，也不应迟于信用证的议付有效期

D. 商品的名称、数量、规格、单价、包装、价格条款、合同号码等及货物描述必须与信用证的规定相符，单价乘以数量必须与发票总金额相符

E. 除非信用证另有规定，发票金额应与汇票金额一致，且不得超过信用证金额

应用实例

这笔业务的单据有商业发票、装箱单、产地证、品质证书、海运提单、非木质包装证明等，大连梵天进出口贸易公司的李紫茜小姐应认真审核单据是否符合信用证以及合同的要求。

ROTTERDAM IMPORT &EXPORT CO.,LTD

TUINERSWEG 352991 LR BARENDRECHT THE NETHERLANDS

Tel：+31-0180-643-683　　　　Fax：+31-0180-643-684

COMMERCIAL　INVOICE

DATE: OCT.22,2011	L/C NO.: LC84E0081/06
INVOICE NO.: IN/0608.908	PAYMENT TERMS: IRREVOCABLE L/C AT SIGHT
CONTRACT NO.: NT20110508A	
SOLD TO: DALIAN FANTIAN IMPORT &EXPORT CORPORATION 2011 WEIHAI ROAD DALIAN CHINA Tel：(0411) 88603601　Fax：(0411) 88603602	PORT OF LOADING: ROTTERDAM PORT OF DISCHARGE: DALIAN

MARKS	DESCRIPTIONS OF GOODS	QUANTITY	U/PRICE	AMOUNT
	FOB ROTTERDAM			
N/M	TONER CARTRIDGE OF PHILIPS BRAND PAF820 PAF920 EACH PACKED IN BOX, THEN 10SETS IN CARTON	300SETS 500SETS	USD 100.00 USD 120.00	USD 30 000.00 USD 60 000.00
	TOTAL:	800SETS		USD 90 000.00

TOTAL AMOUNT: SAY U.S.DOLLARS NINETY THOUSAND ONLY.

WE HEREBY CERTIFY THAT THE CONTENTS OF INVOICE HEREIN ARE TRUE AND CORRECT.

Jame Jones

ROTTERDAM IMPORT & EXPORT CO.,LTD

TUINERSWEG 352991 LR BARENDRECHT THE NETHERLANDS

Tel：+31-0180-643-683　　Fax：+31-0180-643-684

PACKING LIST/WEIGHT MEMO

DATE: OCT.22,2011 INVOICE NO.: IN/0608.908 CONTRACT NO.: NT20110508A	L/C NO.: LC84E0081/06	MARKS&NOS: N/M
SOLD TO: DALIAN FANTIAN IMPORT &EXPORT CORPORATION 2011 WEIHAI ROAD DALIAN CHINA Tel：(0411) 88603601　Fax：(0411) 88603602		PORT OF LOADING: ROTTERDAM PORT OF DISCHARGE: DALIAN

DESCRIPTION OF GOODS & PACKING	QTY (SETS)	CTNS	G.W (KGS)	N.W (KGS)	MEAS. (CBM)
TONER CARTRIDGE OF PHILIPS BRAND					
PAF820	300	30	12/360	10/300	0.5/15
PAF920	500	50	13/650	12/600	0.6/30
EACH PACKED IN BOX, THEN 10SETS IN CARTON					
TOTAL	800	80	1010	900	45

SAY TOTAL EIGHTY CARTONS ONLY.

Jame Jones

Shipper ROTTERDAM IMPORT &EXPORT CO.,LTD TUINERSWEG 352991 LR BARENDRECHT THE NETHERLANDS	B/L NO. LCHCB100067 **PACIFIC INTERNATION LINES (PTE) LTD** (Incorporated in Singapore) **COMBINED TRANSPORT BILL OF LADING**
Consignee TO ORDER	
Notify Party DALIAN FANTIAN IMPORT &EXPORT CORPORATION 2011 WEIHAI ROAD DALIAN CHINA Tel：(0411) 88603601 Fax：(0411) 88603602	Received in apparent good order and condition except as otherwise noted the total number of container or other packages or units enumerated below for transportation from the place of receipt to the place of delivery subject to the terms hereof. One of the signed Bills of Lading must be surrendered duly endorsed in exchange for the Goods or delivery order. On presentation of this document (duly) Endorsed to the Carrier by or on behalf of the Holder, the rights and liabilities arising in accordance with the terms hereof shall (without prejudice to any rule of common law or statute rendering them binding on the Merchant) become binding in all respects between the Carrier and the Holder as though the contract evidenced hereby had been made between them. **SEE TERMS ON ORIGINAL B/L**

Vessel and Voyage Number KINSTAND.0608	Port of Loading ROTTERDAM	Port of Discharge DALIAN
Place of Receipt	Place of Delivery DALIAN	Number of Original B(s)/L THREE

PARTICULARS AS DECLARED BY SHIPPER-CARRIER NOT RESPONSIBLE

Container Nos/Seal Nos. Marks and/Numbers	No. of Container/Packages/Description of Goods	Gross Weight (Kilos)	Meas. (cu-metres)
N/M CONTAINER NO. PLHU1234567 SEAL NO. 006789	TONER CARTRIDGE OF PHILIPS BRAND SAY EIGHTY(80)CARTONS ONLY TOTAL ONE 20'CONTAINER CY TO CY CLEAN ON BOARD FREIGHT COLLECT	1010KGS	45CBM

FREIGHT & CHARGES	Number of Containers/Packages (in words)
FREIGHT COLLECT SHIPPED ON BOARD	SAY EIGHTY CARTONS ONLY
	Shipped on Board Date NOV. 20, 2011
	Place and Date of Issue ROTTERDAM NOV. 20, 2011
	In Witness Where of this number of Original Bills of Lading stated Above all of the tenor and date one of which being accomplished the others to stand void. For PACIFIC INTERNATIONAL LINES(PTE)LTD as Carrier

ROTTERDAM IMPORT &EXPORT CO.,LTD

TUINERSWEG 352991 LR BARENDRECHT THE NETHERLANDS

Tel：+31-0180-643-683　　Fax：+31-0180-643-684

CERTIFICATE OF QUALITY

DATE: NOV.15, 2011 INVOICE NO.: IN/0608.908 CONTRACT NO.: NT20110508A	L/C NO.: LC84E0081/06	
SOLD TO: DALIAN FANTIAN IMPORT&EXPORT CORPORATION 2011 WEIHAI ROAD DALIAN CHINA Tel：(0411) 88603601　　Fax：(0411) 88603602	PORT OF LOADING: ROTTERDAM PORT OF DISCHARGE: DALIAN	
DESCRIPTION OF GOODS COMMODITY: TONER CARTRIDGE OF PHILIPS BRAND QUANTITY: 800SETS		
TOTAL NO.OF BAGS (PACKAGES)	QUANTITY	
	GROSS WEIGHT	NET WEIGHT
80 CARTONS	1010KGS	900KGS
WE HEREBY CERTIFY THAT GOODS ARE OF NETHERLANDS ORIGIN. Jame Jones		

ROTTERDAM IMPORT &EXPORT CO.,LTD

TUINERSWEG 352991 LR BARENDRECHT THE NETHERLANDS

Tel：+31-0180-643-683　　Fax：+31-0180-643-684

CERTIFICATE OF QUALITY

DATE:NOV.15, 2011 INVOICE NO.: IN/0608.908 CONTRACT NO.: NT20110508A	L/C NO.: LC84E0081/06	
SOLD TO: DALIAN FANTIAN IMPORT&EXPORT CORPORATION 2011 WEIHAI ROAD DALIAN CHINA Tel：(0411) 88603601　　Fax：(0411) 88603602	PORT OF LOADING: ROTTERDAM PORT OF DISCHARGE: DALIAN	
DESCRIPTION OF GOODS: COMMODITY: TONER CARTRIDGE OF PHILIPS BRAND QUANTITY: 800SETS		
TOTAL NO.OF BAGS (PACKAGES)	QUANTITY	
	GROSS WEIGHT	NET WEIGHT
80 CARTIONS	1010KGS	900KGS
WE HEREBY CERTIFY THAT THE QUALITY OF THE GOODS IS IN ACCORDANCE WITH MANUFACTURER'S STANDARD QUALITY FOR THIS PRODUCT. Jame Jones		

ROTTERDAM IMPORT & EXPORT CO.,LTD

TUINERSWEG 352991 LR BARENDRECHT THE NETHERLANDS

Tel：+31-0180-643-683　　Fax：+31-0180-643-684

DECLARATION OF NON-WOOD PACKING MATERIAL

DATE: NOV.15,2011		
INVOICE NO.: IN/0608.908	L/C NO.: LC84E0081/06	
CONTRACT NO.: NT20110508A		
SOLD TO: DALIAN FANTIAN IMPORT & EXPORT CORPORATION 2011 WEIHAI ROAD DALIAN CHINA Tel：(0411) 88603601　Fax：(0411) 88603602	PORT OF LOADING: ROTTERDAM PORT OF DISCHARGE: DALIAN	
DESCRIPTION OF GOODS: COMMODITY: TONER CARTRIDGE OF PHILIPS BRAND QUANTITY: 800SETS		
TOTAL NO.OF BAGS (PACKAGES)	QUANTITY	
	GROSS WEIGHT	NET WEIGHT
80 CARTIONS	1010KGS	900KGS
WE HEREBY CERTIFY THAT THIS SHIPMENT CONTAINS NON-WOOD PACKING MATERIAL. Jame Jones		

经审核本套单据没有不符之处。如若发现单据存在问题，应该书面列出处理意见。

三、对外付款/承兑通知书的内容与缮制方法

1. 日期

填写缮制对外付款/承兑通知书的日期。

2. 结算方式

选择适当的结算方式，并在该选项前方框打“×”。

3. 信用证/保函编号

在采用信用证/保函结算方式时填写，托收结算方式时不填。

4. 索汇币种及金额

填写国外银行索偿币种及金额。

5. 期限

填写远期付款天数，若采用即期付款，则填写“AT SIGHT”。

6. 到期日

填写实际付款日期(YYMMDD)。

7. 来单行名称及编号

填写国外寄单行/托收行名称及编号。

8. 收款行名称及地址

填写最终收款银行名称及其所在国家、城市。

9. 付款人名称

信用证/保函项下，此栏填写申请人名称；进口代收项下为汇票付款人名称。

10. 组织机构代码

按国家质量监督检验检疫总局颁发的组织机构代码证或外管局签发的特殊机构代码赋码通知书上的单位组织机构代码或特殊机构代码填写。

11. 个人身份证件号码

此栏针对因私业务，因公业务不填写。

12. 中国居民个人/中国非居民个人

此栏针对因私业务，因公业务不填写。

13. 银行附言

此栏内容包括单据种类、份数、不符点情况、经办银行对付款人提出的要求以及其他需要说明的情况。

14. 申报号码

此栏一般留空，由银行填写。

15. 实际付款币种及金额

此栏通常留空，由银行填写。

16. 付款编号

此栏由银行填写。

17. 购汇汇率

此栏由银行填写。

18. 收款人常住国家(地区)名称及代码

填写本笔境外付款的实际收款人常住的国家或地区。名称用中文填写，代码根据第三联背面“国家(地区)名称代码表”填写。

19. 最迟装运日期

填写货物的实际装运日期。

20. 外管局批件/登记表号

填写外管局签发的，银行凭以对境外付款的各种批件或进口付汇登记表号。

21. 付款币种及金额

付款币种及金额是指付款人支付的币种及金额。

22. 购汇金额

指实际付款金额中，向银行购买外汇直接对境外支付的金额。

23. 现汇金额

现汇金额是指实际付款金额中直接从外汇账户(包括外汇保证金账户)中支付的金额；付款人将从银行购买的外汇存入外汇账户(包括外汇保证金账户)后对境外支付的金额；付款人以外币现钞方式对境外支付的金额。

24. 其他金额

其他金额是指付款人除购汇和现汇以外对境外支付的金额。包括跨境人民币交易以及记账贸易项下交易等的金额。

25. 账号

填写银行对境外付款时扣款的账号，包括人民币账号、现汇账号、现钞账号、保证金账号、银行卡号。如从多个同类账户扣款，填写金额大的扣款账号。

26. 交易编码

应根据本笔对境外付款交易性质对应的“国际收支交易编码表(支出)”填写。如果本笔付款为多种交易性质，则在第一行填写最大金额交易的国际收支交易编码，第二行填写次大金额交易的国际收支交易编码；如果本笔付款涉及进口付汇核销项下交易，则核销项下交易视同最大金额交易处理；如果本笔付款为退款.则应填写本笔付款对应原涉外收入的国际收支交易编码。

27. 相应币种及金额

应根据填报的交易编码填写，如果本笔对境外付款为多种交易性质，则在第一行填写最大金额交易相应的币种和金额，第二行填写其余币种及金额。两栏合计数应等于付款币种及金额；如果本笔付款涉及进口付汇核销项下交易，则核销项下交易视同最大金额交易处理。

28. 交易附言

应对本笔对境外付款交易性质进行详细描述。如果本笔付款为多种交易性质，则应对相应的对境外付款交易性质分别进行详细描述；如果本笔付款为退款，则应填写本笔付款对应原涉外收入的申报号码。

29. 付款人印鉴

付款人在确认同意付款/承兑/拒付后，加盖在银行预留的印鉴。

应用实例

经仔细审核，李紫茜小姐未发现该票单据存在不符点，因此可以办理付款赎单手续。大连梵天进出口贸易公司收下全套货物单据，填写并向银行提交对外付款/承兑通知书等相关资料。

中国银行 BANK OF CHINA

对外付款/承兑通知书

银行业务编号 674LC500002B771　　　　日期 2011-11-25

结算方式	☒信用证 ■保函□托收□其他		信用证/包含编号		LC84E0081/06
来单币种及金额	USD90000.00		开证日期		OCT.20., 2011
索汇币种及金额	USD90000.00	期限	AT SIGHT	到期日	
来单行名称	ALGEMENE BANK NEDERLAND			来单行编号	SHOLA3059601
收款人名称	ROTTERDAM IMPORT &EXPORT CO.,LTD				
收款行名称及地址	ABN AMRO BANK				
付款人名称	大连梵天进出口贸易公司				
☒对公组织机构码	49372211-5		□对私	个人身份证号	
扣费币种及金额				□中国居民个人 □中国非居民个人	
合同号	NT20110508A		发票号	IN/0608.908	
提运单号	LCHCB10006761		合同金额	USD 90 000.00	

银行附言

议付行费用/利息：

单据清单：

发票	装箱单	提单	空运单	货物收据	保单	受益人证明	产地证	质量/数量证明	检验证
3	3	3/3					1	1	

其他：N-W DECL

我行收到上述信用证项下单据。请贵司审核单据，并于 2011-12-01 前来我行办理付款/承兑手续或提出拒付申请。若在上述日期前贵司未办理以上手续，我行将视贵司已同意付款/承兑，并将按《开立信用证承诺书》中的相关条款，自行对外付款/承兑。贵司在上述日期前提出拒付申请后，由我行对单据的不符点再次审核，并最终决定是否拒付。

不符点提示：　　　　备注：

本次装运日：20111120　　最迟装运日：20111130

中国银行 大连分行 业务专用章

经办　　　　复核　　　　负责人　　　　银行业务章

任务完成心得

在国际贸易中，主要是采取信用证结算方式。外贸企业进口商品往往是凭单付款的，即外贸企业收到银行转来出口商的全套结算单据后，就要付款赎单，这就形成了一种单据买卖。因此，外贸企业收到银行转来的全套结算单据时，首先要根据进口贸易合同和信用证的有关条款检查单据的种类、份数是否完整；其次审核单据的内容，审核的单据主要有发票和提单。

(1) 发票。发票是指出口商开给进口商的商品价值的清单。发票是交易双方收付款的依据，也是交易双方记账的原始凭证，还是出口商在出口地和进口商在进口地报关交税的计算依据，因此，必须严格地进行审核。首先，发票的内容必须与进口贸易合同及信用证的条款内容相一致；其次，发票中有关项目的内容必须与其他有关的单据核对相符；再次，发票上的总金额不得超过信用证规定的最大限额。

(2) 提单。提单是指承运单位签发的承运商品收据。它是出口商发货的证明，也是进口商提货的依据。提单必须是已装船提单，也就是商品装入船舱后签发的提单。如果是收讫备运提单，就应进一步审核是否有承运单位加注的“已装船”字样，否则不能轻易接受；然后进一步核对提单上所列商品的毛重、净重与发票及重量单上所列的内容是否相符，有关唛头、装运港、目的港、运费支付情况与进口贸易合同及信用证的规定是否相符等。

外贸企业收到全套结算单据后，应进行严格的审核。只有在单证相符、单单相符的基础上，才能办理付汇手续。

任务六　进口商办理入境货物报检业务

任务引入

ROTTERDAM IMPORT & EXPORT CO.,LTD 按照合同与信用证的规定按时发出货物，在信用证规定的交单期内办理议付。大连梵天进出口贸易公司收到全套议付单据(进口商业发票、装箱单、提单和汇票等)，对其进行审单，核准无误后办理付款单，并填写入境货物报检单，随附有关单据及时向大连出入境检验检疫局办理报检手续。

一、入境货物报检业务流程

《中华人民共和国进出口商品检验法》及其实施条例规定，法定检验的入境货物到货后，收货人应向卸货口岸或到达站的检验检疫机构办理报检，货物到达目的地后应在规定的检验检疫期内向当地检验检疫机构申请检验，未报经检验的，不准销售和使用。入境货物报检业务流程如图 5.5 所示。

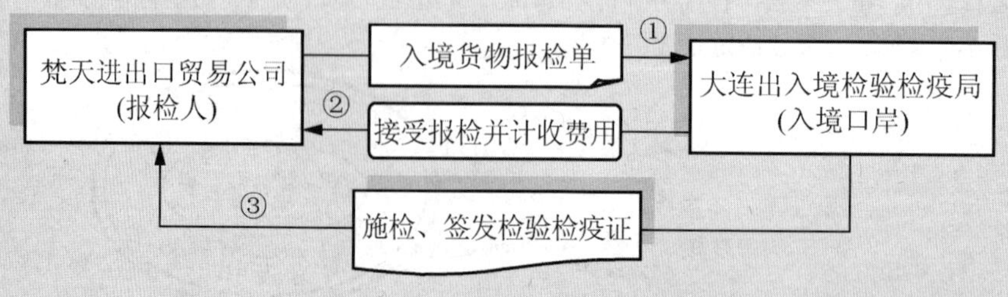

图 5.5　入境货物报检业务流程

一般来说，进口货物的报检可分为以下几个环节：报检—检务审核—接受报检—计费与交费—签发通关单—实施检验检疫或鉴定—合格后签发检验检疫证明。

① 报检。在规定的时间和地点，报检人填写入境货物报检单，出具或提供规定的证明文件和合同等有关单证，向检验检疫机构报检。检务人员按有关法律规定，认真审核报检单及随附的合同、批文和证单等资料，对不符合要求的，指出不符合项并要求报检人员补充或更改。对国家法律法规规定严禁入境的货物的报检，不予受理。

② 接受报检。对经审单符合规定的，受理报检。计费人员审核报检单和有关单证与数据，确认无误后，按规定的收费标准计算检验检疫费用，打印交费清单交报检人交费。报检人交纳检验检疫费后，受理报检人员按规定打印通关单，经检务主管核签和须经施检部门到现场进行初步检验检疫合格的，应经施检部门核签后交报检人、申报人。

③ 实施检验检疫或鉴定。针对不同情况实施检验检疫，实施部门根据检验检疫结果，出具检验检疫结果报告，经部门主管核签后，转检务部门。检务部门复核检验检疫报告及相关单据，对合格的签发检验检疫证明。

二、入境货物报检单的内容与缮制方法

报检单是检验检疫机构对出入境货物实施检验检疫、启动检验检疫程序的依据。入境货物报检单填制方法如下。

1. 编号

编号由检验检疫机构的报检受理人员填写。报检单前 6 位为检验检疫机构代码，第 7 位为报检类别代码，第 8、第 9 位为年代代码，第 10～15 位为流水号。

2. 报检单位

填写报检单位全称并加盖报检单位公章。

3. 报检单位登记号

填写报检单位在检验检疫机构备案或注册登记的号码。

4. 联系人

填写报检人员的姓名。

5. 电话

填写报检人员的联系电话。

6. 报检日期

填写检验检疫机构实际受理报检的日期。

7. 发货人(中/外文)

对照填写外贸合同中的发货人。

8. 收货人(中/外文)

对照填写外贸合同中的收货人。

9. 货物名称(中/外文)

应按进口贸易合同和发票中所列商品名称的中、外文填写。需要注意的是，废旧物在此栏内须注明。

10. H.S.编码

以当年海关公布的商品税则编码分类为准。本栏填报 8 位商品编码。需要注意的是，有些商品有最后两位补充编码时，应填报 10 位编码。

11. 原产国(地区)

填写该进口货物的原产国家或地区。

12. 数/重量

填写以商品编码分类中计量标准项下的实际检验检疫数量、重量，并应注明数/重量单位。

13. 货物总值

填写本批入境货物的总值及币种，应与合同、发票和报关单上所列的货物总值一致。

14. 包装种类及数量

填写货物实际运输包装的种类及数量。

15. 运输工具名称号码

填写载运本批货物的运输工具的名称和运输工具编号。

16. 合同号

填写本批货物的进口贸易合同、订单或形式发票等的号码。

17. 贸易方式

填写该批货物进口的贸易方式。常见的贸易方式有“一般贸易”、“来料加工贸易”、“易货贸易”和“补偿贸易”等。

18. 贸易国别(地区)

填写本批进口货物的贸易国家或地区名称。

19. 提单/运单号

填写本批货物海运提单号或空运单号，有二程提单的应同时填写。

20. 到货日期

填写进口货物到达口岸的日期。

21. 起运国家(地区)

填写进口货物的起运国家或地区名称。

22. 许可证/审批号

凡申领进口许可证或其他审批文件的货物，本栏应填写有关许可证号或审批号。

23. 卸毕日期

填写本批进口货物在口岸卸毕的实际日期。

24. 起运口岸

填写本批进口货物的起运口岸名称。

25. 入境口岸

填写本批进口货物入境首次停靠的口岸名称。

26. 索赔有效期

按对外贸易合同中约定的索赔期限填写，注明截止日期。

27. 经停口岸

填写货物在运输中途曾经停靠的口岸名称。

28. 目的地

填写本批货物的境内目的地。

29. 集装箱规格、数量及号码

货物若以集装箱运输，应填写集装箱的规格、数量及号码。

30. 合同订立的特殊条款以及其他要求

填写在合同中订立的有关检验检疫的特殊条款及其他要求。

31. 货物存放地点

填写本批货物存放的地点。

32. 用途

填写本批进口货物的用途。根据实际情况在种用或繁殖、食用、观赏或演艺、伴侣动物、试验、药用、饲用或其他当中进行选择。

33. 随附单据

按照实际随附的单据种类对应画"√"或补填。

34. 标记及号码

应与合同、发票等有关外贸单据保持一致。若没有标记、号码，则填写"N/M"。

35. 外商投资财产

由检验检疫机构报检受理人员填写。

36. 检验检疫费

由检验检疫机构计费人员核定费用后填写。

37. 领取证单

报检人在领取检验检疫机构出具的有关检验检疫证单时填写领证日期和领证人签名。

应用实例

李紫茜小姐审核单据并完成付汇后，按照要求缮制入境货物报检单，随同相关单据向大连出入境检验检疫局申请办理入境货物报检手续。

中华人民共和国出入境检验检疫
入境货物报检单

报检单位(加盖公章)：大连梵天进出口贸易公司　*编号：________

报检单位登记号：578656　联系人：李紫茜　电话：88603601　报检日期：2011 年 11 月 28 日

收货人	(中文)大连梵天进出口贸易公司	企业性质(划“√”)	□合资　□合作　□外资		
	(外文)DALIAN FANTIAN IMPORT & EXPORT CORPORATION				
发货人	(中文)				
	(外文) ROTTERDAM IMPORT & EXPORT CO.,LTD				

货物名称(中/外文)	H. S. 编码	原产国	数/重量	货物总值	包装种类及数量
飞利浦牌硒鼓 TONER CARTRIDGE OF PHILIPS BRAND	8443999010	荷兰	800SETS	USD 90000.00	80CTNS

运输工具名称号码	KINSTAND.0608		合同号	NT20110508A	
贸易方式	一般贸易	贸易国别(地区)	荷兰	提单/运单号	LCHCB100067
到货日期	2011.10.25	启运国家(地区)	荷兰	许可证/审批号	OA2456789
卸货日期	2011.10.26	启运口岸	鹿特丹	入境口岸	大连海关
索赔有效期至	2011.11.25	经停口岸		目的地	大连
集装箱规格、数量及号码	40 英尺普通集装箱一只 PLHU1234567				
合同订立的特殊条款以及其他要求		货物存放地点	大连市航海路 122 号		
		用　途	自营内销		

随附单据(划“√”或补填)		标记及号码	*外商投资财产(划“√”)	□是□否
☑合同 ☑发票 ☑提/运单 □兽医卫生证书 □植物检疫证书 □动物检验证书 □卫生证书 ☑原产地证	□许可/审批文件 ☑到货通知 ☑装箱单 □质保书 □理货清单 □磅码单 □验收报告	N/M	*检验检疫费	
			总金额(人民币元)	
			计费人	
			收费人	

报检人郑重声明： 1．人被授权报检。 2．上列填写内容正确属实。 签名：李紫茜	领取证单	
	日期	
	签名	

注：有“*”号栏由出入境检验检疫机关填写　　◆国家出入境检验检疫局制

任务完成心得

进口货物在进行报检时，应注意以下几个问题。

(1) 同一合同、同一发票、同一提单只填写一份报检单；如果同一合同、不同发票或提单的，应分别填写报检单。

(2) 对于在装船前已经过预检验、监造监制的进口法定检验货物到达时，仍应进行报检。检验结果以货到后商检机构的检验结果为准。

(3) 对列入《实施安全质量许可制度的进口商品目录》内的进口商品按法定检验商品办理报检，并且还要提供进口质量许可证复件或许可证编号。

(4) 报检人要认真填写报检单，内容应按合同、国外发票、提单、运单上的内容填写，报检单应填写完整，无漏项，字迹清楚，不得涂改，且中英文内容一致，并加盖申请单位公章。

(5) 报检人凭报关地检验检疫机构签发的《入境货物通关单》或检验检疫证办理通关手续。

任务七　进口商办理进口报关业务

任务引入

大连梵天进出口贸易公司在向出入境检验检疫局办理报检手续后，李紫茜小姐按照有关要求填写进口货物报关单，并随附商业发票、装箱单和海运提单等单据及时向大连海关办理进口货物报关手续，海关工作人员查验后，对货物征收了进口关税。各种手续办好之后，大连海关即在货运单据上签印放行。

一、进口货物报关业务流程

进口商在办理报检手续后，应按有关法律法规的规定填写进口货物报关单，并随附国外商业发票、装箱单、进口贸易合同和提单等单据及时向入境口岸海关办理进口货物报关。进口货物报关业务流程如图 5.6 所示。

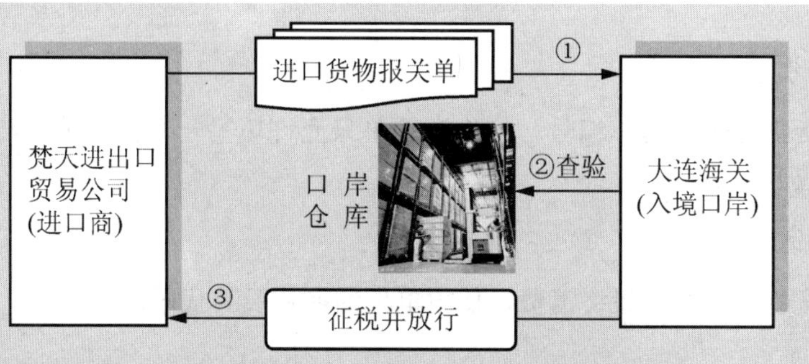

图 5.6　进口货物报关业务流程

一般来说，进口货物的通关可分为 5 个基本环节：申报——查验——征税——放行——结关。

① 申报。申报是指进口货物的收货人在进口货物时，在海关规定的期限内，以传统的书

面形式或者电子数据交换(EDI)形式向海关报告其进口货物的情况，并随附有关货运和商业单证，申请海关审查放行，并对所报告内容的真实准确性承担法律责任的行为。

② 查验。进口申请报关后，海关对电子报关数据或纸质报关单及其随附单据的合法性、有效性、真实性进行审核，在审核无误的情况下，向进口企业发送相关回执信息，通知企业办理查验。

③ 征税。进口货物经查验情况正常的，进口企业应按规定向海关缴纳关税。海关在接受进口货物的申报，经过审核报关单据、查验货物、依法征收税款，结束对进口货物现场监管，给予放行。对经口岸放行后仍需继续实施后续管理的货物，海关在规定的期限内进行核查，对需要补证、补税的货物作出处理直至完全结束海关监管的工作。

二、进口货物报关单的内容与缮制方法

进口货物报关单是进口商向海关申报货物进口的重要单据，也是海关直接监督进口行为、决定是否准许货物放行以及对进口货物汇总统计的原始资料，直接决定了进口贸易的合法性。进口货物报关单与出口货物报关单的内容大致相同，其不同栏目的缮制方法如下。

1. 进口口岸

按实际货物进口的口岸填写海关的名称及其海关“关区代码表”代码。需要注意的是，该栏虽称为“进口口岸”，但实际应该填写“海关”名称，而非“口岸”名称。

2. 进口日期

填写运载所申报货物的运输工具申报进境的日期，无实际进境的，则填申请办理货物进口手续的日期。

3. 申报日期

填写进口商或其代理人申请办理货物进口手续的日期，其不能早于进口日期。

4. 经营单位

填写对外签订并执行进口货物贸易合同的中国境内企业的全称及其代码。经营单位编码为 10 位数字。

5. 提运单号

填写进口货物提单或运单编号。一份报关单只允许填写一个提运单号，一票货物对应多个提运单时，应分单填写。

6. 收货单位

填写进口货物在境内的最终消费、使用单位的名称及其代码。

7. 征免性质

按海关对进口货物实施征、减、免税管理的性质类别和代码填写，一份报关单只允许填写一种征免性质。

8. 征税比例

此项仅用于“非对口合同进料加工”(代码 0715) 贸易方式下的进口报关单，填写海关规定的实际应征税比率，如“5%”填写“5”。

9. 许可证号

填写进口货物许可证的编号，一份报关单只允许填一个许可证号，如有多个许可证号，须分单申报。如不属于进口许可证范围的，此栏留空。

10. 启运国(地区)

填写进口货物起始发出的国家(地区)。对发生运输中转的货物，如果中转地未发生任何商业性交易，则起运地不变；如果中转地发生商业性交易，则以中转地作为起运国(地区)填写。无实际进境的，本栏目填写“中国”(代码“142”)。

11. 装运港

填写进口货物在运抵我国关境前的最后一个境外装货港的名称及代码；无实际进境的，则填“中国境内 0142”。

12. 境内目的地

填写进口货物在国内的消费、使用地或最终运抵地的名称及代码。

13. 批准文号

填写《进口付汇核销单》的编号。

14. 运费

运费标记“1”、“2”、“3”分别表示运费率、每吨货物的运费单价及运费总价，可按任何一种填写。运保费合并计算的，运保费填写在本栏。如果是以 CIF、CFR 价成交，则可以不填。

15. 保费

填写该批货物的全部保险费。保险费标记“1”表示保险费率，“3”表示保险费总价。如果是以 CIF 价成交，则可以不填。

16. 杂费

应计入完税价格的杂费填写为正值或正率，应从完税价格中扣除的杂费填写为负值或负率。杂费标记“1”表示杂费率，“3”表示杂费总价。

17. 合同协议号

填写贸易合同(协议)的全部字头与号码。

18. 原产国(地区)

填写进出口货物的生产、开采或加工制造的国家(地区)的名称及代码。

应用实例

货物到达大连港后，货代公司发来到货通知书。李紫茜小姐缮制进口货物报关单后向大连海关申请进口报关。

中华人民共和国海关进口货物报关单

预录入编号：717179696　　　　海关编号：20101049953469

进口口岸	备案号	进口日期	申报日期
大连海关 0900		2011-11-25	2011-11-29

经营单位(2433646522)	运输方式	运输工具名称	提运单号
大连梵天进出口贸易公司	水路运输	KINSTAN/D.0608	LCHCB100067

收货单位(2433646522)	贸易方式	征免性质	征税比例
大连梵天进出口贸易公司	一般贸易	一般征税(101)	

许可证号	起运国(地区)	装货港	境内目的地
OA2456789	荷兰	鹿特丹	大连

批准文号	成交方式	运费	保费	杂费
	FOB	502/202/3	502/315/3	

合同协议号	件数	包装种类	毛重(千克)	净重(千克)
NT20110508A	80	纸箱	1010	900

集装箱号	随附单据	用途
PLHU1234567/40/2760		

标记唛码及备注

N/M

项号	商品编号	商品名称、规格型号	数量及单位	原产国(地区)	单价	总价	币制	征免
	8443999010	飞利浦牌 硒鼓		荷兰			美元	照章征税
01		PAF820	300 套 300KGS		100.00	30 000.00		
02		PAF920	500 套 600KGS		120.00	60 000.00		

税费征收情况

录入员　　录入单位	兹声明以上申报无讹并承担法律责任	海关审单批注及放行日期(签章)
报关员	大连梵天进出口贸易公司 ★ 20080729 报关专用章 申报单位(签章)	审单　　审价
单位地址：　大连市威海路 2011 号		征税　　统计
邮编 116000　电话 88603601　填制日期 2011 年 11 月 29 日		查验　　放行

当所有的单证环节完成后，大连梵天进出口贸易公司的李紫茜小姐对资料进行整理归档。将所有的单据扫描到电脑，并按照时间序列排好，转化为一个 PDF 文档，以便日后方便调用查看。同时，将纸质的单据原件装订好，放入资料袋，作为原始凭证。

任务完成心得

在做完这一份进口合同后，李紫茜对国际贸易的操作又有了不少新的体会和认识。这一份 FOB 贸易合同的履行程序一般包括开证、租船订舱、装运、办理保险、审单付款、接货报关、检验和索赔。在实际操作中要特别注意以下环节。

(1) 开证。开证内容必须与合同内容一致，做到完备、明确、具体。

(2) 做好催交、租船订舱、派船工作。进口商可采用预约保险或逐笔保险方式办理保险。

(3) 进口商应在规定的时间内对银行转来的单据认真审核。

(4) 进口商或其代理人在货到目的港后须按规定的办法，办理报检与报关。

(5) 发现质量、重量和包装等方面有问题，进口商应在分清责任的基础上，及时向有关方提出索赔。

此外，在履行凭信用证付款的 FOB 进口合同时，上述各项基本环节是不可缺少的，但是在履行凭其他付款方式和其他贸易术语成交的进口合同时，则其工作环节有别。例如，在采用汇付或托收的情况下，就不存在买方开证的工作环节；在履行 CFR 进口合同时，买方则不负责租船订舱，此项工作由卖方办理；在履行 CIF 进口合同时，买方不仅不承担货物从装运港到目的港的运输任务，而且不负责办理货运投保手续，此项工作由卖方按约定条件代为办理。这就表明，履行进口合同的环节和工作内容，与出口合同履行一样，也主要取决于合同的类别及其所采取的支付条件。

综合技能实训

基本要求：

根据业务资料给出的条件填写开证申请书，要求格式清楚、条款明确、内容完整。

业务资料：

(1) DATE: MAY 25, 2011

(2) THE BUYER: EAST AGENT COMPANY
ADDRESS: ROOM 2401, SANHUAN ROAD 47#，BEIJING, P. R. CHINA

(3) THE SELLER: LPG INTERNATION CORPORATION
ADDRESS: 333 BARRON BLVD., INGLESIDE , ILLINOIS (UNITED STATES)

(4) NAME OF COMMODITY: MEN’S DENIM UTILITY SHORT

(5) SPECIFICATIONS: COLOR MEDDEST SANDBLAS
FABRIC CONTENT: 100% COTTON

(6) QUANTITY: 2000 CARTONS

(7) PRICE TERM: FOB NEW YORK　　USD 285/ CARTON

(8) TOTAL AMOUNT: USD570, 000.00

(9) COUNTRY OF ORIGIN AND MANUFACTURERS: UNITED STATES OF AMERICA, VICTORY FACTORY

(10) PARTIAL SHIPMENT AND TRANSSHIPMENT ARE PROHIBITTED

(11) SHIPPING MARK:　　ST

NO.1…UP

(12) TIME OF SHIPMENT: BEFORE JULY 15, 2011

(13) PLACE AND DATE OF EXPIRY: CHINA, JULY 30, 2011

(14) PORT OF SHIPMENT: NEW YORK

(15) PORT OF DESTINATION: XINGANG PORT, TIANJING OF CHINA

(16) INSURANCE: TO BE COVERED BY BUYER

(17) PAYMENT: BY IRREVOCABLE FREELY NEGOTIABLE L/C AGAINST SIGHT DRAFTS FOR 100PCT OF INVOICE VALUE AND THE DOCUMENTS DETAILED HEREUNDER.

(18) DOCUMETNS:

① INVOICES IN TRIPLICATE

② PACKING LIST IN TRIPLICATE

③ FULL SET OF CLEAN ON BOARD BILLS OF LADING MADE OUT TO ORDER AND BLANK ENDORSED NOTIFYING THE APPLICANT WITH FULL NAME AND ADDRESS MARKED FREIGHT COLLECT.

④ CERTIFICATE OF ORIGIN IN DUPLICATE

⑤ BENEFICIARY'S CERTIFIED COPY OF FAX TO THE APPLICANT WITHIN 1 DAY AFTER SHIPMENT ADVISING GOODS NAME OF VESSEL, INVOICE VALUE, DATE OF SHIPMENT, QUANTITY AND WEIGHT

OTHER TERMS AND CONDITIONS:

① L/C TO BE ISSUED BY TELETRANSMISSION

② THE BUYER SHALL BEAR ALL BANKING CHARGES INCURRED INSIDE THE ISSUING BANK.

③ ALL DOCUMENTS MUST BE MAILED IN ONE LOT TO THE ISSUING BANK BY COURIER SERVICE

④ PRESENTATION PERIOD:WITHIN 10 DAYS AFTER THE DATE OF SHIPMENT

附　　录

附录A　单证疑难问题集锦

A.1　合同篇

1. 保险条款中的 WITHOUT FRANCHISE 是什么意思？

答：无免赔率，不计免赔率。即发生损失，保险公司全部理赔。

2. “Since we are buying items in stock we will collect the items from you with 100% payment across the table.”如何翻译？

答：由于我们要买的是仓存品，所以要求一手交钱一手交货。

3. “Conference line vessel, the above ship belongs to which company?”如何理解？

答：是公会船，并不是属于哪个船公司的，参加海运同盟或班轮公会的班轮。

班轮公会是按预定的船期表在特定航线上从事营运的班轮公司的组织，具有共同的费率表、固定的挂靠港。班轮公会制度对于托运人而言，具有稳定的运费率、定期的运输服务等好处，但运费率通常较高。

4. “Pay 50% on order and 50% against shipping documents.”应如何翻译？

答：50%预付，50%见提单后付款。

5. “ ORIGINAL CERTIFICATE OF INSPECTION SIGNED AND STAMPED ONE ORIGINAL PLUS ONE COPY ISSUED BY AN INDEPENDENT OFFICIAL CONCERNED AUTHORITH SHOWING FULL DETAILS OF GOODS AND CERTIFYING THAT THE GOODS HAVE BEEN EXAMINED AND FOUND IN PERFECT AND SOUND CONDITION.”如何翻译？

答：一正一副检验证书必须由独立的、正式的官方权威机构签署、盖章，证书须显示产品的详细资料，并证明产品已经接受检验呈完好状态。

6. Vessel nomination 中条款：laycan:14-20August 2004

Laytime:TTL 30 hours since discharging

这个 Laytime 和 Laycan 有什么区别？TTL 全称是什么呢？

答：laycan 的全称为 layday and cancelling day 受载期和解约日的连写。

Laytime:装卸时间，是指合同当事人双方约定的船舶所有人使船舶并且保证船舶适于装、卸货，无须在运费外支付附加费的时间。

若规定装卸时间是 30 天，那么装和卸的时间加在一起不能超过 30 天。在航次租船中，除了运费外，超过 30 天就要付滞期费，不到 30 天还能拿到速遣费，通常速遣费是滞期费的一半，需在合同中约定。

TTL 是“TOTAL”的简称。

7. 什么是前 T/T 和后 T/T，它们的具体区别及风险在哪里？

答：前 T/T 指的是预付货款，即进口商先将货款电汇给出口商，出口商在收到货款后，再安排出运，并将出口单据寄给进口商，进口商凭单提货。由于出口方已预先收到货款，不存在风险。

后 T/T 指的是货到付款，即出口商先安排货物的出运，并将出口单据寄给进口商，进口商凭单提货，然后将货款电汇给出口商。由于出口商已经将货物发出，但尚未收到货款，而进口商已经收到货物，是否付款完全在于其商业信用，因此出口方承担能否全额收回货款的风险。

8. 什么是 ETD/ETA？装船明细单应该包含什么内容？

答：ETD 即 estimated time of departure 预计离港日期(一般指船开航的时间)。

ETA 即 estimated time of arrival 预计到达日期(一般指船到达的时间)。

装箱明细一般包括船名航次、开船日期(ETD)、预计到达日期、发货人、收货人、品名等，基本就是提单上列明的内容。

9. SHIPPING MARKS 与 MARKS 有区别吗？

答：SHIPPING MARKS 是指货物的装货唛头，有正唛和侧唛，分别标示在纸箱上，在单证上只需要显示正唛即可。

MARKS 的范围比较广，印在产品上的，内包装上的，外包装上的，都可以叫 MARKS。

10. “On site quality inspection does not release does not release the vendor from it's contractual liabilities and responsibility for the goods.If a 2nd in spection is required，288USD per man /day will be automatically deducted from balance owed to vendor.”如何翻译此合同条款？

答：在工厂的质量检验并不能免除卖方在合同中的责任和义务。如果需要复检的话，288 美元每人每天将被作为验货费用在欠卖方的余款中自动扣除。

A.2 信用证篇

1. L/C 金额 7000 美元，后来经过改证后大约 7000 美元，则可用金额为多少？

答：最高可用金额为 7700 美元。约量在信用证金额中可以有 10%的增减幅度。

2. L/C 规定的最迟装期 4 月 15 日，有效期为 4 月 25 日，但是并未在信用证规定交单期，若 B/L 的签发日期为 4 月 3 日，4 月 15 日议付，请问是否为过期交单？

答：否。信用证未规定最迟交单期的，可以在提单日期的 21 天内交单议付。

3. 根据提单抬头确定提单应否背书、由谁背书，并填入表格。

答：提单抬头	应否背书	由谁背书
TO ORDER	应背书	SHIPPER
TO ORDER OF SHIPPER	应背书	SHIPPER
TO ORDER OF ISSUING BANK	应背书	ISSUING BANK(开证行)
TO ORDER OF APPLICANT	应背书	APPLICANT(申请人)

4. 保兑信用证，出口单据经保兑行审核无误，但开证行收到单据后认为有不符点，拒绝付款，保兑行因此也不同意付款给出口公司，理由是保兑行只有在开证行倒闭的情况下才承担保兑责任，这个理由是否成立？

答：保兑行不能拒绝支付付款。因为保兑行承担独立审单的责任，其付款与否不取决于开证行。

5. 信用证规定：

44C: Latest date of shipment 040930

45A: Apart shipment on Sept .20,2004,apart shipment on sept.30,2004

那么，出货时可不可以 20 号不出货，所有的货物都在 30 号出？

答：不可以，照信用证的做，分批出货：9 月 20 日和 9 月 30 日分别都要出货。

6. 国外 A 银行开来一张保兑信用证，请国内 B 银行加保兑，B 银行将该证通知收益人 C 公司，未加任何批注，这是不是默示它对信用证的保兑已经认可？

答：不是。如果 B 行同意保兑，在通知受益人时，须明确书面声明。

7. 某日本银行开立的信用证在商品条款中规定水果 800 箱，其中苹果 500 箱，梨 300 箱。该信用证在所需单据条款中规定商业发票一式三份，整套提单，提单上标明运费已付。信用证的受益人在出货、制单、交单后，开证行提出以下的两个不符点拒付：(1) 商业发票没有签署；(2) 提单的品名与信用证不符。开证行提出的不符点合理吗，为什么？

答：开证行提出的不符点不合理，理由有两个方面。

(1) 信用证没有要求提供手签的商业发票，因此只要收益人提供的商业发票是以受益人的名义出的即可，可以在商业发票上盖上受益人的公章(英文的)或法人章。

(2) 当货物名称即有属概念又有子概念时，在信用证没有特别要求的情况下，可以在单据上用属概念概述货物，因为在提单上将货物概述为“水果 800 箱”是合理的。当然，为了单单一致，其他单据的货物描述先用属概念,再用子概念，如商业发票上显示“800 cartons of fruits,of which...”。

8. 某信用证上规定的交货期是大约 10 月 15 日，那么可以在以下的哪个时间段出货？

A. 10 月 10 日至 10 月 20 日　　B. 10 月 9 日至 10 月 21 日

C. 10 月 5 日至 10 月 25 日　　D. 10 月 15 日至 10 月 25 日

答：UCP600 规定：如使用“于或约于”之类词语限定装运日期，银行将视为在所述日期前后各 5 天内装运，起讫日包括在内。

9. 信用证没有允许分批和允许转船的条款，可否分批和转船？

答：根据国际商会 UCP600 第 31 条，除非信用证作相反规定，否则可准许分批装运和转运。但销售合同中如果对分批和转运不作规定，按国内外有些法律，则不等于可以分批装运和转运。因此，为了避免不必要的争议，除非买方坚持，原则上均应争取在销售合同中订入“允许分批和转运”。

10. 银行是否接受出具日期早于信用证出具日期的单据？如果接受，前提条件是什么？

答：UCP600 第 14 条 i 款规定，单据日期可以早于信用证开立的日期，但不得晚于交单日期。即信用证没有禁止接受出具日期早于信用证出具日期的单据。

11. 翻译 L/C 上的某个条款：IN CASE OF INSPECTION AGENCY SHALL WITNESS LOADING OF GOODS AND SEAL THE SAME WITH THEIR NUMBER AND LOGO.

答：检验代理机构要亲自检验装载的货物和封号，确保和它们的编号以及 LOGO 一致。

12. L/C 中有一个条款：Confirmation instructions:without

此条款是不是说明本 L/C 还没有被确认？是否等待我出口方或是对方进口方确认后，方可生效？

答：翻译是“保兑(信用证)：不保兑”，说明该信用证为不保兑信用证。

13. L/C 装期和效期的最后一天适逢法定的节假日，可否顺延到下一个工作日？

答：效期可顺延，装期不可以。

14. 由于供货商未如期供货，但是我方已经开立不可撤销信用证，装运期 8 月 16 日之前，有效期到 8 月底，能否申请单撤销信用证？如果货物不如期装运，该信用证是不是自动失效？

答：信用证是以合同为基础，独立于合同的契约。

《跟单信用证统一惯例》(国际商会第 600 号出版物)第 3 条规定：信用证是不可撤销的，即使未如此表明。不可撤销跟单信用证(Irrevocable Documentary Letter of Credit)一经开出，于有效期内未经信用证诸当事人(开证行、保兑行及受益人)的同意，开证银行对已开出的信用证不得做片面的修改或撤销。

如果受益人主动要求退证，也应在正的开证人同意的情况下，将正本信用证及信用证项下修改书附加盖公章的要求退证之联系单一并交通知行，待通知行审查无误后，及时办理退证手续，并依照信用证费用条款规定向受益人或开证人收取有关的银行费用。因此，若要撤证或退证必须要满足上述条件，如果不能按上述要求达到撤证或退证的目的，仅以外方违反口头约定为由拒绝执行信用证所规定的义务是不行的，外方有权据此提出索赔，如果出现这种情况，就会造成相当被动的局面。

15. 现收到一份信用证，公司名称是美国一家公司，地址却是在杭州的办事处的地址，这样会影响收汇吗？

答：应该修改受益人，将公司名称和地址统一起来。

名称和地址的不一致主要牵扯到出口公司所使用的信头上所列的内容可能与信用证不一致，还有可能和托运人的名称不一致，还有可能牵扯到制单时所使用的印章，这些都可以造成单证不符。

16. 信用证境外到期能否接受，而且到期地还是阿联酋？

答：开立信用证时，最好是接受到期是在本国的。但是如果卖方能够保证在信用证有效期满之前将单据寄到国外，也可以考虑接受这样的条款。

17. 信用证规定 100 公吨货物：

Shipments in two lots for 70 m/tons and 30 m/tons during May,2004.在议付时，实际上并未分批装运，而是在同一条船上装了 100 吨，只是分别做了两套单据，这样行吗？银行会接受吗？

答：银行会拒付。

《UCP600》第 31 条规定，除非信用证明示不准分批装运，可视作允许分批装运。运输单据表面上注明同一运输工具、同一航次、同一目的地的多次装运，即使注明不同的装运日期或不同装货地点，也不视作分批装运。

在大宗货物交易中，买卖双方根据运输条件和供需情况，可在合同中规定分批装运条款。分批装运条款可笼统规定允许卖方分批装运，也可具体规定各批次的数量和装运的日期，即分期装运，后种做法对卖方有严格限制。按照 UCP600 第 32 条规定，若其中有一期未按信用证规定装运，信用证对该期及以后备期均告失效。

18. 信用证数量前有“大约”字样，但金额 10 万美元前没有“大约”字样，我货略有超装，发票总金额为 102000 美元，10 万美元在信用证项下议付，2000 美元作托收处理，议付银行审单后已接受办理，但单到国外，开证行以发票金额与信用证金额不符拒收，请问是否合理？

答：不合理。因为根据《UCP600》第 18 条 b 款规定：按指定行事的指定银行、保兑行(若有的话)或开证行可以接受金额大于信用证允许的商业发票，其决定对有关各方均有约束力，只要该银行对超过信用证允许金额的部分未作承付或议付。

19. 信用证中要求："packing labeling printing marking and enclosure of the goods are neutral without any name address and contact No. of the manufacturer, producer or exporter." 表明需要进行中性包装，但后面的唛头却出现"MADE IN CHINA"，是不是相互矛盾？

答：产品包装和外箱唛头是两回事。

中性包装，只是对产品的包装要求，中性包装不可以注明生产国别。

关于唛头，只是运输标志，一般要求刷在运输包装的外面，而且有很多国家都要求必须注明 MADE IN CHINA，证明是从中国进口的，否则可能导致无法顺利通关。

20. 翻译信用证条款：

NEGOTIATION/PAYMENT/ACCEPTANCEOF DOCUMENTS UNDER RESERVE,

IDENTIFY OR GUARANTEE IS NOT PERMITTED WITHOUT THE ISSUING BANK'S APPROVAL.

答：未经开证行同意，不能做担保项下的议付、付款、承兑。

21. DOCUMENTS MUST BE PRESENTED FOR NEGOTIATION WITHIN 10 DAYS,FROM B/L DATE 或 AFTER B/L DATE，若 B/L 为 1 日，则最晚交单期分别为多少？

答：最晚交单日分别为 10 日和 11 日。

22. 如果 L/C 中 FOR TRANSPORTATION TO …:LISBOA BY SEA，若 LISBOA 打错了，请问是否需要更改证？

答：最好改证。若实在来不及，可在单据上先照搬 LISBOA，再以括号的方式加注正确的港口名称。

23.即期付款 L/C，开证行是否承担单据邮寄中丢失的风险？

答：《UCP600》关于开证行的责任规定："对不可撤销的信用证而言，在信用证规定的单据全部提交指定银行或开证行，并且这些单据又符合信用证条款的规定时，便构成开证行的确定承诺……" 因此，只要受益人在信用证约定的时间及地点将相符单据交到了议付行/交单行，就构成了开证行的确定承诺(即期付款、延期付款、承兑等)，即单据在邮寄途中的遗失风险由开证申请人承担。

A.3　单据篇

1. SEAWAY BILL 和 BILL OF LADING 有何本质的区别？

答：海运单有别于提单。

《中华人民共和国海商法》第 80 条规定：承运人签发提单意外的单证用以证明收到代运货物的，此项单证即为订立海上货物运输合同和承运人接收该单证中所列货物的初步证据。承运人签发的此类单证不得转让。因此，海运单如同提单可作为货物的收据和运输合同的证明，但它不可通过背书转让，因而在交货时无须出具海运单原件给承运人。此外，海运单并非物权凭证，也非货物交付的单证，它只能是记名的，不可签"TO ORDER"字样。

海运单适用于：中途不被转售的机制成品货物的班轮运输；出售给跨国公司的一家分公司或卖给一家联营公司、相关公司之间的贸易；以记账贷款为基础的买卖；结算方式为直接汇付、往来账户、现金的贸易；其他不需要信用证的贸易。

对于那些需转让、流通的货物，虽并不期望转售，但买卖方要求那种只能由物权凭证付款所提供的担保，在对买方的偿付能力或卖方的履行合同能力与意愿有任何怀疑的情况时，或在以银行商业信用证付款的场合，海运单就不能取代传统的提单。

海运单对托运人来说既迅速又安全，无须将海运单随同商业发票和保单等证寄给收货人，也无须担心运单被盗用或遗失。对承运人来说可免除凭保函付货后可能担负错误交货的责任和难以向担保人追偿的风险；对收货人来说能够即付提货和减少费用(担保金的利息或保险费)，即提货无须提交正本运单，也无须为货运单证的遗失或晚到出具银行担保。

2. 今有一信用证，受益人为一跨国公司的香港子公司，但提单上的发货人是该公司的海外子公司，问是否构成不符点？

答：该不符点不成立。因为依据《UCP600》第 14 条 k 款的规定，在任何单据中注明的托运人或发货人无须为信用证的受益人。

3. 在信用证付款条件下，船公司出具提单的时候把进口国 Genova 写成了 Genoa，需要改单吗？

答：要改，否则会造成单证不符。

4. 某信用证规定 B/L: MADE OUT TO THE ORDER OF ISSUING BANK. 问交单人员是否先将提单背书再交给银行？若该信用证为即期信用证，该如何确定押汇期限？

答：无须背书。

远期 L/C 才做押汇，以银行须做押汇那天算起，到开证行付款并贷记押汇行账户的这段日期为计算押汇天数。

5. 如果同一个客户两个信用证下的货物一起发运，但是装在一个 20 英尺的集装箱之内，船公司出具了一份提单，请问这样可以吗？

答：因为信用证一旦经开证行开出，便成为独立于合同的有效的法律文件，所以在出口商发货应要求船公司分别出提单，否则无法交单(信用证的独立性)。

6. 信用证要求 PACKING LIST TO BE MADE OUT IN NEUTRAL FORM，应怎么做？

答：即 PACKING LIST 不要显示出具人的名称。

7. 如果在 L/C 中没有规定卸货港或仅规定一地理范围，提单上应如何表示？

答：若确实没有在信用证中规定一明确的卸货港，银行将接受以任一港口为卸货港的提单，只要与其他单据或规定不矛盾即可。

若仅规定一地理范围，根据 ISBP 第 83 段的规定，提单必须标明实际的卸货港，且该港口必须位于信用证规定的地理区域或范围内。

8. HAWB 是什么单据，它与 MAWB 有什么关系？

答：HAWB 是 HOUSE AIR WAYBILL 的简称，即航空分运单，由运输行签发(该运输行本身没有飞机)。运输行将揽收后拼装的货物交航空运输公司，由航空运输公司签发的运输单据是 MASTER AIR WAYBILL，简称 MAWB。

9. 制单人员做 FORM A 时数量显示 800 BAGS，但提单上数量显示 40PALLEST，然后货描里详细写了 800 BAGS IN 25KG ON 40 PALLETS。问 FORM A 与提单是否相符？

答：单据表面理解常与实际有很大差距。

例如，同一个港口有两个名称，L/C 要求的是 A，但是提单上写 B 的话，实际上是同一个港口，但是银行没有义务和责任去分辨到底这两个名称是不是同一个地方，就可能按照单据表面不一致，也就是不符点来处理。

建议：FORM A 修改比较麻烦，可以改提单。提单数量可以改为 800 BAGS，在提单货描里，打上“PACKING CONDITION: 800 BAGS IN 25KG ON 40 PALLETS”。

10. 信用证下要求在装船 7 天后，把所有应交银行的正本单据寄给买方一份(TO ORDER 开证行)，这样做有没有问题？

答：会有问题，这是信用证一个很明显的软条款。如此则意味着卖方交银行的只是副本单据或并非全套正本。买方在从银行付款赎单之前已经得到正本单据，卖方存在钱财两空的风险。应坚持全套单据交银行，只邮寄副本单据。

11. 某笔业务的付款方式为 50%T/T，50%信用证，形式发票上的金额是否应该是总成交金额的一半？另外，具体要注意哪些问题？

答：国外的进口商要支付预付款或开立信用证的时候，其银行通常要提供一份形式发票或合同，上面注明交易的金额。形式发票的作用就相当于一份比较简单的合同。所以，提供给对方的形式发票，就可以注明 50%的金额用 T/T 支付，50%以信用证支付。

另外，T/T 有好多种，必须搞清楚是预付的 T/T，还是发货后的 T/T。

做议付单证的时候，一切按照信用证操作就不会错。

12. 对美国出口时，中方有无必要提供普惠制产地证？

答：没有必要，因为美国没有给中国普惠制关税优惠待遇。

13. L/C 上规定允许分批装船运输，第一批交期为 04/8/11，第二批交期为 04/9/8，L/C 的终结日为 04/9/17，如果第一批交期推迟一个星期，是否影响第二批货款的收回？

答：《UCP600》第 32 条规定：如信用证规定在指定的时间段内分期支款或分期发运，任何一期未按信用证规定期限支取或发运时，信用证对该期及以后各期均告失效。因此，会影响第二批货款，银行不再承担付款责任，无论第二批单据是否与信用证相符。

14. 商业发票在何种情况下签字？是不是所有的发票都应该签字？

答：商业发票一般是盖中英文加签名的签章，在信用证规定必须手签的情况下才需要签字。

15. 什么是 CIQ 证书？

答：中华人民共和国出入境检验检疫证书简称“CIQ”，是从 2000 年 1 月 1 日开始启用的。

16. 50 纸箱和 1 木箱的货物，如何在提单或装箱单上体现？

答：在数量一栏里写 51PKGS，在货描栏里写 50 CTNS AND 1 WOODEN CASE OF xxxxxxx.

17. L/C 规定装运期为“after 15th April, 2000, until 30th, April, 2000”，实际提单日期为 15th April 2000 或 30th April, 2000 是否可以？

答：首先，需要明确提单日期是否就是装船日期，对于收妥待运提单，是以装船批注日期作为装船日期，假如提单日期就是装船日期，那么，根据《UCP600》第 20 条，提单的出具日期将被视为装运日期，除非提单包含注明装运日期的装船批注，在此情况下，装船批注中显示的日期将被视为装运日期。提单日期为 15th April 2000 不可接受，提单日期为 30th April 2000 可接受。

18. 报关单上不是只能显示 4 个品名？如果有 5 样货怎么办？有一样是样品，当样品出口给退税吗？

答：报一次关可以用 4 张关单，一张报关单纸上面可以打印 5 个商品，每次报关最多 20 个商品。

19. P/I No.是什么意思？是客户编号的意思吗？

答：Proform invoice 形式发票，P/I No.为形式发票号。

20. BENEFICIARY CERTIFICATE STATING THAT THE CARTONS HAVE NEUTRAL LABELS STATING P/O ZXH 123，CARTON NUMBERS, DESIGN, DESIGN REFERENCE, COLOUR, SIZE AND QUANTITY. 什么是 NEUTRAL PACKING?

答：中性包装(NEUTRAL PACKING)是指在出口商品和内外包装上不显示生产国别的一种特殊的包装，主要是为了适应国外市场的特殊要求，如转口销售，或者为了打破某些进口国家的关税和非关税壁垒。中性包装又有定牌中性和无牌中性。定牌中性是指在商品和/或包装上使用买方指定的商标/牌号，但不注明生产国别。无牌中性是指在商品和包装上均不使用任何商标和牌号，也不注明生产国别。

21. 各种单据的时间顺序是怎样的？

答：一般情况下，单据的时间顺序为：形式发票、信用证、商业发票、装箱单/海关发票/领事发票/许可证、产地证/保险单/商检证、提单、汇票。

22. 商检证书的日期早于信用证开证日期，可否被银行接受？

答：只要信用证未禁止，就可以接受。

23. 海关编码跟商品编码有什么区别？

答：海关编码一般指企业海关代码和商品海关代码。

企业海关代码是企业在海关注册的 10 位数代码，商品编码又称 H.S CODE，每个出口的产品都会有一个编号。

24. 如何理解商业发票、海运提单、汇票、支票的抬头？是买方还是卖方呢？

答：商业发票：抬头是买方，就是收货人。

海运提单：抬头就是 to order of …一般是收货人，也就是买方。也有空白抬头的，还有来人抬头的(to order)。

汇票：有 3 种，即限制性抬头、指示性抬头和持票人抬头(来人抬头)。抬头人都是卖方或其指定收款人。

支票：抬头是收款人。

信用证：不讲抬头，只讲受益人和开证人。

25. 新加坡客户想把从我国某公司购买的产品转卖给英国，并由我国此公司直接运往英国。但是新加坡客户想在 FORM A 上不体现中国公司名称，而是把发货人写为新加坡公司的抬头，请问能否如此操作？

答：不可以的。因为中国签发的普惠制产地证的第一栏发货人是强制性的，应填中国出口的单位的名称地址。可以在公司名称后“+CHINA + O/B (VIA) +中间商”。

26. 非原木制造的胶合板栈板从香港出口需要提供什么熏蒸证书？

答：欧洲、北美地区及澳大利亚、日本等很多国家对木质出口包装严格控制，主要是防止光肩星天牛等林木害虫传入。木质包装必须经过熏蒸才行，否则不允许进口。如确需使用木质包装的，在货物出口前，出口企业须向当地出入境检验检疫机构报检；出入境检验检疫机构根据国家出入境检验检疫局制定的有关规定，监督除害处理单位对木质包装进行检疫处理，经除害处理合格的，由出入境检验检疫机构出具“熏蒸/消毒证书”；出口企业凭出入境检验检疫机构签发的“出境货物通关单”向海关办理出口手续，未办理“熏蒸/消毒证书”出口产生的后果，由出口企业自负。但是非原木制造的不需要熏蒸证。

27. 海运提单背面的铅印条款，如与信用证条款不符，银行是否可以拒付？

答：不可以，银行不审核提单背面条款。

28. 开证行收到金额为 USD 447160 的单据，汇票金额为 USD FOUR HUNFRED FORTY SEVENTY THOUSAND…开证行认为正确的大写金额应是 USD FOUR HUNDRED SEVEN THOUSAND…对此提出不符点并拒付。问：金额大、小写不符这种拼写或打字错误是否构成拒付理由？

答：汇票金额大、小写不一致一般有两种情况，一是大写与小写表示的金额不一样，如将小写 447 大写为 448，即 FOUR HUNDRED AND FORTY EIGHT，另一种为大写英文字母有打印或拼写错误，如本例中将 HUNDRED 误写为 HUNFRED，将 FORTY SEVEN THOUSAND 误写为 FORTY SEVENTY THOUSAND。

根据《日内瓦统一汇票和本票法》规定，“汇票金额同时以文字及数字记载者，如二者有差异时，以文字记载的数额为付款数额。”然而，该规定是从广义上来讲的。在跟单信用证项下，汇票发生金额大、小写不一致时，构成单证不符。

我国《票据法》也规定，票据和结算凭证的金额大、小写必须完全一致。二者不一致的票据无效，银行应不予理会。

国际商会在《跟单信用证操作指南》(ICC515) 中提到“银行和受益人要确保汇票金额的大、小写一致”(FOR THE BANK AND BENEFICIARY, THE DRAFT ENSURE THAT THE AMOUNT IN FIGURES AND WORDS CORRESPOND)。

国际商会在最近通过的《国际标准银行实务》(ISBP)中也规定：“如果汇票显示有大、小写，大写金额必须准确地反映小写金额。”(THE AMOUNT IN WORDS MUST ACCURATELY REFLECT THE AMOUNT IN FIGURES IF BOTH ARE SHOWN.)

因此，像上面提到的例子，如果将小写 447 大写为 FOUR HUNDRED AND FORTY EIGHT，在信用证项下应视这种大、小写不一致为不符点。

至于汇票有打字或拼写错误而未更改是否构成不符点，国际商会没有规定。但国际商会在 ISBP 第 23 段关于单据的更改/更正中的如下规定，单纯从受 UCP 约束的信用证项下单据的技术处理角度考虑，对汇票亦应该使用。该规定为“不影响其所在单词或句子意思的拼写/打字错误并不构成单据不符。”本案例中汇票金额 USD447160 写成 USD FOUR HUNFRED FORTY SEVENTY THOUSAND，将其中 HUNDRED 错误拼写为 HUNFRED，联系上下文，当属上述 ISBP 之“不影响其所在单词或句子意思的拼写/打字错误”，不应构成不符。而将 FORTY SEVEN 错误拼写为 FORTY SEVENTY，有可能产生其究竟是 SEVENTY THOUSAND 还是 FORTY THOUSAND 这种涉及金额变化的关键点上的疑虑，这种误写足以影响其所在单词或句子的意思，它不像将 FORTY SEVEN 误写为 FOURTY SEVEN THOUSAND，误写为 USD FOUR HUNFRED FORTY SEVENTY THOUSAND 应视为不符点。

结论：拒付理由成立。

29. 产地证的申请日期应该是在什么时候？

答：按规定，产地证应该开船前去办理，右边中间的日期为发票日期(与发票日期一致)，底下两个日期，左边的要晚于右边中间的，右边的(通常为办理日期，即早于开船日)要晚于左边的。

30. 发货后 45 天地远期信用证，应该什么时候交单？是发货后 45 天内交单，还是发货后 45 天后交单？

答：是指发货后(即提单装船日期后)45 天开证行付款。

至于何时交单，看信用证规定。如没有规定，最晚不得晚于装船后 21 天且在信用证的有效期内。

31. 如果箱单和发票是出口公司的电话号码，但与提单和合同上出口公司的电话不同，算不算一个单据不符点？

答：合同又不用单号，如果提单上的号码和信用证是一样的，必须将发票和装箱单上的改过来。电话号码不同不是不符点。

电话号码在单据上出现的目的是为了联系的方便，并不要求单单间必须严格一致，也不要求和信用证上必须一模一样。它们之间即使不一样，并不代表矛盾，这是因为一家公司可能有很多部电话。这和对公司的名称和地址要求不同，因为公司的名称和地址具有唯一性。与信用证不一致或单单之间不一致，可以认为不是信用证上规定的公司。

32. 在做装箱单时尾箱怎么用英语表示？

答：用箱号将它们区别开来就可以了，如 50 箱，最后一箱和前面的箱子装量不一样，则：

1~49#　　xxxxx(表示装量)

50#　　xxxxx

33. before 15th April 我公司提单签发日期 4 月 15 日，可否？

答：不可以。BEFORE 不含当日。

34. 出口收汇核销单遗失后应怎么办？

答：(1) 未用于报关出口的空白核销单遗失后，出口单位应当在一个工作日的在“中国电子口岸出口收汇系统”进行挂失。如因未及时挂失造成经济损失或导致违规行为的，责任由企业自负。

(2) 已用于报关出口未办理核销手续的核销单遗失，出口单位应当凭除核销单以外的其他核销凭证向所在地外汇局提出核销单退税专用联挂失及补办申请。外汇局应当审核出口单位提供的核销凭证，确认无误后，通过“中国电子口岸收汇系统”对核销单退税专用联进行挂失，并在未出口单位办理核销后，于 3 个工作日内为出口单位签发“出口收汇核销单退税专用联补办证明”。

(3) 已办理核销手续后遗失核销单退税专用联的，出口单位应为应当凭税务部门签发的退税情况证明向外汇局提出核销单退税专用联挂失、补办申请。对税务部门证明未退税的，外汇局在“出口外汇系统”进行挂失处理后，于 3 个工作日内为出口单位签发“出口收汇核销单退税专用联补办证明”。

35. 货描栏如有 FOB ANY CHINA PORT，是否需要显示在发票和产地证上？

答：需要，贸易术语也构成货描的一部分，且此时的 ANY CHINA PORT 应以实际的装运港替代。

36. 问哪些国家给中国普惠制关税优惠待遇？

答：截至 2010 年，给予我国普惠制关税优惠待遇的国家共 44 个：欧盟 27 国(比利时、丹麦、英国、德国、法国、爱尔兰、意大利、卢森堡、荷兰、希腊、葡萄牙、西班牙、奥地利、芬兰、瑞典、波兰、捷克、斯洛伐克、拉脱维亚、爱沙尼亚、立陶宛、匈牙利、马耳他、塞浦路斯、斯洛文尼亚、保加利亚、罗马尼亚)、挪威、瑞士、列支敦士登、土耳其、俄罗斯、白俄罗斯、乌克兰、哈萨克斯坦、乌兹别克斯坦、格鲁吉亚、亚美尼亚、阿塞拜疆、土库曼斯坦、日本、加拿大、澳大利亚和新西兰。

凡是向给惠国出口受惠商品，均须提供普惠制产地证，才能被受关税减免的优惠，所以不管来证是否要求提供这种产地证，出口商均应主动提交。普惠制产地证的书面名称为格式A(FORM　A)，但对新西兰还需提供格式59A(FORM 59A)，对澳大利亚不用任何格式，只需在商业发票上加注有关声明文句。

37. 如果佣金超过了1万美金，要去外管局批准吗？需要提供什么资料呢？

答：单个合同项下企业支付既超过合同总额2%的暗佣(暗扣)或5%的明佣(明扣)又超过等值1万美元，须事先到外汇局审核其真实性，银行凭外汇局的核准件办理支付。

提供的资料有：出口合同、佣金协议正本(如为暗佣或暗扣)、结汇水单或收账通知正本及复印件、境内机构支付超比例佣金的申请书。

注意以下事项：

境内机构在提供的申请书中，应当具体说明对外支付超过比例和金额佣金的原因及其经过，包括下列内容：换汇成本；对方国家市场情况；本国及其他国家有哪些竞争对手；本公司在其他国家出口同样产品的价格及数量，是否支付佣金；中间商的身份及所做的具体工作(如为暗佣及暗扣)；出口价格有无违反国家最低限价。

38. 收到尼日利亚卡莱的L/C，该L/C限制由尼日利亚银行付款，到期日：050419，到期地点：尼日利亚，最迟交单期：提单日期21天。最迟装船期：05/03/29。卖方于05/02/10装船，20天内于05/03/02将单据交我国银行，银行当天将单据寄出，于05/03/07寄到意大利银行。开证行以迟交单拒付，原因是到期地点即交单地点。拒付理由成立吗？

答：开证行拒付理由成立。

既然信用证规定到期地点在尼日利亚，则单据须于交单期内交至开证行手中。到期地点就是交单地点。

39.“CRF MUST BE SIGNED BY THE AUTHORIZED OFFICIAL OF THE INSPECTION AGENCY WITH THEIR DRY EMVOSSED SEAL OR HOLOGRAM.”其中，CRF是什么？

答：CRF(Clean Report of Findings)，清洁报告书，简称CRF。

需要ITS验货的东西，ITS会再收齐所有的最终单据后3个工作日内发印此书，并在最终发票和清单上背书。

这个应该是SGS关务作业采用到的，SGS关务作业是指货物进口国政府或政府授权海关当局与SGS签署协议，由SGS在货物出口国办理货物装船前的验货、核定完税价格(或结汇价格)、税则归类(在进口国实行HS制度的前提下)，执行进口管制规定(如是否已事先申领进口许可证件等)等原系由进口国海关在货物运抵进口国后所执行的进口验关作业，由SGS确认真实、合理后，出具公证报告，即“清洁报告书”(CRF)，作为货物进口后向海关申报时必须交验的单证，进口国海关凭此简化或免除多通道通关手续，直接征税后执行，既加快了验放(一般不复检)，又严密了监管；反之，则签发“不可兑现报告书”(Non-Negotiable Report of Findings)，这样，即使货物运抵目的港，进口国海关不予通关，出口商也不能结汇。

40. WOODEN CASE 与 WOODEN CRATE 有什么区别？

答：WOODEN CASE 指木板箱，四周都是板钉的；WOODEN CRATE 指木条钉的箱。

41. 某公司进口原材料，要求产品质量等同于2004年初的产品质量，付款方式是L/C，但是货到后发现产品质量太次，无法应用于生产，问能否拒绝支付货款？

答：信用证属单证交易，独立于买卖合同，只要出口商提交的单据符合信用证的要求就能取得货款，因此，货物质量问题并不能成为银行拒付的理由。所以，为确保货物质量，应在信用证中加列由权威机构出具的检验证书作为议付单据之一，在智能依据合同要求索赔、退运、停止发货等各项事宜。

42. 假如信用证规定可以有10%的“溢短装”，出口时多装了5%的数量，那么能否多收5%的款？

答：既然允许溢短装，当然应该按照实际的出货收款。信用证既然规定允许溢短装，金额应该也有规定。

43. 信用证上的到期地点 At our counters 是指哪里？(开证行为巴黎银行)。

答：指的是在开证行的柜台前到期。

44. 出货后才提出要求我方提供普惠制产地证，应如何处理？

答：可以去商检局申领后发普惠制产地证，并携带一份后发申请书、提单复印件、GSP的申请书和商业发票等。

45. 交单后开证行提出两个不符点，其一为INVOICE时间晚于B/L时间，其二指出产地证是由其他国家机构，而不是中国，也就是货物生产国机构签发的，应该如何处理？

答：应该是开证行故意，应和审单银行联系，请其据理反驳，原因如下。

(1) 发票的日期和提单的日期没有必然的逻辑关系，完全有可能在货装船后再签发发票。UCP中也并没有规定发票日期不得晚于提单日期，因此不是不符点。

(2) 根据ISBP的规定：如果信用证要求原产地证明，则提交经过签署，注明日期的证明货物原产地的单据即满足要求。

原产地证明必须由信用证规定的人出具。但是，如果信用证要求原产地证明由受益人、出口商或厂商出具，则由商会出具的单据是可以接受的，只要该单据相应地注明受益人、出口商或厂商。如果信用证没有规定由谁来出具原产地证明，则由任何人包括受益人出具的单据都可接受。

如果信用证没有什么特别规定的话，由真正的原产地签发也不是不符点。

附录B　主要结汇单证的审核要点

B.1　主要结汇单证审核中常见的不符点

1. 汇票

(1) 信用证号码不正确或未列出；
(2) 汇票金额超出了信用证的金额；
(3) 汇票上的付款时间与信用证规定不符；
(4) 汇票上大、小写金额不一致；
(5) 汇票上的付款人名称、地址打错；
(6) 汇票出票人的名称与信用证规定不一致；
(7) 出票人未签字；
(8) 汇票的出票日期迟于有效日期；
(9) 汇票未按要求背书；
(10) 信用证规定的其他应记载的内容而未在汇票上记载等。

2. 商业发票

(1) 商业发票不是由信用证中指定的受益人签发的；
(2) 商业发票的抬头人不是信用证的开证申请人；
(3) 商业发票中受益人或申请人的名称或地址有误；
(4) 品名规格与信用证要求不符；
(5) 在不允许分批装运的情况下，商品数量和金额与信用证要求不符；
(6) 商业发票上的单价与信用证规定不符；
(7) 商业发票漏打贸易术语；
(8) 运输标志中的码号与货物件数不符；
(9) 商业发票未按信用证的要求做声明、签证或证实等；
(10) 所交的商业发票份数不足；
(11) 在商业发票需要签署时，签署方式不符合信用证的要求；
(12) 其他不符合信用证规定的内容。

3. 装箱单

(1) 单据的名称不符合信用证的要求；
(2) 装箱单的签发人与商业发票不一致；
(3) 装箱单上的买方名称与商业发票不一致；
(4) 装箱单上所列的发票的号码和日期与发票不一致；
(5) 有关货物的描述不符合信用证的规定；
(6) 包装种类不符合信用证的规定；
(7) 在信用证有要求时，未列明每箱的毛重、净重及尺码；
(8) 运输标志和装箱方式与其他单据不一致或与信用证不符；

(9) 货物的重量和体积与其他单据不符；

(10) 货物的箱号和件数有矛盾；

(11) 信用证中规定的其他事项未被遵守。

4. 海运提单

(1) 发货人、收货人和被通知人与信用证要求不符；

(2) 装运港和目的港与信用证规定不符；

(3) 是否可以转运与信用证规定不符；

(4) 提单上有“包装破裂”等类似的批注；

(5) 提单上货物的描述与信用证规定不一致；

(6) 提单上该注明“已装船”字样而未被注明；

(7) 装船提起晚于信用证规定的最后装运日；

(8) 未注明“运费已付”或“运费到付”或与信用证的要求不一致；

(9) 所见提单的份数不符合信用证的要求；

(10) 提单的运输标志与其他单据或信用证不符；

(11) 信用证规定应在提单上注明的内容没有标注；

(12) 货物的重量、尺寸与装箱单或其他单据不一致；

(13) 未在信用证规定的交单期内交单，或虽未规定交单期，但是超过了提单签发日后 21 天交单；

(14) 提单该背书而漏背书，或背书不合信用证的要求等。

5. 保险单

(1) 保险单的抬头与信用证规定不符；

(2) 保险单中的货币种类与信用证不符；

(3) 保险单的运输标志、件数、货名等与信用证不符；

(4) 保险金额不足；

(5) 保险单上所注明的装运港或卸货港与海运提单或信用证规定不符；

(6) 漏保险险别或保险公司的名称有误；

(7) 保险单份数不足；

(8) 保险单该背书而漏背书；

(9) 保险单的日期晚于运输单据的日期：

(10) 保险单未加列信用证要求的特别条款。

B.2 主要结汇单证的审核要点

1. 汇票

(1) 出票条款是否正确，如出票所依据的信用证或合同号码是否正确；

(2) 汇票的付款人名称、地址是否正确；

(3) 汇票上金额的大、小写必须一致；

(4) 付款期限要符合信用证或合同(非信用证付款条件下)规定；

(5) 检查汇票金额是否超出信用证金额，如信用证金额前有“大约”一词，可按 10%的增减幅度掌握；

(6) 出票人、受款人、付款人都必须符合信用证或合同(非信用证付款条件下)的规定；

(7) 货币的名称必须与发票及信用证相一致；
(8) 是否按要求进行了背书；
(9) 托收项下的汇票必须注明托收方式；
(10) 汇票是否由出票人签字；
(11) 汇票份数是否正确。

2. 商业发票

(1) 商业发票的抬头人是否符合信用证的规定；
(2) 商业发票的签发人是否是信用证中的受益人；
(3) 商业发票上对货物的描述是否与信用证上的规定相符；
(4) 商业发票上的商品的数量是否符合信用证的规定；
(5) 商业发票上的商品的单价及总金额是否与信用证一致；
(6) 如信用证要求列出费用细目，商业发票是否按规定列出；
(7) 如信用证不允许分批装运，商业发票是否记载着信用证项下的全部货物；
(8) 提交的正副本份数是否符合信用证的要求；
(9) 有无加列与信用证要求一致的条文或证明；
(10) 若信用证要求签字的商业发票，则其签字方式是否符合信用证的要求等。

3. 装箱单

(1) 信用证中对装箱单有无特殊的规定或要求；
(2) 对装箱单的各项内容是否有矛盾；
(3) 各个品种货物的数量和件数是否吻合；
(4) 与商业发票的相关内容是否一致；
(5) 与海运提单的相关内容是否一致。

4. 运输单据

(1) 运输单据的类型必须符合信用证的规定；
(2) 起运地、转运地、目的地必须符合信用证的规定；
(3) 装运日期/出单日期必须符合信用证的规定；
(4) 收货人和被通知人必须符合信用证的规定；
(5) 商品名称可使用统称，但不得与发票上货物说明的写法相抵触；
(6) 运费预付或运费到付必须正确标明；
(7) 正副本数应符合信用证的要求；
(8) 运输单据上不应有不良批注；
(9) 包装件数必须与其他件数相一致；
(10) 唛头必须与其他单据相一致；
(11) 全套正本都必须盖妥承运人的印章及签发日期章；
(12) 应进行背书的运输单据，必须进行背书。

5. 保险单

(1) 保险单据的种类必须与信用证规定相一致；
(2) 保险单的受益人(即投保人)为信用证的受益人或按信用证的规定填写；
(3) 保险单的唛头、件数、货物的名称等与其他单据或信用证要求相一致；
(4) 保险金额的加成必须符合信用证的规定；

(5) 运输工具、起运地及目的地必须与信用证及其他单据相一致；

(6) 保险险别必须与信用证规定相一致；

(7) 保险单据的类型应与信用证的要求相一致。除非信用证另有规定，保险经纪人出具的暂保单银行不予接受；

(8) 保险单的日期不能迟于运输单据的签发日期；

(9) 保险单据的正副本份数应齐全，如保险单据注明出具一式多份正本，除非信用证另有规定，所有的正本都必须提交；

(10) 除非信用证另有规定外，保险单一般应做成可转让的形式，以受益人为投保人，由受益人背书；

(11) 保险单据上的币制应与信用证上的币制相一致；

(12) 保险单据必须由保险公司或其代理签署出具等。

B.3 综合审核各种单证的要点

(1) 信用证或合同所规定的各种单证是否齐全；

(2) 各种单证所需的份数是否已交足；

(3) 所提供的各种单据的名称和类型是否符合信用证或合同的要求；

(4) 各种单证是否按规定完成了相关的手续，如背书、签章、认证等；

(5) 各种单证之间相关的项目是否一致，如单证之间的货物描述、数量、金额、重量、体积、运输标志等是否一致；

(6) 信用证对单证的特殊要求是否已满足；

(7) 单证出具或提交的日期是否符合要求等。

参 考 文 献

[1] 童宏祥．外贸单证实务[M]．2 版．上海：上海财经大学出版社，2010．

[2] 徐薇．国际贸易单证实务与操作[M]．北京：北京邮电大学出版社，2011．

[3] 程文吉，张帆．外贸单证[M]．北京：北京大学出版社，2011．

[4] 李毅．外贸单证实务[M]．成都：西南财经大学出版社，2011．

[5] 孙国忠．国际贸易实务[M]．北京：机械工业出版社，2009.

[6] 全国国际商务单证专业培训考试办公室．国际商务单证理论与实务[M]．北京：中国商务出版社，2011.

[7] 吕时礼．外贸单证实务[M]．北京：高等教育出版社，2011．

[8] 张海燕．外贸单证业务综合实训[M]．北京：高等教育出版社，2009．

[9] 王世军，卢海英．国际贸易实务综合性课程设计指导[M]．北京：清华大学出版社，2009．

[10] 顾建华．外贸单证实务[M]．北京：清华大学出版社，2012．

[11] 唐春宇．外贸单证综合实训[M]．北京：高等教育出版社，2009．

[12] 朱春兰．外贸单证实务实训[M]．杭州：浙江大学出版社，2010．

[13] 童宏祥．国际贸易实务[M]．上海：上海财经大学出版社，2008．

北京大学出版社高职高专经管类规划教材书目

财务会计类

序号	书　　名	标 准 书 号	主 编	定价	出版年份	配套情况
1	统计学基础	978-7-81117-756-5	阮红伟	30	2009	ppt
2	统计学原理	978-7-81117-825-8	廖江平　刘登辉	25	2009	ppt
3	统计学原理与实务	978-7-5038-4836-0	姜长文　简家进	26	2009	ppt
4	实用统计基础与案例	978-7-301-20409-2	黄彬红	35	2012	ppt
5	经济法原理与实务	978-7-5038-4846-9	孙晓平　邓敬才	38	2009	ppt
6	经济法实用教程	978-7-81117-675-9	胡卫东　吕　玮	39	2009	ppt
7	财经法规	978-7-81117-885-2	李　萍　亓文会	35	2009	ppt
8	会计基本技能	978-7-5655-0067-1	高东升　王立新	26	2010	ppt
9	会计基础实训	978-7-301-19964-0	刘春才	29	2012	ppt
10	企业会计基础	978-7-301-20460-3	徐炳炎	33	2012	ppt/浙江省重点教材建设项目网站
11	基础会计	978-7-5655-0062-6	常　美	28	2010	ppt
12	基础会计教程	978-7-81117-753-4	侯　颖	30	2009	ppt
13	基础会计教程与实训	978-7-5038-4845-2	李　洁　王美玲	28	2009	ppt
14	基础会计教程与实训（第 2 版）	978-7-301-16075-6	李　洁	30	2011	ppt
15	基础会计实训教程	978-7-5038-5017-2	王桂梅	20	2009	ppt
16	基础会计原理与实务	978-7-5038-4849-0	侯旭华　缑宇英	28	2009	ppt
17	财务管理教程与实训	978-7-5038-4837-7	张　红　景云霞	37	2008	ppt
18	财务会计	978-7-5655-0117-3	张双兰　李桂梅	40	2011	ppt
19	财务会计	978-7-301-20951-6	张严心　金敬辉	32	2012	ppt
20	财务会计（第 2 版）	978-7-81117-975-6	李　哲　等	32	2010	ppt
21	财务会计实用教程	978-7-5038-5027-1	丁增稳　高　丛	36	2008	ppt
22	财务活动管理	978-7-5655-0162-3	石兰东	26	2011	ppt
23	财务管理	978-7-5655-0328-3	翟其红	29	2011	ppt
24	财务管理	978-7-301-17843-0	林　琳　蔡伟新	35	2011	ppt
25	Excel 财务管理应用	978-7-5655-0358-0	陈立稳	33	2011	ppt
26	成本会计	978-7-81117-592-9	李桂梅	28	2009	ppt
27	成本会计	978-7-5655-0130-2	陈东领　周美容	25	2010	ppt
28	成本会计	978-7-301-19409-6	徐亚明　吴雯雯	24	2011	ppt
29	成本费用核算	978-7-5655-0165-4	王　磊	27	2011	ppt
30	成本会计实务	978-7-301-19308-2	王书果	36	2011	ppt
31	成本会计实训教程	978-7-81117-542-4	贺英莲	23	2008	ppt
32	审计学原理与实务	978-7-5038-4843-8	马西牛　杨印山	32	2007	ppt
33	审计业务操作	978-7-5655-0171-5	涂申清	30	2011	ppt
34	审计业务操作全程实训教程	978-7-5655-0259-0	涂申清	26	2011	ppt
35	税务会计实用教程	978-7-5038-4848-3	李克桥　郭　华	37	2008	ppt
36	涉税业务核算	978-7-301-18287-1	周常青	29	2011	ppt
37	企业纳税实务	978-7-5655-0188-3	司宇佳	25	2011	ppt
38	企业纳税与筹划实务	978-7-301-20193-0	郭武燕	38	2012	ppt
39	纳税申报与筹划	978-7-301-20921-9	李英艳　黄体允	38	2012	ppt
40	会计电算化实用教程	978-7-5038-4853-7	张耀武	28	2008	ppt
41	会计电算化实用教程（第 2 版）	978-7-301-09400-6	刘东辉	20	2008	ppt
42	会计英语	978-7-5038-5012-7	杨　洪	28	2009	ppt
43	行业特殊业务核算	978-7-301-18204-8	余　浩	20	2011	ppt
44	财经英语阅读	978-7-81117-952-1	朱　琳	29	2010	ppt
45	资产评估	978-7-81117-645-2	董亚红	40	2009	ppt
46	预算会计	978-7-301-20440-5	冯　萍	39	2012	ppt
47	电算会计综合实习	978-7-301-21096-3	陈立稳　陈　健	38	2012	ppt

金融贸易类

序号	书　　名	标 准 书 号	主 编	定价	出版日期	配套情况
48	国际结算	978-7-5038-4844-5	徐新伟	32	2009	ppt
49	国际结算	978-7-81117-842-5	黎国英	25	2009	ppt
50	货币银行学	978-7-5038-4838-4	曹　艺　卞桂英	28	2009	ppt
51	国际金融基础与实务	978-7-5038-4839-1	冷丽莲　刘金波	33	2008	ppt
52	国际贸易概论	978-7-81117-841-8	黎国英　张新亚	28	2009	ppt
53	国际贸易理论与实务	978-7-5038-4852-0	程敏然　贺亚茹	40	2008	ppt
54	国际商务谈判	978-7-81117-532-5	卞桂英　刘金波	33	2008	ppt
55	国际商法实用教程	978-7-5655-0060-2	聂红梅　史亚洲	35	2010	ppt
56	进出口贸易实务	978-7-5038-4842-1	周学明　金　敏	30	2008	ppt
57	金融英语	978-7-81117-537-0	刘　娣	24	2009	ppt/省级精品课程网站
58	财政基础与实务	978-7-5038-4840-7	才凤玲　张云莺	34	2007	ppt
59	财政与金融	978-7-5038-4856-8	谢利人　郝巧亮	37	2008	ppt

60	国际贸易实务	978-7-301-19393-8	李湘滇　刘亚玲	34	2011	ppt
61	国际贸易实务操作	978-7-301-19962-6	王言炉	37	2011	ppt
62	国际贸易实务	978-7-301-20192-3	刘　慧	25	2012	ppt
63	国际贸易实务	978-7-301-20929-5	夏新燕	30	2012	ppt
64	国际商务谈判（第2版）	978-7-301-19705-9	刘金波	35	2011	ppt
65	外贸单证	978-7-301-17417-3	程文吉　张　帆	28	2011	ppt/浙江省重点教材建设项目网站
66	商务英语学习情境教程	978-7-301-18626-8	孙晓娟	27	2011	ppt/浙江省重点教材建设项目网站
67	保险实务	978-7-301-20952-3	朱丽莎	30	2012	ppt
68	国际贸易结算	978-7-301-20980-6	罗俊勤	31	2012	ppt
69	国际商务单证	978-7-301-20974-5	刘　慧　杨志学	29	2012	ppt
70	国际投资	978-7-301-21041-3	高田歌	33	2012	ppt
71	国际金融	978-7-301-21097-0	张艳清	26	2012	ppt
72	新编外贸单证实务	978-7-301-21048-2	柳国华	30	2012	ppt

营销管理类

序号	书　名	标准书号	主编	定价	出版日期	配套情况
73	市场营销学	978-7-5038-4859-9	李世宗　李建峰	28	2008	ppt
74	市场营销	978-7-81117-957-6	钟立群	33	2010	ppt
75	市场营销理论与实训	978-7-5655-0316-0	路　娟	27	2011	ppt
76	市场营销项目驱动教程	978-7-301-20750-5	肖　飞	34	2012	ppt
77	管理学原理	978-7-5038-4841-4	季　辉　冯开红	26	2008	ppt
78	管理学基础	978-7-81117-974-3	李蔚田	34	2010	ppt/立体化教学资料
79	管理学原理与应用	978-7-5655-0065-7	秦　虹	27	2010	ppt
80	通用管理实务	978-7-81117-829-6	叶　萍	39	2009	ppt
81	现代公共关系原理与实务	978-7-5038-4835-3	张美清	25	2007	ppt
82	公共关系实务	978-7-301-20096-4	李　东　王伟东	32	2012	ppt
83	企业管理	978-7-5038-4858-2	张　亚　周巧英	34	2008	ppt
84	企业管理实务	978-7-301-20657-7	关善勇	28	2012	ppt
85	现代企业管理	978-7-81117-806-7	于翠华　贾志林	38	2009	ppt
86	现代企业管理	978-7-301-19687-8	刘　磊	32	2011	ppt
87	商务礼仪	978-7-81117-831-9	李　巍	33	2009	ppt
88	商务礼仪	978-7-5655-0176-0	金丽娟	29	2011	ppt
89	现代商务礼仪	978-7-81117-855-5	覃常员　张幸花	24	2009	ppt
90	商务沟通实务	978-7-301-18312-0	郑兰先	31	2011	ppt
91	商务谈判	978-7-301-20543-3	尤凤翔　祝拥军	26	2012	ppt
92	商务谈判	978-7-5038-4850-6	范银萍　刘　青	32	2009	ppt
93	人力资源管理	978-7-5038-4851-3	李蔚田	40	2008	ppt
94	人力资源管理实务	978-7-301-19096-8	赵国忻	30	2011	ppt/浙江省重点教材建设项目网站
95	电子商务实务	978-7-301-11632-6	胡华江	27	2009	ppt/国家级精品课程网站
96	电子商务实用教程	978-7-301-18513-1	卢忠敏　胡继承	33	2011	ppt
97	电子商务英语	978-7-301-17603-0	陈晓鸣　叶海鹏	22	2010	ppt
98	电子商务项目式教程	978-7-301-20976-9	胡　雷	25	2012	ppt
99	网络营销理论与实务	978-7-5655-0039-8	范军环　宋沛军	32	2010	ppt
100	市场调研案例教程	978-7-81117-570-7	周宏敏	25	2008	ppt
101	市场调查与预测	978-7-5655-0252-1	徐　林　王自豪	27	2011	ppt
102	市场调查与预测	978-7-301-19904-6	熊衍红	31	2011	ppt
103	管理信息系统	978-7-81117-802-9	刘　宇	30	2009	ppt
104	商品学概论	978-7-5038-4855-1	方凤玲　杨　丽	20	2008	ppt
105	广告原理与实务	978-7-5038-4847-6	郑小兰　谢　璐	32	2007	ppt
106	零售学	978-7-81117-759-6	陈文汉	33	2009	ppt
107	消费心理学	978-7-81117-661-2	臧良运	31	2009	ppt
108	消费心理与行为分析	978-7-301-19887-2	王水清	30	2011	ppt
109	营销策划技术	978-7-81117-541-7	方志坚	26	2008	ppt
110	现代推销技术	978-7-301-20088-9	尤凤翔　屠立峰	32	2012	ppt
111	营销策划	978-7-301-20608-9	许建民	37	2012	ppt/国家级精品课程网站
112	中小企业管理	978-7-81117-529-5	吕宏程	35	2008	ppt
113	中小企业财务管理教程	978-7-301-20608-9	周　兵	28	2012	ppt
114	连锁经营与管理	978-7-5655-0019-0	宋之苓	37	2010	ppt
115	秘书理论与实务	978-7-81117-590-5	赵志强	26	2008	ppt
116	企业经营管理模拟训练（含记录手册）	978-7-301-21033-8	叶　萍　宫恩田	29	2012	ppt

请登录 www.pup6.cn 免费下载本系列教材的电子样书(PDF 版)、ppt 和相关教学资源。

欢迎免费索取样书，并欢迎到北京大学出版社来出版您的大作，您可在 www.pup6.cn 在线申请样书和进行选题登记，也可下载相关表格填写后发到我们的邮箱，我们将及时与您取得联系并做好全方位的服务。

联系方式：010-62750667，sywat716@126.com，linzhangbo@126.com，欢迎来电来信咨询。